THIS BOOK COULD FIX YOUR LIFE

エンティスト』の
べに調べ尽くした

人生修復大全

著 ニュー・サイエンティスト
New Scientist
ヘレン・トムスン
Helen Thomson

訳 片桐恵理子

サンマーク出版

目次

第3章 自信をもつためには

第4章 友人をつくるためには

第5章 愛を見つけるためには

第6章　健康に長生きするためには

第7章　いい睡眠をとるためには

第8章 習慣をつくり、悪習を断ち切るためには

第9章 知能を高めるためには

第10章 賢くなるためには

第11章 人生で成功するためには

第12章 完璧を求めすぎないようにするためには

翻訳協力　株式会社リベル
装　　丁　華本達哉（株式会社 aozora）
本文DTP　山中央
校　　正　株式会社ぷれす
編　　集　黒川可奈子（サンマーク出版）

はじめに

こんなことを書くのは本当に恥ずかしいし、ひどい書き出しだと思う。けれど正直に言って、私は昔から自己啓発書が大嫌いだった。

説明させてほしい。私が大学を卒業して、将来について真剣に悩んでいたころ、「コズミック・オーダリング（宇宙に願い事をする）」がこのジャンルでニッチな人気を博していた。方法はいたってシンプル。精神世界のアマゾン・プライムよろしく、ほしいものを願い、それを宇宙に向けて発信しつづければ、いずれ叶《かな》うというものだ。ほどなく、魔法のような思考とあやしげな量子物理学で望むものが手に入ると謳《うた》った『ザ・シークレット』が刊行され、３００万部を売り上げた。

どちらも私に満足な導きを与えてはくれなかった。あれから約20年、さすがにこうしたとんちんかんな説は信じられていないと思うかもしれない。だが、はたしてそうだろうか。最近、自己啓発の分野で声高なのは、有名人やインスタグラムのインフルエンサーたちのように思う。自分たちの成功や健康や幸福の秘訣《ひけつ》を語り、そしてそこにはもちろん、「必需品」の紹介もついてくる。彼らのアドバイスには、ほとんど科学的な裏づけは見られない。新聞の健康関連の記事でさえ、誤解を招くような見出しや、売上を伸ばすために都合のいいものばかりが掲載されている。

幸せな人生を約束する斬新な哲学、最小限の努力で最大限の結果を約束する素晴らしい新エクササイズ、意志力や注意力や想像力を養う脳トレアプリ。この種の記事をこれまで何度目にしてきたか、もはや思い出せないほどだ。そのほとんどは「これ、実際に誰かチェックした？」と心のなかで叫ばずにはいられない代物だった。

おそらく、多くの人が私と同じように感じているのではないかと思う。少なくとも『ニュー・サイエンティスト』の同僚たちは、似たようなことを言っている。彼らは仕事の一環として、膨大な怪情報をふるいにかけ、確固たる事実を探し出す。２０２０年、そのなかのひとり、グレアム・ロートンが、同誌の健康に関する（最新かつ厳密な）調査研究をまとめた『This Book Could Save Your Life』を執筆し、栄養、減量、運動、加齢など、大きな健康問題に関する実用的なアドバイスを提供した。しかし、私たちが手に入れたい、あるいは改善したいと願うその他の領域――幸福、悪習慣、友情、愛、自信、つらい記憶など――についてはまだ多くの疑問が残されていた。そしてその答えの大部分は（のちに判明するように、すべてではないが）脳内にある。

そこで、私と本書が登場する。くり返しになるが、**本書は、私たち『ニュー・サイエンティスト』のスタッフが発掘した、最新の科学研究に基づいて著されたものである。今回、その目的は、賢く、幸せに、ストレスの少ない人生を送るための、エビデンスに基づいた包括的なガイドをみなさんに提供することだ。**

本書の執筆を了承した当時、世界的パンデミックによるロックダウン中に本書の大半を記すことになるとは思ってもみなかった。執筆中のいまも、未来はますます不透明さを増している。自分の脳の働きを正確に理解し、（チャンスやピンチを迎えたときに）その機能を最大限に生かす方法を学ぶのに、いまほど適した時期はないだろう。

世の中には、確実に生活を改善できる方法がある。これが、私が多くの自己啓発系のアドバイスにいらだつ、おもな理由のひとつだ。神経科学の学位をもつ私は、大半の時間を健康ジャーナリストとして過ごし、脳と身体《からだ》がどのように連携して私たちの行動を制御し、人生を方向づけるのか、その方法を模索した科学研究報告を耽読《たんどく》してきた。これまで何百万という時間をかけて、栄養士、行動分析家、解剖学者、神経科学者、心理学者、遺伝学者など、何千人という科学者が悪癖を克服し、健康を増進し、自信や成功の確率を高め、最終的によりよい人生を送るための方法を調査、検証してきたことを知っている。

たとえば、意志力は、使いすぎると枯渇するようなかぎられたリソースではないと認識しているだけで、より多くの意志力を結集させることができること、あなたが毎週のルーティンのなかで、糖尿病、心疾患、がんのリスクを減らすことのできる簡単な運動を見逃しているかもしれないことを知っているし、試験結果を10％アップさせる復習方法、お金で幸福は買えないが、森のなかを散歩すれば幸せになれるかもしれないことを知っている。

そしてそうこうするうち、いつしか私は、偶然にも自己啓発の専門家のようになってしまった。しかも、自分が言ったことを実践している。人生を向上させるため、まず意識的に行ったのは、定期的にマインドフルネスに取り組むことだった。これまで何度となく（文献に）登場してきたマインドフルネスは、どうしたって避けては通れない。免疫力の向上、うつ病のリスク軽減、慢性的な痛みやストレスへの対処など、さまざまな科学分野でその効果を示す証拠が増えつづけている。

これだけではない。少し前、私はハーバード大学のメディカル「ブートキャンプ」に参加する機会を得た。そこでは数日間、各分野の研究者たちから最新の研究について直接話を聞くことができる。私が出会った研究者のひとりは、携帯電話などが発するブルーライトが覚醒を司《つかさど》る脳の一部を刺激し、入眠を妨げることを発見したばかりだった。それを聞き、私は二度と携帯電話をベッドにもちこむまいと誓った。その後しばらく実践したところ、たしかに睡眠時に効果があることに気づいた（その他の睡眠改善法については第7章参照）。

しかし習慣とはなかなか抜けないもので、携帯電話はすぐに布団のなかへと戻ってきた。私も例にもれず悪い習慣に陥りがちだが、これに関してもまた、科学が助けとなる。脳がどのように習慣を形成するのか（第8章）を知れば、極端な中毒（アルコール依存、薬物依存など）にかぎらず、悪習を断ち切りたいすべての人に役に立つ。

また私は、普段からポジティブ思考の力を使い、自信を高めたり、気持ちを切り替えたり、生産的に運動を行ったりするが、これは思考をリフレーミングすることで、行動に影響を与えられると学んだからだ。そう、『ザ・シークレット』を敬遠したのはひょっとしたら早計だったかもしれない。

私はなにも完璧な人生を送るべきだと言っているわけではないし、実際、本書の最終章で述べるように、完璧主義を目指すと非常に大きな損害をこうむる可能性がある。誤解しないでほしいのだが、たとえエビデンスに基づいたアドバイスであっても、私は慎重に提言している。いまより賢く、健康で、豊かで、幸せで、成功した人間になるための万能ガイドは、おそらく存在しない。どれほど優秀な科学者でも、偏見に陥ってしまうことがある（第10章参照）。科学自体、曖昧で、不完全なものだ。新たな証拠が従来の証拠と矛盾することもあれば、ときとして（大きな声では言えないが）完全に間違っていることもある。

だから本書は、ひと晩で幸せになる方法や、世界一素晴らしい恋人になる秘訣、世界的大企業のCEOになる手順を授けることを約束するものではない。それらを望むなら、雑誌や自伝、インターネット上の何千というブログを参考にするといい（ただし、誰かの成功要因を見つけようとするのは統計的に誤りであるという。理由は第11章参照）。

だが、第2章で紹介するように、幸福度を高めるために取り組んでほしい4つの要素に関する助言はできる。性生活の改善は約束できないが、第5章では、自信やカリスマ性を高めるために心理学や神経科学の世界的権威が知っていることや、心理療法士が発見した、愛する人との関係を維持する方法を紹介する。また、就職への足がかりとなる行動や、自分にとってよくない無意識のバイアスの克服法、昇給にあたって説得力を高める方法なども紹介していく（第11章参照）。

本書には、過食、爪を噛《か》むこと、飲酒といった悪習慣をコントロールするために必要なツールも実装されている。喫煙のような最悪の習慣をやめるためのテクニックにも言及する。さらに、安眠の秘訣、生産的な運動の仕方、ストレスとの戦い方、馬鹿な決断をしない方法、途方にくれない方法、先延ばしにしない方法など、その他多くのことも明かしていく。

どのアドバイスも、現在の科学的エビデンスに基づいている。それが標準的なものであるか、新たなエビデンスや予備仮説に基づいたものであるかは、そのつどお伝えしていこうと思う。賛否両論がある場合は、両方の言い分を伝えられるよう最善を尽くす。**私はあなたの手を握り、自己啓発という泥沼を一緒に這《は》い進み、本物の、つまり助けになる実際の証拠を備えた道へとあなたをいざなうためにここにいる。**

また、私は本書を、あなたのいまの生活になるべく即したものに仕上げたつもりだ。そのため、すでに周知のものとなっている、エキサイティングな最先端テクノロジーが開発されていたとしても、現時点で使えるものでなければ本書には掲載されていない。たとえば脳深部への刺激は、パーキンソン病やうつ病などの効果的な治療法として証明されているが、臨床試験以外ではまだ容易に利用できるものではない。同様に、神経インプラントは、記憶力を高めたり、認知症を治療したりできる可能性があるものの、脳内に電子回路を埋め込む機会はそう簡単には訪れないだろう。

私は、ただ「ルール」を与えるのではなく、そうしたルールの背後にある理由を理解することが重要だと考えている。そのため各章では、アドバイスの背後にある研究や歴史を掘り下げていく。**私が目指すのは、あなたに人生をどう生きるかを教えることではない。**

雑音や、矛盾と混乱に満ちたメッセージの大群をかきわけ、進んでいく手伝いをすることだ。私の目的は、科学を提示し、好きなようにそれを使ってもらうことなのだ。

そう、宇宙にお願いする前に。

本書は情報提供のみを目的としており、個々人への医学的アドバイスではないことをお断りしておく。健康に不安がある場合は医師に相談すること。また、食事や運動習慣を変える前にも必ず専門家に相談し、とりわけ既往歴がある方は注意していただきたい。

第1章 心配しないためには

これを執筆中の２０２０年6月は蒸し暑く、しかも私は小さな自室に閉じこもっていた。新型コロナウイルス感染症が世界中に蔓延《まんえん》するなか、ロックダウンも４カ月目に突入し、わが家は仕事場と称した保育所と化していた。１日のはじまりは6時半。夫と私は手分けして作業に取りかかる――ひとりは娘の世話、ひとりは2階へ上がって仕事。午後1時、ふたりの役割を交代する。午後6時半、お風呂、読み聞かせ、寝かしつけなどを手分けしてこなす。早めの夕食を摂《と》り、30分ほどテレビを観《み》てから私もベッドに行く。このくり返し。多くの人と同じように、私たちもクリスマス以来、親族や友人に会っていなかった。毎日1時間かそこらだけ近所の公園で過ごし、食品の大半は配達してもらう。そう、それから、私は妊娠8カ月だった。控えめに言っても、大変な時期である。

コロナ禍のあいだ、大半の人たち同様、私もときおり不安に襲われた。娘のことを心配し、娘が保育園の友だちを恋しがっていることに心を痛め、自分が娘のニーズを十分に満たせていないのではないかと訝《いぶか》った。また、本書を締め切りまでに書き上げられるのか、不完全な出来になってしまうのではないかと不安になり、高齢の親族や独身の友人たちはどうしているだろうかと心配した。

それに、この先の見通しもわからない。あなたが本書を読むのはおそらく来年（2021年）以降になると思うが、そのあいだ何が起こるかなんて誰にもわからないし、お腹《なか》の子が最初の言葉を発し、最初の一歩を踏み出すころ、世界がどうなっているかもわからない。この子は肉親に会うことができるだろうか？　経済は回復するだろうか？　私が戻るべき職場はあるだろうか？

この不安は、少なくとも一部の要素は、あなたもわかってくれるのではないかと思う。たしかに今回のパンデミックの不透明さは類を見ないものかもしれない。しかし、**私たちにつきものである不安を増幅させているのは、この奇妙な宙ぶらりん状態である。**ストレス、不確実性、不安は、程度の差こそあれ、人間の普遍的要素である。心理学者、神経科学者、進化生物学者など多くの研究者が、それらの根源を解明し、対策を打ち立てようと試みるのも不思議ではない。

この事実と最近の出来事を考えると、ストレスはいい取っかかりだろう。私たちのストレス反応（と、それが私たちの生活に与える影響）は、個々によって大きく異なる。しかし、**正しい知識を身につければ、ストレスへの耐性を高めることは可能である。**

ストレスを理解する

私たちはつぎのような人物を知っている。現代社会において何があっても動じない人。電車が遅れてもここぞとばかりに本を読みふける人。足首を骨折しても10秒後には冗談を飛ばす人。プレゼンが大好きでプレッシャーを感じない人。

だが、大多数はそうではない。2018年、イギリスで実施されたストレスレベルに関する最大規模の調査によると、4分の3の人が過去1年間でストレスを感じ、そのせいで圧倒されたり、対処できないと思ったりしたという。おそらく、この数字はその後も改善されていない。ストレスは私たちの健康や幸福に大きなダメージを与えるし、同じ調査では、ストレスを感じていた人のうち3人にひとりが自殺願望を抱き、6人にひとりが自傷行為に及んだことがわかっている。

いい知らせは、ストレスの仕組み――その存在理由、生理機能、いい面と悪い面――を理解すれば、私たちが羨ましく思うような、多少のことでは動じない人々のようになれるかもしれないということだ。

ストレスは、脳の脅威検知モジュールである扁桃体《へんとうたい》を起点にした一連の出来事によって引き起こされる。脳の前部付近にある大脳皮質の一部とつながっている扁桃体は、社会的情報を処理し、意思決定を助けてくれる。また、周囲の情報と類似の状況の記憶を組み合わせ、危険を察知すると2種類の遭難信号を送信する。

最初の信号は、人間古来の「戦うか逃げるか」システムを起動する。これが起動するとアドレナリンが分泌され、警戒心が高まり、呼吸が効率的になり、血液が筋肉に供給されて筋力が上がる。つまり、アフリカの平原でライオンから逃げ切るのに適した状態になる。ふたつ目の信号はコルチゾールなどのホルモンを分泌し、ストレス反応を活性化、蓄えられたブドウ糖を放出してエネルギーを供給する。また、リソースを脅威へ集中させるために消化器官や免疫システムを抑制し、炎症を誘発。腫れが引き起こされると、損傷した組織に白血球が押し寄せ、侵入した病原体を飲み込み、けがを防ぐ助けとなる。脅威が去ると、コルチゾールレベルが下がり、通常の状態へと戻る。

このメカニズムは普遍的なものだが、ストレス反応に影響を与えるものがある。遺伝もそのひとつだ。動物実験によると、神経ペプチドY（NPY）と呼ばれる化学物質の産生にかかわる遺伝子が、私たちのストレス反応全般のスイッチのような役割を果たしているという。脅威に直面すると、生産性が急上昇し、迅速な反応を促すが、危険が去るとすぐに正常値に戻る。

特殊部隊の兵士の研究から、彼らは通常の兵士より、高レベルのＮＰＹを長く維持できることがわかっている。彼らのＮＰＹ値は、尋問や睡眠・食事制限後も平均より早く正常値へと戻り、そのレジリエンスの高さを示している。さらに、特殊部隊の兵士のＮＰＹ分泌量が多いほど、訓練中の混乱や精神的な問題は減少するという[1]。

私たちは全員、ＮＰＹ遺伝子の変異を受け継いでおり、そのなかには、ストレスから身を守るものもあれば、ストレス反応を悪化させるものもある。特殊部隊の兵士はストレスから守ってくれる遺伝子をもっている確率が高いが、多くもっているからこそ優秀な兵士になれるのか、それとも訓練を積むとＮＰＹの反応が強化されるのかはわかっていない。

ストレスへの対処の仕方には、育った環境も影響する。動物実験では、幼少期のトラウマが大人になってからのストレス反応に影響することが証明されている。子どもの成長に悪影響を及ぼす出来事の多様性や深刻度を考慮すると、このつながりを人間で検証するのは難しい。だが、ルーマニアの児童養護施設で育った子どもを対象にした独自研究「ブカレスト早期介入計画」では、人間でも同じことが起きうるという手がかりを得ている。

この研究の対象は、生後6カ月から30カ月までのあいだに保護されたり、里親に預けられたりした子どもたちで、彼らが13歳になる手前でストレス反応を調査した。里子に出された子どもたちのコルチゾールレベルは、対照群である近隣に住む家族の子どもたちの値と同等だった。ただし、この結果に当てはまるのは2歳になる以前に里子に出された子どもだけだ。それ以降に里子に出されたり、児童養護施設に残されたりした子どもたちはストレス反応が鈍く、コルチゾールの分泌量が少なかった。これは正常なストレス反応が損なわれていることを反映している。こうした反応の鈍化は、長期的な問題行動やうつ病のリスクの増加につながる。

人生の最初の2年間は、極めてセンシティブな時期であり、環境が脳の変化を引き起こし、ストレス反応に影響を及ぼす可能性がとくに高いと考えられる。このメカニズムはおそらく無数にあるが、そのひとつは、トラウマが引き金となって、脳の灰白質（ニューロンの細胞体が集まる領域）内のミエリン（髄鞘《ずいしょう》）が増加するためだと言われている。ミエリンは通常、神経線維の周りに絶縁性の鞘《さや》を形成しているが、灰白質内ではニューロン同士の新たな結合を妨げており、これは心的外傷後ストレス障害（ＰＴＳＤ）やうつ病と関連している。[2] 脳がとくに柔軟な時期にトラウマが生じると、最悪の事態を招く可能性がある。

こうした結果を聞くと、ストレス反応に介入するのは無理だと思うかもしれないが、まったくそんなことはない。これからその理由を説明する。

レジリエンスを身につける

現代では、脅威に反応する進化システムは非常に役に立つ。たとえば、車が自分のほうへ向かってきたら、状況を理解する前に飛びのくだろう。この進化システムのおかげで、満員の聴衆の前でも思考を集中できるし、ウイルス感染ややけがを防ぐこともできる。しかし、現代社会では、必要以上にストレス反応が引き起こされることがある。これにより、特定の出来事や損傷した組織に対してだけでなく、訪れることのない脅威に備え、全身が絶えず警戒態勢になってしまう。

低レベルの慢性的ストレスは、さまざまな健康問題を引き起こす。アドレナリンや炎症のレベルが高いままだと、血管を傷つけ、心臓発作や脳卒中のリスクが増加する。高いコルチゾール値は消化器系の問題、体重増加、糖尿病を引き起こし、絶え間ない免疫系の変調は、疲労やメンタルヘルスの問題につながる可能性がある。

私たちは諸刃《もろは》の剣に直面している。危険から身を守るために即座にストレスに反応したい一方で、それが長期的な反応にならないようにもしたい。シンプルな解決策は、ストレスを解消することだ。そのためにできることはたくさんある。というのも、レジリエンスの向上は遺伝で運命づけられたものではないからだ。私たちは、ＮＰＹ（遺伝子によって決められた、ストレス反応の引き金になる化学物質）のレベルにとらわれているわけではない。ここでは、瞑想《めいそう》が役に立つ。8週間のマインドフルネスコースを修了したアメリカ海兵隊員のＮＰＹ値は、シミュレートされた奇襲を受けたあと、コースを受講していない兵士に比べてはるかに早く回復した[3]。

　育ちに関しては、愛情をもって育てられ、社会との交流が多く、社会的刺激をたくさん受け、主となる養育者とのあいだに強く、協力的で、信頼できる関係性があることが、おそらくストレス耐性を育むのにもっとも重要な要因だ。しかし、いい子ども時代を送らなかった大人が絶望的だということではない。信頼、協力、親密といった同様の要素を見つけることができれば、子ども時代の逆境による悪影響は軽減することができる。**多くの研究によると、どんな環境で育ったにしても、ソーシャルネットワークを充実させることが、人生の厳しい局面に立ち向かう力をつけるための最善の方法だという。ストレスを感じたときに頼れる人がいるように、あなたの社会的つながりが健全かどうかを事前に確認しておくといい。**

　ストレスが心身へ及ぼす影響から身を守るために、ほかにもいくつかできることがある。そのひとつ、幸福感を高める食事の役割は重要だ。体内でオメガ3脂肪酸から合成されるレゾルビンという化学物質は、炎症が起こると、すぐにその働きを抑制する。そのため、オイリーフィッシュ［訳注：軟部組織や腸周辺の体腔《たいくう》内に脂を含む魚種］、種子類、キウイフルーツ、葉野菜を週3回摂取することが推奨されている。これらは過剰な炎症を抑え、ストレスを軽減するとともに、心疾患のリスクを低下させることも助けてくれる。

身体《からだ》にとっては物理的ストレスになるものの、運動もまた心のストレスを軽減するのに有効だ。コルチゾールやアドレナリンといったストレスホルモンの分泌を抑え、エンドルフィンの分泌を促す効果があるからだ。これらの快楽物質は、身体の自然な鎮痛剤であり、多くの臨床試験で運動がうつ病を軽減し、気分を高揚させると――「ランナーズハイ」と呼ばれる効果が――示されている理由のひとつである。

ランニングが難しければ、お笑い番組のようなものを試してほしい。笑うことで、運動時と同様のホルモンが分泌され、ストレスを感じる出来事を反芻《はんすう》したり、追体験したりしなくなる。また、レジリエンスのカギとなる社会的サポートを得やすくなり、人間関係の構築にも役に立つ。

定期的に音楽を聴くことも、血糖値の低下や、困難なことに取り組む際のストレスの軽減に効果があるようだ。他人がいる場で音楽を聴くと、ストレス軽減効果が増幅する場合があるが、これはおそらく、社会性が加わることで情緒面でのウェルビーイングが高まるためだと考えられる。さらに、人と動きを合わせたり、一緒に歌をうたったりつくったりすることでも、社会的な絆《きずな》が生まれ、気分がよくなるホルモンが脳内で分泌されて、ストレスが軽減されるという証拠もある[4]。

ただし、**覚えておいてほしいのは、多少のストレスは悪いものではないということだ。死なない程度の苦労はあなたを強くする**——科学者たちが好んで言うところの「ホルミシス」だ。動物を低レベルのストレスにさらすと、寿命が延び、どうやらストレス反応も長期的には緩やかになっていく。たとえば、カリフォルニア大学バークレー校のダニエラ・カウファー率いるチームは、ラットをストレスの多い環境に3時間置いたあと、海馬（記憶を司《つかさど》る脳の領域）の新たなニューロンの成長を追跡調査した。興味深いことに、ストレスを受けた動物のニューロンのほうが、対照群よりも増殖した。しかし本当に驚いたのは、その長期的な効果だった。ストレスを与えられたラットは、新たなニューロンのおかげで、認知機能テストで優秀な結果を示し、数週間経《た》ってもその結果は変わらなかったのだ。

人間でも、少なくとも一般的な死に関しては、類似の効果があることが判明している。たとえば、（環境ストレス要因である）低線量の放射線を浴びた原子力造船所の労働者2万8000人を対象とした分析では、放射線を浴びていない労働者より、浴びた労働者の死亡率のほうが24%低いことがわかった。同様の結果は、放射線科医とその他の医師との比較でも見られる。

放射線のようなストレッサーは、身体の自然な修復メカニズムを始動させる。熱、毒素、炎症など、細胞がストレスを感じると、保護タンパク質が攻撃から守ってくれる。また、ストレスはサーチュイン1と呼ばれるタンパク質の生成を促し、これによって抗酸化物質がつくられる。抗酸化物質とは、脳を損傷する可能性のある蓄積物、酸化ストレスから脳を守ってくれる栄養素である。(5)軽度のストレスに直面すると、これらの修復システムが過剰に働き、無関係のダメージまで修復して細胞を若返らせる。

私はなにも余分なレントゲン検査をするよう勧めているわけではない。**少量のストレスにさらされるにはもっといい方法がある。定期的に断食をしている人たちがよく口にするのは、断食によって思考が明晰《めいせき》になるという話だ。**この効果はまだ実証されていないものの、進化論的には理にかなっている。食料が不足したら、頭をすっきりさせて食べ物を見つける必要があるからだ。パプアニューギニアの現代の狩猟採集民もまた、感覚が研ぎ澄まされることから、あえて空腹時に狩りをするという。

では、適切なストレスの量とは？　カウファーはよくこう訊《き》かれるらしいが、正確な数字を出すのは不可能だ。理想的な量は人によって異なるし、日によってストレスに感じることも、別の日にはあまり感じないかもしれない。だが、かりに有益なストレスがあるとすれば、それは自分で特定できるものである可能性が高いとカウファーは言う。おそらくそれは、身動きが取れなくなるようなものではなく、乗り越えることができて、乗り越えたあとに充実感をもたらしてくれるものだろう。

不確実なことに対処する

私にとって、そして多くの人にとっても、新型コロナウイルスによるロックダウンがもたらすストレスの大半は、その不確実性に根ざしていると思う。ダンテの『神曲』に登場する地獄の第一圏が、辺獄（リンボ）であるのもなるほど、納得がいく。そこは、希望のない人々が、それでも望みをもちつづける場所として描かれており、最初は苦悩の叫びだと思っていたものが、実は悲しみのため息だったことが判明する。たしかに、そうかもしれない。

はっきり言って、「わからない」という状態は居心地が悪い。私たちは好奇心旺盛だ。何が起こっているのか、何が起こりそうなのか、自分の行動が長期的にどんな影響を及ぼすのかを知りたいと思う。**人間の脳は未来を予測するようにできている。私たちの世界に対する認識は、過去の記憶と五感の情報を組み合わせ、これから起こるであろうことを経**

験的に推測して成り立っているのだ。だから、不確実性は私たちを不安にする。

実際、不確実性がもたらす居心地の悪さのせいで、電気ショックを受けるかもしれないと言われて待つよりも、電気ショックを受けると断言されて待つほうがいいと考える人々もいるほどだ。これは、ユニバーシティ・カレッジ・ロンドン（ＵＣＬ）の研究者が、特定の岩の後ろにヘビが隠れているゲームを被験者に行ってもらった際に証明されている。被験者はヘビを見つけるたびに微弱な電気ショックを受けた。コンピューターはプレイヤーの推測と、汗の量や瞳孔の大きさに基づくストレス反応から、不確実性を測定した。被験者は、電気ショックが確実にくるとわかっているときよりも、電気ショックがくるかどうかわからないときのほうが大きなストレスを感じていた。

確実に悪いことが起こるとわかれば、対処法を考えることができる。しかし、どちらに転ぶかわからない状況では、いずれの結果に対しても心の準備が整わないままになる。新型コロナウイルスが私たちにもたらしたのは、この種の麻痺《まひ》状態だ。これは、経済が低迷している時期の特徴でもある。不況時には、いつ解雇されるかわからない状態で待っているより、いっそ「首だ」と言われたほうがストレスにならない場合がある。

「不確実性に不寛容」な状態は、重大で、包括的な出来事だけでなく、バスや試験の結果を待つ、あるいは上司との深刻な話し合いの結果や、病院で愛する人に下される診断の結果を待つ場合など、日々の些細《ささい》な出来事にも影響を及ぼす。

私たちは曖昧な状況に置かれると、まったく同じ情報をもっていても、正反対の反応をすることがある。たとえばあなたのパートナーが20分前に仕事から帰ってくる予定だったとする。不確実な状況に寛容な人は、渋滞にでもはまったのだろうと考える。しかし不確実な状況に耐えられない人は、すぐに事故に巻きこまれたのではないかと考え、不安な気持ちのまま相手の帰宅を待つことになる。

たしかに、不確実性に対して不寛容なほうがいい場合もある。「どうなるかわからないけど、まあ大丈夫でしょう」などと、航空管制官や脳神経外科医に発言してほしくはない。だがたいていの場合、未知の状態を毛嫌いするのは好ましくない。あなたが不寛容なタイプなら、おそらく「安全行動」を取ることになる。これは将来的に望ましくない結果を防ぐための戦略で、パートナーに頻繁に電話してようすを確認するのはその典型例だ。安全行動のなかには、不確実性を最小限にとどめられる行為もあるが、逆に事態を悪化させてしまうことも少なくない。現実的な脅威がないなかでの安全行動は、実際のところ不適応なのだ。

面白い例を見てみよう。あるラボで、細菌の拡散を防ぐため、安全行動（ドアの取っ手に触れるたびに手を洗うなど）を毎日徹底するよう健康な人々に指示をする、という実験を行った。すると1週間後、汚染に関するテストで彼らの回避行動が増加し、汚染の脅威を過大評価するようになったのだ。安全行動が行きすぎると、不確実性が必ずしも危険ではないという事実を学ぶ機会がなくなってしまうし、ネガティブな結果に直面しなければ、自分がどの程度困難に対処できるかを知る機会も訪れない。この実験が、世界中で現実に行われていることを考えると、いまというこの特別な局面において、私たちは皮肉にも不確実性に対する不寛容を高めてしまっているのかもしれない。

では、不確実性への対応力が高いか否かはどうやって測ればいいだろう？　カナダ、モントリオールのコンコルディア大学のミシェル・デュガスが開発した尺度がある。これは27の項目（「ちょっとした不測の事態がすべてを台無しにする」「些細な疑念が行動を止める」など）に同意の程度を示すことで不確実性への対応力を測るというものだ。

もうひとつの方法は、セラピストが使う「カタストロファイジング・インタビュー（catastrophising interview）」と呼ばれるものだ。ここではまず、仕事の応募結果など、現在の心配事を尋ねられる。それからその状況について何が心配なのかと訊かれ、たとえばお金のことが心配だと答える。すると今度は、お金の何が心配なのかと尋ねられ、家賃が払えなくなったら困ると打ち明ける。質問者は心配事をさらに掘り下げていき、あなたはお金をどこから借りればいいのか、クレジットカードの支払いを滞納したらどうすればいいのか、子どもを転校させなければいけないだろうか、と不安を口にしていく。

悩みの根源を突き止めるまで掘り下げたら、自分がどれだけ「もしも」のシナリオをつくったか、ネガティブな将来を想像したかを確認する。その数が多いほど、あなたは不確実性に不寛容ということになる。通常、このテストはセラピーの前後に行われ、不確実性があなたの人生にどんな影響を与えるのかを理解するためというより、治療の効果を確認するために利用される。

不確実性への耐性を比較するのは困難だ。ほかの特性同様、これも私たちの人生経験とかかわっている。不確実性が受け入れがたいとしても、予測可能な人生を送っていれば何の問題もないだろうし、逆に生活が混沌《こんとん》としていたら、深刻な不安を覚えるかもしれない。ただし、これらを過小評価してはいけない。

まずは健康からだ。医師個人が不確実性にどれだけ耐性があるかは、あなたに大きな影響を与える。かりに担当医の不確実性への耐性が高ければ、前回の出産が帝王切開だった女性は、普通分娩《ぶんべん》になる可能性が高い。またこのタイプの医師は、新たに遺伝子検査を勧めたり、ジェネリック医薬品を処方したり、最先端の治療法を採用したり、悲しみや喪失について抵抗なく患者に話したりする。

しかし、不確実性に耐性がない医師ほど、出生前の遺伝子検査で異常が検知された際に中絶を勧める傾向があるし、摂食障害の人に認知行動療法（ＣＢＴ）を勧めるといった、新たな治療法を積極的に試そうとすることはしない。さらに、患者がどの程度不確実性に対処できるかによって、医師がアドバイスを変えることもある。

不確実性への耐性は健康状態にも影響する場合がある。たとえば、耐性が高い人は、がんと診断されても情緒が比較的安定しており、遺伝子検査の結果を受け取ったあともさほど苦悩しない。また、てんかん患者なら、高い生活の質を保って穏やかに過ごすこと、パーキンソン病患者なら、言語障害や運動症状が軽くすむことに関連している。逆に耐性が低いと、治療の指示をきちんと守る確率が高くなる。

特定の治療法に対処する能力にも影響する。限局性前立腺がんの男性が、失禁やインポテンスなどの副作用をともなう可能性のある即時治療か、定期的に検査をする「経過観察」を選べるとする。後者だとつぎの検査まで、どっちつかずの期間、長らく耐えることになる。本人にとっては非常に難しい決断であり、愛する人と不確実性への耐性の度合いが異なれば、ふたりのあいだに亀裂が生じるかもしれない。

未知のものとの戦いは、人間関係に大きな負担をかける。不確実性に耐えられないカップルなら、どうなるかを待つよりも、ただちに別れを選ぶ可能性が高い。そもそも最初の不安な時期に臨む心の準備ができず、関係を築くのが苦手な人もいるだろう。電話はかかってくるだろうか？　相手は自分に好意を抱いているだろうか？　ランチに誘ったほうがいいだろうか？　不確実性への耐性が低いと、人との関係を築くのに躊躇《ちゅうちょ》し、たとえ努力しても、すぐに将来の確信がほしくなって、相手を尻込みさせてしまうことがある。

自分自身の不確実性への耐性を、そしてそれが周囲の人々とどう違うかを理解するだけでも、悪い結果を防ぐための第一歩となる。いい知らせは、未知のものへの不快感は操作できるということだ。たとえば、不確実性に対して高い耐性をもつ架空の人物の話を読み、その人物の気持ちになってみるだけで、現実の不安に対するストレスが軽減されたという研究結果がある。

未知への恐怖を回避するもうひとつの方法は、恐怖症と同じように扱うことだ。もし犬が怖いなら、精神科医はあなたを少しずつ犬に触れさせ、大半の犬は危険ではないことを理解させるだろう。不確実性への恐怖を克服するために、安全行動同様、実験するという手もある。たとえば息子をひとりで外出させるのが不安だとする。あなたは家を出たらすぐに電話をするよう息子に伝え、バスに乗ったらメールを送り、友人の家に着いたらふたたび電話をかけるよう言いつける。この場合、まずは連絡するのをバスに乗車したときと友人宅に着いたときだけに減らす。そしてつぎの機会では、目的地に着いたときだけ連絡するよう伝える。さらにつぎの外出では、息子はもう連絡する必要はない。つまり、不確実性が危険ではないということを学べる状況に身を置くことが重要なのだ。

外部の介入なしに安全行動を最小限に抑えるのは、不可能ではないが難しい。安全行動は知らないうちにこっそり忍び寄り、自分がそれをしているという自覚がないことがほとんどだ。しかし、この傾向はますます強くなっている。学生を被験者とする52件分の研究を対象とした最近の分析によると、1994年から2014年のあいだに、不寛容さが20%上昇したことがわかった。原因は、同時期に急成長を遂げた携帯電話やインターネットの可能性があるが、緊急サービス、大切な人、情報にすぐにアクセスできるようになったことで安全行動が高まるのは、必ずしも有益ではない。

携帯電話を捨てたり、専門家に頼ったりしなくても、不安に対処する方法はいくつかある。仕事に没頭すれば、気がまぎれて時間の経過が早く感じるし、（次章で説明する）マインドフルネス瞑想を実践すれば、いまという瞬間に意識が向き、未来の出来事に気をもまなくてすむ。

ある程度の不寛容が役に立つことも忘れてはいけない。最悪の事態に備えておけば、もちろんタイミングにもよるが、悪いことが起きてもショックを最小限に抑えることができる。ただし、不要な心配をしないためには、待ちつづけた末の最悪の事態を覚悟する前に、できるだけ最善の想定をする必要があるという。

悪い知らせのなかに一筋の光明を見つけておくのもいいかもしれない。2016年のアメリカ大統領選挙でドナルド・トランプが勝利した際、あらかじめトランプの強みを理解していたヒラリー・クリントンの支持者は、それほど気落ちしなかった。ただし、この作戦は裏目に出ることがあるので注意してほしい。クリントンが勝利した際の利点を考えていたトランプ支持者は、自分たちの応援する候補者が勝ってもそれほど興奮しなかったのだ。

不確実性に対処するための最後のアドバイスは、不安に押し潰されそうになったり、不測の事態に応じようとしたりせずに、しばらく不確実性を受け入れてほしい、ということだ。たいていの場合、それほど悪いことは起こらない。そしてほかの人がどう対処しているのか聞いてみる。一歩下がって、自分の対処法はひとつではないこと、同じ状況でも人によって感じ方が違うこと、物事に対する見方は変わるということを認識すれば、それはあなたにとって力強いメッセージとなる。

この1年ちょっとで経験した、あらゆる不確実性にも光明があるのかもしれない。新型コロナウイルスとそれが引き起こしたものを見て、ますます多くの人たちが不安や不確実性に対処しなければいけなくなっている、とあなたは思うかもしれない。だが一部の研究者は、これほどの不確実性を経験しながらも生きていることで、逆に不安が軽減される可能性を示唆している。将来、年単位の不確定期間をもたらす、コロナ禍のような大きな何かを乗り切れば、小さなことならごく簡単に対処できるようになるという研究が示されるかもしれない。

慢性的な不安を癒す

これまで見てきたように、ストレスは自然な反応だ。私たちの身体を準備状態にし、危険や不確実性に気づきやすくする（これには利点も欠点もある）。ただし一部の人のように、不安が拭えないと欠点ばかりが強調されてしまい、こうなるとストレスは不安障害に変貌する。そして6人にひとりが、人生のある段階で、この障害に対処することになる。

もっとも一般的な不安障害は社会不安障害だ。社会不安障害を発症すると、赤面したあなたを周りが笑ったり敬遠したりすると思い込み、外出を避けるようになる。もうひとつの不安障害はパニック障害で、めまいや呼吸困難を引き起こすようなパニック発作をくり返すのが特徴だ。発作への恐怖はそれ自体が不安材料となる。一方、全般性不安障害は、少なくとも半年間、さまざまな事柄について慢性的に不安を覚える。

すべての中心にあるのは扁桃体だ。普段ストレスや不安を覚えると、脳のこの領域がオンになり、やがてオフになる。しかし不安が大きいと、オンのままになってしまうようなのだ。そしてあなたが確実に注意を払うよう、周囲のネガティブな情報を増幅し、戦うか逃げるかの反応を引き起こす。さらに、消化不良に陥り、炎症や痛みの影響を受けやすくなる。

この反応の多くは遺伝するため、もともと不安を感じやすい人もいる。年齢や性別も要因のひとつだ。女性は男性よりも2倍、不安障害を発症しやすいという。その理由のひとつに、ホルモンと、ホルモンが脳に与える影響が挙げられる。たとえば妊娠中に分泌量が急増するエストロゲンとプロゲステロンは、強迫性障害（ＯＣＤ）に関連している。

もし不安を覚えたらどうすればいいだろう？　それが日常生活を送る能力を妨げ、力を発揮できないようにしているなら、治療を受けたほうがいい。ＣＢＴは標準的な治療法で、不安を引き起こすあなたの思考に働きかけるのを目的としている。たとえば赤面するのが不安なら、自信をつけるためにチークを入れて人と会話をするよう促される。漠然と身体の弱さを不安に思っているなら、激しい運動をしても心臓発作を起こすことはないことを示すため、階段の上り下りを指示されるかもしれない。

近年、対面でＣＢＴを行う専門家の不足を補うため、デジタルベースの在宅療法の需要が高まっている。複数の研究で在宅式ＣＢＴの効果が示されており、なかには従来の手法と同等の効果を発揮するものもあるという(6)。セラピーが好きではなく、また不安の原因を特定するのに苦労しているなら、脳内の化学物質の乱れを修正する薬を服用するという手もある。複数の研究によると、ひどく不安を感じる人は、ＧＡＢＡという脳内化学物質のレベルが低い傾向にあるという。この化学物質は、脅威ではない刺激を扁桃体が選別するのを助けると考えられている。ベンゾジアゼピンは、脳のシステムに作用し、ＧＡＢＡのレベルを上げる一般的な向精神薬だ。即効性がある反面、依存性が高く、時間とともに効果が失われていくことから、短期間の使用にかぎられる。長期的な選択肢としては、気分を調節する化学物質、セロトニンを増加させる抗うつ薬などがある。こうした薬はすべて副作用があるため、使用が制限されることがある。

もし不安に苦しんでいるなら、治療をしなくてもすむよう、できることがいくつかある。まずは運動だ。運動には不安を軽減する効果があることが立証されている(7)。運動中に分泌されるエンドルフィンによって気分が上がり、自分の思考以外のものに意識を向けられるようになる。

つぎは適切な食事だ。オックスフォード大学のある研究で、腸内の善玉菌の増殖を促す食物繊維豊富なサプリメントを３週間摂取すると、コンピューター上に表示されたポジティブな言葉に注意を向ける一方、ネガティブな言葉にはあまり注意を向けなくなることが判明した。さらに、毎朝の起床時には、ストレスホルモンであるコルチゾールの濃度も下がっていた。つまり、不安を引き起こす根本的な心理的メカニズムに、ささやかながらも重大な影響を及ぼしたことになる[8]。

いまの生活が、自分の手に負えない出来事ばかりだと感じると、自信を揺るがす不安や自己疑念が助長される仕組みになっているようだ。自分の症状を認識したうえで行動するようにしてほしい。

心配しないためのヒント

- なぜ悩んでいるのか自問し、その原因を突き止める。
- 不確実性は受け入れることで対処する。たいていの場合、悪いことは起こらない。
- 週に３回オイリーフィッシュ、種子類、キウイフルーツ、葉野菜を摂る。オメガ３脂肪酸を含む食材は過剰な炎症を抑え、ストレスを軽減してくれる。
- 社会的つながり、人間関係、家族や友人との絆を深める。これはストレスへの耐性を高めるうえでもっとも重要な要素と考えられている。
- 消えない不安には認知行動療法（ＣＢＴ）を試してみよう。

第2章　幸せになるためには

私の好きな方法は、唇に触れないように鉛筆を歯で挟むというものだ。そのまま10秒キープすると、少し幸せな気分になれる。

この「実験」を鏡の前でくり返すと理由がわかる。こうやって鉛筆をキープすると必然的に笑顔になり、その結果、幸せを感じるのだ。これは「身体的認知」が私たちの感情に影響を及ぼす実例だ。脳は筋肉の動きの一部から感情を推測するため、笑顔になればそれに見合った感情が生まれやすくなる。ボディーランゲージが自信を高めるという話を次章でするが、そのときにまた身体的認知に触れる。

私は気分を上げるためにこの鉛筆のトリックをいつも使う。これは「**私たちが幸せを感じる仕組みと理由を理解すれば、よりたくさんの幸せを感じられるようになる**」という多くの実例のうちのひとつである。とくに昨今の情勢下では、認識という太陽を浴びる必要性がなによりも高まっている。

幸福を理解する

「幸福」は、研究対象としてけっして扱いやすいものではない。第一に、科学者たちは幸福のベストな測定法に関して意見が一致していない。研究者のなかには、その瞬間に当人がどの程度幸福を感じているかに着目し、ポジティブな感情を抱いた際に肉体や脳で起こっていることを測定して答えを得ようとする人もいれば、生活全般の充足感を測定する人もいる。また、もっと大きな視野で、一方の集団が他方の集団より幸福な理由に焦点を当てる場合もある。いずれのアプローチからも興味深い結果がうかがえる。

幸福に関する研究報告を読んでいると、世界幸福度ランキングで常にトップの北欧にしばしば逃げ込みたくなる。秘密は何なのだろう？　ひとつには国民ひとりあたりのＧＤＰが高いということもあるかもしれないが、しかし同じように豊かな国でも幸福度が低い国もあるので、それがすべてではない。別の重要な要因としては、国による手厚い支援制度と、コミュニティー意識の高さが挙げられる。仕事の安定と充実した教育も、潜在的な不幸を防いでくれる。かの地の厳しい冬と長い夜でさえ、みんなが集まり、助け合う状況にひと役買っている。あるいは居心地のいい「ヒュッゲ」というライフスタイルにこそ、すべてが集約されるのかもしれない。

こうした社会的構造に魅力を感じても、残念ながらそれを自分たちで実現するのは困難だ。キャンドルや柔らかいブランケットを買うことはできても、北欧の幸福を真似《まね》するのは難しい。ではほかに、幸福を追求するのに目を向ける場所はどこだろう？

ひとつはっきりしているのは、お金をたくさん稼いでも解決策にはならないということだ。私は以前、人にそう言われるのが嫌いだった。100万ポンド（約1億5000万円）もらったら、私は絶対いまより幸せになれると思っていたのだ。しかし、大半の統計はこの考えに反しており、調査では常に、（基本的な生活費は別として）世帯収入が幸福度に占める割合はわずかであることが示されている。**お金が幸福をもたらす力はかぎられているのだ。**

これは、「ヘドニック・トレッドミル」［訳注：収入の増加とともに幸福感も高まる一方、期待も大きくなるため結局はそれなりの幸福感が維持される傾向］によるところもある。オルダス・ハクスリーはこの現象を「習慣は贅沢《ぜいたく》な楽しみを、日々の退屈な必需品に変える」とわかりやすく要約している。基本的に、新しいものを手に入れると幸せを感じるが、それが通常の状態になると幸福感は薄れ、幸福のレベルはもとの基準に戻る。これは理にかなっている。「新たな常識」に適応しようとする傾向は、楽しみを制限する一方で、悲しい状況や有害な環境による影響から私たちを守ってくれるのだ。

お金が解決策でなければ、いったい何が解決してくれるのか？　幸福の調査方法については見解の相違があるものの、多くの研究では、とくに影響力のある４つの側面に焦点が当てられているようだ。ひとつは、すでに述べたようにストレス耐性を高めること。もうひとつはマインドフルネスを身につけ、ポジティブ思考を養うこと。これについてはつぎの項で説明する。さらには環境、食事とつづくが、これらものちほど解説する。

意識的にいまを生きる

ハーバード大学の心理学教授ダニエル・ギルバートは、人は変えられる決定より、変えられない決定のほうがはるかに幸福を感じることを発見し、人生が変わった。

私たちの多くが、買ったばかりの服を返品したり、ひとつではなく４つの大学から選んだりと、選択肢がある状況を本能的に好むことを考えると、これは直感に反するように思えるかもしれない。しかし実際には多くの研究が、決断を変えられないときのほうが私たちの満足度は高いことを示している。

ギルバートが行った実験で、写真専攻の学生たちは、どのプリントを残すか考え直す機会を与えられても、最終的に選んだ作品に対する満足度は変わらないと考えていた。しかしいざ実験を行うと、考え直す機会があった人は、なかった人に比べて自分の選んだ作品に対する満足度が低かった。どうやら私たちは、すでに終わった決断については割り切れても、可能性が残るものに対してはそうではないらしい[1]。

この発見について、「これは同棲《どうせい》と結婚の本質的な違いと同じだ」と誰かが言うのをギルバートは耳にした。妻や夫が少々嫌みを言っても肩をすくめるだけだが、彼女や彼氏にそれをされたらほかの誰かを探すだろう、と。ギルバートはすぐに家に帰り、恋人にプロポーズをした。

私はなにも、幸福感を高めるために、ドラマティックなことをするべきだと言っているわけではない。しかしざわつく心をなだめる方法を知っておけば、役に立つかもしれない。まずは自問してみよう。あなたがいちばん幸せなときは？　食事をしているとき？　家族とビーチでのんびりしているとき？　セックスをしているとき？　ギルバートの同僚のひとり、マット・キリングワースはその答えを求めて「Track Your Happiness」というアプリを開発すると、80カ国以上、1万数千人にランダムのアラートを送信し、その瞬間彼らが何をしていて、どう感じているかを尋ねた。

とりわけ驚いたのは、**人がもっとも幸せを感じるのは、素敵な将来を思い描いたりして**

心をさまよわせているときではなく、その瞬間に行っていることについて考えているとき（たとえそれが通勤や洗濯など、日々の雑事だったとしても）らしいとわかったことだ。社会的交流が幸福をもたらすのも理由のひとつかもしれない。みんなで集まった際に、空想にふけることはあまりない。

この分析は、マインドフルネス瞑想《めいそう》を実践している人なら驚かないだろう。**意識をいま、ここに集中させることは、幸福度の向上をはじめ、多くの利点と関係している。**この話はすでに何度かしてきたが、ここでは詳しく説明していく。

マインドフルネスについて健全な疑いをもっているなら、素晴らしい。慎重になるのは当然だ。マインドフルネスはかつてのマイナーな存在から、心理療法の代用へと昇格し、いまでは企業のウェルビーイングのためのツールとして、さらには戦場で動じない兵士を育てるカギとして注目されている。20年以上にわたり、瞑想者を対象に行ってきた何百という行動および神経画像研究は、その多くが結論に至っていない。残念ながら、多くの研究に誤った情報が含まれ、方法も稚拙だったのだ。

マインドフルネス瞑想がパニックや見当識障害、躁病《そうびょう》などに悪影響を及ぼすという、重大な実験結果も少数ながら報告されている。

ありがたいことに、多くの科学者が、この混乱した状況を断ち切ろうとしている。そのひとり、リチャード・デビッドソンとその同僚は、ダライ・ラマをはじめとするチベットの僧侶たちとともに、何年にもわたって共同研究を行ってきた。まだまだ学ぶべきことは多いものの、どうやら前向きにとらえていいようだ。たとえば、マインドフルネス瞑想の定期的な実践が、扁桃体《へんとうたい》（前述した脳の感情処理装置）を落ち着かせるという有力な証拠がある。扁桃体が落ち着くと、ストレスフルな状況やネガティブ思考に対する衝動的な反応を抑えることができる。

また、身体的な痛みに対する心の動揺を和らげ、不安や（幸福に寄与しない）上《うわ》の空状態を減らすという研究結果もある。初心者でもその恩恵は明らかだが、訓練を積むほど高い効果を得られるようになる。[2] マインドフルネス瞑想を試してみたければ、教えてくれる教室はたくさんあるし、ポッドキャストやオーディオブックを利用してもいい。**ただちにはじめるなら、その場で目を閉じ、いまという瞬間を眺めてみる。目的は、心を空にして何も考えないようにすることではなく、いまここで起こっていることに意識を向けることだ。**自分の感覚、匂いや音を考える。なかには自分の身体《からだ》を点検し、各部位がどう感じているかを考えるのが好きな人もいる。いまある感情を認識すること。心がさまよい、仕事のストレスや日々の雑務に気を取られても、それを心に留めおき、成り行きに任せる。そして身体を出入りする息に集中するなどして、いまという瞬間に何度でも意識を引き戻す。

幸福感を高めると考えられる瞑想はこれだけではない。愛する人への思いを他者にも広げていくという「コンパッション瞑想」は、利他的な行動を増やし、その結果として私たちに幸福感をもたらす。研究によると、成人が７週間にわたってコンパッション瞑想を実践すると、その後の人生においてポジティブな愛情を大幅に感じやすくなるだけでなく、喜び、希望、感謝、誇り、興味、畏敬の念なども抱きやすくなり、良好な対人関係を築けるようになるという(3)。

少しの時間、静かに熟考したことへの報酬としては悪くない。

ポジティブ思考を形成する

瞑想が苦手だとしても、幸福への近道はほかにもある。ひとつは、自分の思考回路について考えてみることだ。認知行動療法（ＣＢＴ）のテクニックのなかに、いくつか役立ちそうなものがある。先に見たように、この療法は不安障害の治療に使われることもあるが、一般的な幸福度を高めるのにも役に立つ。基本的なルールを学び、実践してみよう。

まずは、自分の思考回路に意識を向ける。そこでネガティブな思考をとらえたら「本当にそんなふうに考える必要があるのか」「どうしてそんなふうに思うのか」と自問してみよう。たとえば雑談が苦手で、今後の集まりなどが不安なら、そのネガティブ思考を引き起こしている理由を自問し、より現実的な考え方をもつようにする。多くの場合、あれこれと考えをめぐらせるより、自分の思考に集中したほうがいい。

しかし自分の認知プロセスを本当に把握するには、実生活で実践する前に、自分の信念を再構築する必要がある。雑談が苦手だと感じているなら、「知らない人と話すのは緊張するけど、ちょっとした会話がキャリアの役に立つかもしれない」と前向きにとらえ直す。まずはひとりに話しかけてみて、その結果を評価する。最初に思っていたよりいい結果が出るはずだ。

もうひとつ、試してほしいことがある。ペンと紙を用意し、今日起こったポジティブな出来事をひとつ書き出すのだ。一見うさんくさく思えるかもしれないが、このシンプルな行為の効果は多くの研究によって裏づけられており、よかった出来事を書くと満足度が上がり、その効果は少なくとも2週間つづくという[4]。

長い日記でなくていい。新型コロナウイルス感染症の流行時に私が最初に行ったのは、インスタグラムにポジティブな体験を毎日ひとつ書き、「#littlebitoflovely」というハッシュタグをつけて投稿するというものだった。これのおかげで、投稿時に幸せな気分になれただけでなく、いいことがあるとそれをより意識したりして、一日中自分の幸福度に影響が及んでいるのを感じられるようになった。もちろん、私の体験は単なる一事例に過ぎないが、この効果は、１日数分でも自分の感情を書き留めた人は、数週間後に心身の不調が軽減されるという複数の研究結果に裏づけられている。

最後に、自分がなぜ幸福を得ようとしているのか考えてみよう。幸福は、意識したときにだけ訪れるものではない。一説によると、幸福という感情が進化したのは、安全な状況下で認知力を高め、将来へのリソースを確保するためだと言われている。これは、私たちが幸せを感じると、脳の感覚処理方法が変わる、つまり、経験の幅を広げながら、多くの情報を取り込んで、大きな視点をもつことができるようになるという発想だ。恐怖やストレスといったネガティブな感情は、短期的な問題に対処するために意識を集中させるが、それとは対照的なものである。

幸福時の人の脳をスキャンしたり、眼球の動きを追ったりしてこの理論を検証したところ、幸福は文字どおり視野を広げ、周囲からより多くの情報を集めて、脳へと送ることが確認された。**幸せを感じると、幸福をもたらす快感ホルモンが放出されるだけでなく、創造性や問題解決能力も向上する。**

ある実験で、被験者が面白ＮＧ集の番組を観《み》て気分を盛り上げたあとに、マッチ箱、箱入り画鋲《がびょう》、ろうそくを使って、ロウが床に垂れないよう、ろうそくを掲示板にくっつける方法を尋ねた（※答えは、画鋲の箱を空にし、画鋲でその箱を掲示板にはりつけ、箱のなかにろうそくを入れてマッチで火をともす）。その結果、面白い番組を観た被験者のほうが、ニュートラルな気分を保つ目的で数学のドキュメンタリー番組を観た被験者よりも、問題を解決する確率が高かった。ほかの研究では、気分がいいと言語的推論能力やソーシャルスキルが向上し、社交性や信頼性を高めながら、批判にも建設的に対処できるようになることが示されている。つまり、**適切なタイミングでポジティブ思考を育むと、悪い状況でも気持ちよく過ごせるメカニズムを身につける助けになるということだ。**

幸せな場所を見つける

ロンドン北西部のクイーンズパークにある、素敵だが手狭なビクトリアン調のフラットから、ロンドン南東部に位置するフォレスト・ヒルの緑豊かな地区の端に、1960年代半ばに建てられた木造家屋に引っ越したとき、私は不安でいっぱいだった。自分はここで幸せに暮らせるだろうか？

心配は無用だった。新たなコミュニティーは住民が多様で懐が深く、素敵なレストランや小さな森や開放的な公園があった。ほんの数日のうちに、前庭の芝刈りを手伝おうという申し出を受け、ご近所さんにカレーをいただき、家庭菜園用の区画を割り当ててもらった。カレーのおいしさもさることながら、私の人生に大きな変化をもたらしたのは、公園と家庭菜園だった。**研究によると、一般的に、屋外空間へのアクセスは、幸福感を高めるためのもっとも重要な手段のひとつだという。**

実際、イギリス最北端に位置するシェットランド諸島では、医師が型破りな処方箋を出している。通常の治療に加え、心身に病気のある患者は、海鳥の群れの音や匂いを楽しんだり、簡単な木の小屋をつくったり、雲の形を眺めたりするよう指示されるのだ。ニュージーランドで実施された同様の取り組みでは、「緑の処方箋」を受け取った6〜8カ月後、患者の3分の2が以前より活動的になり、心身の調子が上向き、約半数の患者の体重が落ちたという。ほかの地域では、この種のエコセラピーは軽症から中等症のうつ病に対する有望な治療法として注目されている。

昔から、緑豊かな地域に住む人々は、たとえ社会経済状況の違いを考慮に入れても、幸福度が高く、病気による死亡率が低い傾向にあることが科学者たちのあいだで知られていた。[5] 昨年（2019年）ある研究で、週に2時間緑地で過ごすだけで、十分な運動をしたのと同じくらい、心身のウェルビーイングが増進することがわかった（運動自体、幸福度を高める方法のひとつだが、これについては第6章で詳しく見ていく）。また、緑地にいる生物が多様なほど、私たちの受ける恩恵も大きいという。

これにはさまざまな説が唱えられている。まず、外に出ると明るい光を浴びられる。現代人は、知らないうちに光量不足に陥っている可能性がある。標準的なオフィスの照明はおよそ２００ルクス。冬の曇りの日でも外光はその10倍、晴れていれば最大で５００倍明るくなる。しかし平均的な西洋人は、約90％の時間を室内で過ごす。

明るい光は脳を刺激し、覚醒の度合いや反応速度を高める。また、24時間周期で変動する概日リズムを強化し、私たちの力を最大限に引き出し、うつ病や認知症を予防してくれる。自然との触れ合いは、運動と同等の効果だけでなく、さらなる身体的メリットももたらしてくれるらしい。自然のなかに身を置くだけで、心拍数が低下し、免疫力が高まり、おそらくは、ストレス反応の軽減にも関係している[6]。

だが、都会のジャングルで動けない場合はどうだろう？　緑の処方箋を増やす別の方法がある。自然のなかに行かなくても、ある程度の効果を得られることがわかったのだ。実験によると、写真、ビデオ、音声記録などの「自然の代理」でも、多少影響力は落ちるものの、類似の効果があることが示された。また、仮想現実（ＶＲ）でもいい結果が報告されている。つまり、自然界に足を運べない場合は、自然の写真を見て、鳥の鳴き声などの音を聞き、動物学者デビッド・アッテンボローのドキュメンタリー番組を観ればいいのだ。

暮らしのなかにあるのは、当然、木や森だけではない。玄関を入るとあなたを迎えてくれるものは何だろう？　きれいに片づいたキッチン？　おもちゃで溢《あふ》れたひどい部屋？　掃除の行き届いた廊下？　散らかった戸棚や汚れた絨毯《じゅうたん》？　最近、『人生がときめく片づけの魔法』という本で、日本の片づけコンサルタント近藤麻理恵が話題になった。彼女は、迷子の靴下や朝の食器を片づけるだけで、ストレスや非効率性が消えると請け合う。

鋭い指摘かもしれない。まず、散らかった環境は作業をやりにくくする。実験で被験者に単純な作業をしてもらうと、デスク周りが散らかっているときのほうが、片づいているときよりもミスが多い。一方、片づいた環境もまた、気分に大きな影響を与えるようだ。

２００９年、カリフォルニア大学の研究者たちは、さまざまな家庭の男女に頼み、彼らの家のなかを案内してもらった。そのあとで、彼らが使った、散らかっていることを表す言葉と、くつろげることを表す言葉の頻度を分析した。この結果を組み合わせて、各家がどれほどストレスフルか、あるいは心休まる場所かを測定する尺度を作成。その後、参加者のコルチゾール（ストレスホルモン）の数値と、つづく1週間の彼らの気分を測定した。

片づけられていない、散らかった家に住んでいる人々は、（健康に悪影響を及ぼすことで知られる）コルチゾールの数値の変化が少なく、片づいた家にいる人に比べ、1日を通じて憂うつな気分が増していた。これは、とくに家庭にいる女性に顕著だった。[7]　仕事から帰ってきて家のなかが散らかっていたり、やることが山積みだったりしたら、気分が落ち込んでも不思議はないが、この状況は自分たちの力で変えられる。また、散らかっていると睡眠を妨げられることもある。第7章で説明するように、睡眠が妨げられると気分や健康に深刻な影響を及ぼしかねない。

自分の行動を整理したいなら、こんまりメソッドを使うといいかもしれない。部屋中のものを集めて、ごっそり捨てるのだ。目の前に山積みされた所持品に圧倒されるかもしれないが、選別の際は、使えるものと「ときめくもの」だけを手元に残す。

どんな方法で片づけるにしても、一《いっ》気《き》呵《か》成《せい》にやろうとしてはいけない。2020年のロックダウン中、私はロンドン在住のライター兼インテリアデザイナー、ハンナ・ブリバントが運営する「#freshnestchallenge」というオンラインの活動に参加した。ルールはシンプル。小さくはじめること。棚をひとつ片づける。テーブルをきれいにする。15分かけて引き出しを整理する。目指した以上の成果が得られることも少なくない。ブリバントは、順序だてて片づけていくといいですよ、と提案しただけかもしれないが、しかし偶然にもこれは、普段の整理整頓となると脳が働かなくなる人にとって、最適な片づけ方法だった。

片づけをすると、神経伝達物質であるドーパミン（気分を高揚させる化学物質）がただちに分泌される。ただし、そのためには達成可能な目標を設定しなければならない。目標が高すぎると、そもそも手をつけなかったり、手をつけても幸福感が得られなかったりするからだ。小さなゴールを設定し、部屋の片づけ以上の効果が得られることを実感してほしい。

食で幸せになる

ミント味の特大エアロチョコレートほど私を幸せにしてくれるものはない。そこにワインがあれば、まさに天国。しかしこの章の執筆中に、いまの発言を考え直すきっかけとなる研究に出合った。被験者に食事中の気分を記録してもらったところ、ヘルシーなスナック、果物、野菜、そして栄養価の高い食事は、いわゆる「コンフォート・フード」〔訳注：口にすると郷愁や幸福感、安心感などを覚える食べ物〕を食べたときと、同等の幸福感をもたらすことがわかったのだ。ここで、ちょっとした問題がもちあがる。私たちは特定の食べ物を口にすると本能的に幸せを感じるが、食事がメンタルヘルスに及ぼす影響の分析となると、栄養学は非常に複雑な様相を呈す。

問題の原因のひとつは、研究の進め方にある。研究は、特定の食品群に焦点を当てて行われることが多いが、私たちはひとつのものだけを食べるわけではなく、さまざまな食べ物を口にするし、その成分は不思議な、そして見事な方法で相互に作用している。さらには心身の健康に影響を及ぼす、食以外のライフスタイルの選択も複雑に絡み合っており、コントロールするのが難しい交絡因子が多数ある。パイナップルやスイカを食べる1000人は、食べない人より心臓が健康かもしれないが、トロピカルフルーツは高価なため、それを食べる人は裕福で、高級ジムの会員で、休日をゆったり過ごし、ほかにも多くの健康食品を口にしている可能性が高い。となると、心臓を病気から守ってくれたのは、本当にパイナップルやスイカだろうか?

　類似のライフスタイルをもつグループ同士を比べるにしても、問題がある。こちらが指示しても、正確な食事の記録をつける人は少なく、偶然にしても意図的にしても、特定の食品を除外することがあるからだ。たとえば砂糖を避けなければいけないのに、実験の指示を無視して、ケーキを一切れ食べてしまったときなどがこれにあたる。人々の食事を厳密に制御する実験は、実施に費用がかかるため、めったに行われない。つまり、幸せで健康になるための食事プランを探しているなら、慎重に進める必要があるということだ。**手っ取り早い方法はないが、一般的には、脂質、塩分、糖分を減らし、全粒穀物、果物、野菜を多く摂取すると身体にいいとされている。**

　この特定の食品群を「地中海食」と呼ぶことがある。地中海食ダイエットは、ほかの流《は》行《や》りのダイエットに比べて息が長い。多くの研究によると、身体にいいだけでなく、幸せを増幅し、落ち込みを防ぎ、人生の満足度を向上させてくれるという。もちろんこれまで見てきたように、この食事法を採用している人が、ほかの側面から幸せを享受しているということもあるだろう。しかし、それだけにとどまらない証拠が続々と挙がってきている。

まず、地中海食に関連した特定の栄養素は、脳に影響を及ぼすと考えられている。たとえば果物や野菜には、脳内物質セロトニンの濃度を上げる「いい」炭水化物が多く含まれており、セロトニンは、幸福感や前向きな気分、やる気を高めてくれる。

セロトニンを生成するには、乳製品、ドライフルーツ、魚などに含まれる必須アミノ酸のトリプトファン、オメガ3脂肪酸、マグネシウム、種子類の適度な摂取も必要だが、これらはすべて地中海食で得られる。さらに、ビタミンB群など、地中海食に含まれる栄養素の多くは、細胞がエネルギーを生成するのに重要な役割を果たすと同時に、細胞のダメージを軽減する抗酸化物質の供給源にもなっている。

だが、**幸福感の向上のために食生活の改善を図ろうとするなら、腸内に生息する小さいながらもパワフルな菌たちのことを考えてみてはどうだろう。**生まれたときから、私たちの腸内にはバクテリア、ウイルス、原生動物、真菌などが存在し、マイクロバイオーム(微生物叢《そう》)と呼ばれるコミュニティーを形成している。マイクロバイオームは免疫システムの形成に手を貸し、身体的健康、気分や行動に大きな影響を与える。

その仕組みは？　乳製品に使われる乳酸菌ラムノサスなど一部の細菌は、動物の体内で強力な抗不安効果を発揮する。ラクトバチルス・ラムノサスは、GABA受容体の発現を変化させることで、脳の一部に鎮静効果をもたらすと言われている。これらが脳に働きかけ、変化を起こす仕組みは完全には解明されていないものの、おそらく脳と腸をつなぐ迷走神経が作用していると考えられる。この神経を切断すると、ラクトバチルス・ラムノサスを投与しても、不安な感情やGABA受容体に変化は見られなかった。[8]

同じことが人間でも起こるかもしれない。たとえば、適切な組み合わせの細菌を被験者に6週間投与すると、気分に関連する脳の領域に変化が現れ、プラシーボ（偽薬）を投与された人と比べ、うつ病の症状が改善することがわかっている。[9] 別の研究では、ラクトバチルス・ヘルベティカスとビフィドバクテリウム・ロンガムの組み合わせが、健康な被験者の不安やうつ病の症状を軽減した。また、特定の菌株は、ストレスホルモンであるコルチゾールの濃度を下げ、過敏性腸症候群の症状を和らげる。

こうしたエビデンスを考えると、「善玉菌」を増やす乳酸菌飲料やヨーグルトなどのプロバイオティクスを大量に摂取したくなるかもしれない。しかし、ここで注意すべきことがある。こうした製品には、企業の謳《うた》い文句とは裏腹に、脳を活性化する効果を示す事実はないのだ。菌のなかには健康食品店での保存に耐えられないものや、胃酸で消えてしまうものもある。生き残ったとしても、あなたが求める健康効果は得られないかもしれない（といっても、抗生物質を服用していたり、鼻水が止まらなかったりする場合は、医師に効果がありそうなプロバイオティクスサプリメントについて尋ねてみるといいだろう。いくつかの研究では、抗生物質関連の下痢を抑えたり、咳《せき》や風邪を予防したりする効果が示されている）。

人間と腸内細菌の関係を何年もかけて研究してきた管理栄養士のメーガン・ロッシは、細菌とのシンプルな付き合い方を提案する。細菌によって餌となる食品は異なるので、気分を上げるために特定の細菌を増殖させるより、腸内細菌の多様性を高めることに注力したほうがいい、と言うのだ。そのためには、さまざまな植物性食品を摂取する必要がある。たとえば、１週間に30品目以上の植物性食品を摂《と》っている人は、腸内細菌の種類が多様なことがわかっており、これはとくにメンタルヘルスやウェルビーイングの向上に関連している。植物性食品とは、全粒穀物、ナッツ、種子類、豆類、果物などである。

ロッシによると、30品目を摂取する簡単な方法があるという。シンプルな方法は、ミックスシードをひと袋買って、朝食にティースプーン１杯分食べるというもの。これで４品目ほど摂取できる。または、レタス単品ではなく、ミックスリーフのサラダを買う。異なる種類のレタスには異なる化学物質が含まれており、それぞれが異なる細菌の餌となる。

健康的な食品を食生活に取り入れることには、もうひとつメリットがある。毎週30品目の植物性食品の摂取を目標に掲げてからわずか数週間、私は自分のウェルビーイングが間違いなく向上していることに気づいたのだ。短期間だったので、腸内細菌にはたいした影響はなかったと思うが、気のせいではなかったはずだ。**日常生活のなかで小さな変化を起こすと、健康的なライフスタイルを送っているというポジティブ思考や自己認識が高まり、そのこと自体がさらなる幸福をもたらすというエビデンスがある。**

それらがエビデンスに基づいた変化であるかぎり、いずれにしてもうまくいくだろう。

幸せになるためのヒント

- ✣１日10分間マインドフルネス瞑想を行う。研究によると、マインドフルネス瞑想はウェルビーイングの向上、うつ病のリスクの軽減、不安のコントロールにすぐに効果を発揮するという。
- ✣紙に書く。１日数分でも自分の感情を書き出すと、数週間後には心身の健康問題が軽減する。
- ✣整理整頓！　住まいをきれいにすると、確実に心が落ち着き、幸せな気分になる。少しずつでいい。小さな作業でもドーパミンの分泌量が増え、家中を片づけようとするより簡単だ。
- ✣外に出る。週に２時間緑地で過ごすだけで、十分な運動をしたのと同じくらいウェルビーイングが向上する。
- ✣食べるものを意識する。週に30品目の植物性食品を摂取する食生活は、気分を高める腸内細菌の多様化を促進する。また、メンタルヘルスを改善する最善の方法になるかもしれない。

第3章 自信をもつためには

ソーホーの中心にあるオフィスの住所を教えてもらった私は、そこのフロントで自分の名前を名乗るよう言われた。デビッドという男性が現れ、私を2階の部屋に案内した。薄暗い部屋の中央に、大きなテーブルが置かれている。テーブルの上にはラジオマイクとヘッドフォン。コートを脱いでヘッドフォンを着けて楽にするよう告げられる。そして部屋にひとり取り残された。

突然、ヘッドフォンから音楽とＤＪの声が聞こえてきた。「ようこそ Heavy Radio へ。今日はヘレン・トムスンを迎えて、彼女の新刊について伺います。こんにちは、ヘレン。調子はどう？」

驚いたなんてものではなかった。２０１８年、人間の心の奇妙なハイウェイとバイウェイ（脇道）について語った、初となる書籍『９つの脳の不思議な物語』を刊行したばかりだった私は、人前で話すことに常に不安を感じていた。そして、この場所にやってきた。

プロモーション活動を行うにあたって、必要な練習をするために。いや、これはすでに本番なのだろうか？

緊張した声でかろうじて挨拶を返すとすぐに、ＤＪが話しはじめた。「あなたは異常な脳をもつ奇妙な人々の話を書いたわけですが――要するに、現代の見世物小屋的なことでしょうか？」

もちろん、そうではない。私はしどろもどろになりながら、早口で支離滅裂なことを答えた。そして3つの質問のあと、ようやく自分の本のタイトルさえ紹介していないことに気づいた。人生でいちばん長い10分間だった。

インタビューが終わると、デビッドが部屋に戻ってきて、笑顔で自己紹介をした。私の自信のなさを克服するには、最悪のシナリオで無茶なこと――まったく予想外の生のインタビュー――を経験するのが最善なのだと彼は言った。

その日の午後が終わるころには、私はラジオのインタビューを堂々と受けつづけただけでなく、カメラの前で5分間、自著について雄弁に語ってみせたのだった。最初と違ったのは、自信のなさに取り組むツールを学んだことだ。発言だけでなく、姿勢、笑顔、意識のもち方まで。ここぞというときに失わないよう、自信を保てるようになったのだ。

だが、最初の本当のインタビューはＢＢＣの「ブレックファスト」という全国ネットの生放送だった。スタジオへ向かうエレベーターのなかでひとり、私は嘔吐《おうと》した（幸い、当時は犬を飼っていたので、コートのポケットにたまたま入っていた予備のビニール袋のおかげで、大失態は免れた）。エチケット袋を握りしめて最初のインタビューに臨んだにもかかわらず、30分後、ライトやカメラやディレクター陣に囲まれて座った私は（自分で言うのも何だが）文句のつけようのない完璧な受け答えをしてみせた。それ以来、私のインタビューへの対応やスピーチはどんどん上達していった。そのうち楽しいとさえ思えるようになった。人間の心の動きはときとして不思議なもので、自動車事故のような最初の偽インタビューは、見事に目的を果たしたのだった。それからというもの、インタビューを受けるたびに自分が上達していることに気づき、その認識がさらに自信を深めてくれた。

自信とは、人前で話すことについてだけではない。祖先の時代には、縄張り、食料、仲間といった、リソースを奪い合うためのシンプルかつ不可欠な要素だったのかもしれない。今日では、心配せずに自信をもって課題に立ち向かう能力が、野心、士気、信用、さらには試験結果や昇進まで、あらゆることに影響する。私の話からもわかるとおり、**私たちは自分のことを「自信がある」とか「自信がない」と言ったりするが、これらは生まれつきの変えられない特性ではなく、時間をかけて育んでいけるものなのだ。**その方法を見てみよう。

自信を理解する

私たちに自信をもたらす要因を理解するための科学的アプローチはさまざまだ。たとえば神経科学者なら「コンフィデンス・ニューロン（confidence neurons）」（眼球のすぐ上、眼窩《がんか》前頭皮質にあるニューロンで、意思決定の際にとくに活性化する）を指摘するかもしれない。[1]何らかのタスクで期待される成果の追求に関連する領域や、いい判断を下した際の快感に関連する領域など、自信が試されるときに活動する脳領域は、実は多い。これらの領域が、アルツハイマー病、パーキンソン病、脳卒中などで損傷すると、リスクを回避しがちになったり、自信過剰になったりすることがある。[2]

しかし自信を見るのにもっとも有効な方法は、心理学的レベルにある。心理学者にとって自信とは、世界について私たちが信じる主観的な感情であり、性格の一部である。心理学者は性格を「ビッグファイブ」（経験への開放性、誠実性、外向性、協調性、神経症傾向または情緒安定性）と呼ばれる特性に分ける傾向がある。ここではとくに外向性と、その対になる性質、内向性が関係する。自信は外向的性格の主要な要素だ。私たちの多くは、自分やわが子の外向性を高めたいと思っている。この気持ちはわかる。自信がなかったり、内気だったりすると、実際足かせとなってしまうことがあるからだ。ニューオールバニーのインディアナ大学サウスイースト校、シャイネス研究所所長ベルナルド・カルドゥッチによると、内気な人は、初デートやセックス、結婚や子どもをもつこと、昇進が遅いという。極端なケースでは、内気な性質は、パニック障害や社会不安障害などを発症させ、人と交流するのを避けるようにする場合もある。

自分が外向的か内向的かを知るために、簡単な質問に答えてみよう。人ごみにいるよりひとりでいるほうが落ち着く？　内省的？　人と話すより自分のうちに閉じこもって心を安らげたいと思う？　グループで仕事をするよりひとりでするほうがいい？　これらの質問に対して「はい」の数が多いほど、内向的である可能性が高い。たいていの人は、このふたつのあいだのどこかに位置している。

先ほども述べたが、多くの神経科学の研究で、内向的な人と外向的な人の脳の働き方の違いを区別しようと試みている。たとえば外向的な性格の人は、他人の顔を見ると、内向的な人よりも注意や報酬に関する脳領域が大きく反応する。しかしこの結果に因果関係を見出《みいだ》すのはほとんど不可能だ。外向的な人は、顔を見ることで得られる報酬が大きいから顔を見るのかもしれないし、その逆かもしれない。つまり、人と一緒にいるのが楽しいから、その脳領域の活動が大きくなるのかもしれないのだ。

心理学的に重要な洞察は「性格は変えられる」ということだ。性格は私たち自身に不可欠な要素であり、変えられないものだと広く信じられていることを思うと、これは驚くべき洞察だ。この説は、心理学者ウィリアム・ジェームズが19世紀後半に提唱したもので、ジェームズは人間の性格は30歳までに決まると主張した。いまでは、この主張が間違っていることがわかっている。一般的な性格は、私たちが思うより、もっとずっと変わりやすい。

人の性格が遺伝子の影響を受けていることは間違いないが、胎内にいるときからすでに、環境の影響を受けていることもたしかである。妊娠中にストレスを感じていた母親は、心配症の子どもを生む確率が高いという証拠がある。子どものころの経験もまた、人格を形成する。幼い子どもは、外交的な性質をもつほかの子どもと一緒にいると、より外向的で勤勉になる。両親の行動も影響を与える。反応性の高い乳児に、両親が社交的で大胆な行動を促すと、人見知りをしない怖いもの知らずの子どもに育つ。

いまさらそんなことを言われてもと思うかもしれないが、30歳で、あるいはいくつであれ、特定の年齢で人格形成が止まるという証拠はない。それどころか、むしろその説を否定する証拠はたくさんある。年齢を重ねると、私たちは協調性や誠実性が増し、感情が安定する傾向にある。20歳から80歳までの４０００人のデータを調査した別の研究では、青年期と60歳以降は性格が安定しないことが判明した。環境の変化が性格に影響するなら、青年期と老年期は環境の変化がもっとも激しい時期なので、納得の結果である。

恋愛関係がはじまると神経症傾向が収まる、失業の影響で誠実性や協調性が失われる、仕事にのめりこんでいる人は誠実性が高まりやすいなど、環境が性格に及ぼす事例はまだまだある。ニューヨークに住んでいる人は神経質になりやすく、ロンドンに住んでいる人は協調性が低いなど、新たな町や国に引っ越すだけで性格が変わることもある（ただしこの場合、これらの性質をもつ人が、こうした都市に惹《ひ》かれるのかもしれない）。

生涯にわたって環境要因が私たちの気質に及ぼす影響は甚大である。被験者が14歳のときと77歳のときに受けた性格テストの結果を研究者が比較したところ、個人の性格特性の安定性を示す証拠は何もなかったという。

また、**私たちの性格は決まっていないだけでなく、積極的に形成できるという。もしあなたがそう望むなら、あなたはひとりじゃない。**自分のビッグファイブの評価を見た約90%の人が、何らかの変化を望んでいる。もっと自信をつけたいという人は、一緒にポジティブ思考の力の使い方を学びながら、何が効果的で、何がそうでないのかを確認していこう。まずは、適切なサウンドトラック選びからだ。

自信がもてる環境をつくる

カニエ・ウェストの曲「パワー」は、ボクシングチャンピオン、アミール・カーンの気分を上げる。テニスのスター選手アンディ・マレーはエド・シーランがお気に入り。私の場合はボニー・タイラーの「ホールディング・アウト・フォー・ア・ヒーロー」が鉄板だ。ここでいう音楽とは、頭にパンチを食らっても、ウィンブルドンの決勝に立っても、ヘイフェスティバル［訳注：ウェールズのヘイ・オン・ワイ（古書店街として有名な町）で毎年5月から6月にかけて10日間開かれる文学祭］のチケットが完売して満席の観客を前にしても（これは願望）、自分を奮い立たせ、自信を与えてくれる音楽のことだ。

科学者たちは昔から音楽、とくに大音量の音楽が、自信をはじめ、人間の行動のさまざまな側面を向上させることを知っていた――「覚醒」がそのおもな理由である。この場合の覚醒とは、肉体や脳が敏感になり、感情が高ぶっている状態を指す。また音楽を聴くと、心配事があっても気がまぎれる。

力を感じることは、自信には不可欠だ。自分のパワーを感じるほど、実行機能――脳内の情報を更新したり、抽象的に考えたり、大局的に判断したりできる能力――が向上する。

つまり、私たちに自信をもたらしてくれるのだ。特定の音楽を聴くと自信が湧くのは、このふたつがすでに脳内で結びつけられているためだ。たとえばスポーツで使われる音楽は、通常、報酬や勝利を競うイベントとペアになっていることが多いため、聴いただけでパワーがみなぎる場合がある。

私がはじめて「ホールディング・アウト・フォー・ア・ヒーロー」と出合ったのは、1980年代後半、映画『ショート・サーキット2　がんばれ！　ジョニー5』をくり返し観《み》ていたときだった。(3) 私の脳内で成功とモチベーションが固く結びつき、いまだにこの曲を耳にするとアドレナリンが駆けめぐる。2000年代はじめ、ロンドンマラソンのいちばん苦しい区間をこの曲で乗り切った。この曲はいつも、私に自信をくれる。

適切な音楽を選ぶことで、気分が変わり、仕事の効率が上がり、反応速度が高まり、スポーツや学業など、多くの分野でパフォーマンスの向上が見込まれる。(4) ただし、これにはリスクもある。

すでに特定の曲がある人もいるかもしれない。しかしそういう曲がない人にとって、いちばん気持ちが上がる曲はどれだろう？　香港の研究者が、さまざまな曲を学生に聴かせ、各曲がどの程度パワフルで、支配的で、毅然《きぜん》としているかを評価してもらったところ、クイーンの「We Will Rock You」、2アンリミテッドの「Get Ready for This」、50セントの

「In da Club」が、とりわけパワーをくれると判断された。

音楽に興味がなくても、内なる力を引き出し、自信を与えてくれる方法はほかにもある。ひとつは、ペンと紙を用意するというもの。ドイツの心理学者は、ビジネススクールの模擬試験の前に、自分を力強く感じたときのこと、自信を失ったときのことを学生たちに書いてもらった。力強く感じたときのことを書いた学生は、何も書かなかった学生より、審査員に合格をもらえる確率が高かった。もっとも成績が悪かったのは、無力感を覚えたときのことを書いた学生たちだった。[5]

また、服装の影響力も興味深い。まったく同じ白衣を着た被験者を、医師と画家のグループに分けると、医師役の被験者のほうが課題に集中できたのだ。これは「エンクローズド・コグニション（enclothed cognition）」と呼ばれる現象で、（意識を変えることで）自信を含むいくつかの種類の感情や行動を強化する、あるいは弱めることが示されている。

ポジティブ思考がパフォーマンスに効果的な理由には、いくつかの説がある。なかでも確たる証拠は、脳スキャンによるものだ。数学のテスト中に、24人の女性の脳をスキャンしたところ、いま述べたような方法で事前に自信をつけていた人たちは、テストの結果がよかったばかりか、「認知的干渉」に関連する領域の活動が低下していた。認知的干渉とは、あなたが取り組んでいる作業を妨害する思考や行動のことだ。この不必要な、あるいは望ましくない思考は、いきなり現れてはすぐに消えるが、制御するには意識的な努力が必要で、この領域の活動が低下していた女性ほどテスト結果がよかったのは、おそらくこうしたことが理由だろう。

ボディーランゲージを改善する

（内閣を追われた）哀れなサジド・ジャヴィドは、イギリス政界で出世街道を駆けのぼった輝かしいキャリアの持ち主だが、いちばん印象に残っているのはその「パワーポーズ」かもしれない。

２０１８年、当時内務大臣だった彼は、必要以上に大きく足を開き、拳を腰に当てた姿で撮影された。パワーポーズだ。のちにそれは、カメラに顔を向ける途中のポーズだったことが判明するが、しかしこのようなポーズをとった政治家は、ジャヴィドがはじめてではない。この出来事は、ボディーランゲージで自信があるように見えるか、あるいは自信をもてるようになるか、という国民的議論を巻き起こした。

この「パワーポーズ」という言葉は、社会心理学者エイミー・カディが広めたものだ。彼女は動物が体力や支配力を示すために使う——自分を大きく見せ、空間を占有する——

このポーズを真似《まね》るよう説いた。運動競技のあとに、生まれつき目の見えない人も、目の見える人と同じようにこうしたポーズをとることから、どうやらこれは進化の一環らしい。だが、はたして逆も可能なのだろうか？　身体《からだ》のポーズを変えるだけで自信は芽生えるものだろうか？

カディはこれを見事に立証した。彼女が発表した論文によると、足を広げたり、机の上に乗せたり、特定のパワーポーズをとって座るよう、あるいは立つよう指示された人は、猫背で脚を組んで座っているときより力強さを感じたと報告している。また、ポーズの変化は行動にも変化をもたらす。パワーポーズはギャンブルに参加する確率を高めたのだ。さらなる裏づけとなったのは、カディの生理学的検査だ。パワーポーズをとった参加者は、唾液中のテストステロンが約20％増加し、パワーポーズとは逆の姿勢で臨んだ参加者のテストステロンは、平均より10％減少した。わずか２分間のポーズでホルモンが変動し、その変化が脳が自信を感じるように促したのだ[6]。

その後の実験で、ポーズをとることは研究室の外でも効果のあることがわかった。カディはストレスのかかる面接の前に、被験者に力強いポーズや、弱々しいポーズをとらせた。被験者が事前にどんなポーズをとったかを知らない状態で面接を行った第三者は、事前に力強いポーズをとった被験者を採用する確率が高かった。面接を受けた人々の身体が心に変化をもたらし、その心が行動に変化を生じさせたことで、彼らは最高の自分を示すことができたのだ。

このテーマで行われたカディの2012年のTEDトークは、5600万回の再生を記録した。これほどシンプルな条件で自信がつくなら当然だろう。だが残念ながら、その後の数年間で——カディの研究だけでなく、心理学全般にとって——事態は急速に悪化した。新たな動きがこの分野に襲いかかり、統計的に洗練された新たな分析法の登場によって、相当量の心理学研究は信頼できない可能性が出てきたのだ。エビデンスの新しい基準や、さらなる再現性が必要とされ、それまで受け入れられてきた前提条件の多くが十分でないとされた。カディの研究はとくに大打撃を受け、同業者やメディアからの激しい批判にさらされた。

彼女の研究の大きな問題のひとつは、「P曲線テスト」(「出版バイアス」を検出する統計ツール)にパスしなかったことだ[7]。簡単に言うと、研究者が、出版可能な結果を得られそうなデータポイントだけを故意に選び、データに誤りを生じさせていないか、あるいはたまたま運が味方しただけかを検証するテストだ。パワーポーズはP曲線テストに合格できず、お払い箱となった。

しかし2018年、それは別の形で復活した。カディは55の研究結果の分析を発表し、身体を大きく見せるポーズと、自信や力に関する感情には実際に関連があると主張したのだ(8)。P曲線テストにも合格した。が、ホルモンについて彼女が発見した効果に関しては、どの研究でも再現できなかった。

では、結局どうすればいいのだろう？　パワーポーズそのものに関する議論を考慮しても、**身体の使い方が感情、思考、行動に影響を与えることを示唆する適切な試みは多く――この効果を利用して自信や不安を調整できる可能性が示されている。**

1分間、じっと座る。つぎに目の前の椅子や机に手を置き、心拍数を数えることに集中する。ドラムロールのような鼓動を感じるだろうか？　ときどき雑音が生じる？　あるいは何も感じない？　膀胱《ぼうこう》の具合は？　空っぽだろうかいっぱいだろうか？　自分では気づかないかもしれないが、これらの感覚はあなたの思考に役立っている。

こうした内的インプットがなければ、自分という感覚を生み出したり、感情を適切に処理したりすることはできない。身体からの生理的感覚は、順応性や意志を示す能力をはじめ、あらゆるものに影響を与える。**身体は心の容《い》れ物ではなく、このふたつは対等な関係にあり、身体の経験は精神生活において能動的な役割を果たしている。**

もっとも有名な事例は、1990年代後半、ペンシルベニア州ピッツバーグのカーネギーメロン大学の博士課程に在籍していたマシュー・ボトヴィニックが、本物の腕を隠し、偽の腕を机の上の見えるところに置いた実験である。ボトヴィニックは同僚にそのゴム製の腕と、本物の腕の同じ場所を交互に撫《な》でてもらいながら、触覚と視覚の調和を試みた。すると、やがて目の前の腕が撫でられると、触られている感覚を抱くようになった。まるで、脳が本物の腕を忘れ、偽物の腕を自分の腕だと感じているかのように。彼はその感覚に驚き、思わず偽物の腕を部屋の向こうへ投げ捨てた。

科学者はこれを身体的認知と呼ぶ。第2章の冒頭で紹介した鉛筆のトリックを試した人は、すでにこの現象を経験しているかもしれない。鉛筆をくわえることで笑顔になり、笑顔になったことで幸せを感じたのだ。ほかの感情についても同じことが言える。たとえば顔をしかめるのは、怒っていたりいらだっていたりするせいだと思うかもしれないが、実は怒りやいらだちの大部分は、顔をしかめるという身体的感覚から生じている。そして感情を抱くという能力は、周囲のあらゆる環境信号と、身体が生成する自律神経信号（心拍、ホルモン、筋肉、手足、表情の動き）を組み込んだ脳からきている。とりわけ見事な研究事例によると、しかめ面の状態でボトックスを注入し、筋肉を固定された被験者は、治療を受ける前に比べて、悲しみや怒りの文章を読むのに時間がかかったという。文章から喚起される感情を表現することができず、感情言語の処理が滞ったのだ(9)。

要するに、**身体は心に対して強い影響力をもっているということだ。だから嘘《うそ》でも身体**

で自信があることを示せば、感情にも寄与するかもしれない。それに、パワーポーズや自信を示す行動が、害になるという証拠はない。最良のアドバイスは、周囲からのちょっとした影響が、いかにあなたの感情を形づくっているかを考えてみることかもしれない。背筋を伸ばし、足を開こう。ただし、やりすぎには要注意だ。

性別による自信の差をなくす

少なくともパワーポーズなどをめぐる議論では暗黙の了解となっている、ある問題がある。ここではその問題に直接切りこんでいく。現実にも想像上にも存在する、男女のあいだにある自信の差異だ。

職場での男女における賃金や機会の大きな格差は、根本的な自信の差に起因することが多い。つまり、自分の能力に自信がない女性は脚光を浴びると萎縮し、リーダーシップを発揮したり、昇給や昇進に積極的になったりできないという説だ。

これを裏づける証拠もある程度そろっている。２００３年に行われた画期的な研究で、コーネル大学のデビッド・ダニングと、ワシントン州立大学のジョイス・アーリンガーは、学生たちに科学的推論に関するクイズを出題した。問題を配布する前に、学生には自分の科学スキルを評価してもらった。女性は男性に比べ、常に自分を低く評価した（女性が10点満点中6・5点と予想したのに対し、男性の平均予想は7・6点）。テスト終了後も、女性は自分の成績を低く見積もり、5・8点だと予想（男性の予想は7・1点）。しかし、結果に大きな差は見られず、男女とも平均7・5〜8点を獲得した。

こうした女性の自信の欠如は現実世界にも及んでいる。結果発表の前に、学生たちに賞品つきの科学コンテストに参加するよう呼びかけたところ、男性の71％は参加したが、女性は49％しか参加しなかったのだ。自信の欠如は、チャンスをつかむための積極的な行動を妨げる⑽。

女性の場合、単に答えようとしないために点数が下がるなど、そもそも機会を手放している可能性もある。答えるよう求められれば、その精度は男性と変わらない。また、答えに自信があるかどうかを考えるよう言われた際も、男女の反応は異なる。この質問のあと、女性は自信をなくしがちだが、男性は自信を深める傾向にある。

これらのことは、女性は男性より自信がないことを示している。が、これは真実ではない。実生活では、女性は男性と同等に自分の能力に自信をもっていることを示す研究もあるのだ。では、職場のような環境ではなぜそれが発揮されないのだろう？

女性の自信は、共感や利他主義などの社会的特性と組み合わされないと、職場での報酬につながらない、というところに問題の一端がありそうだ。女性としてのこうした余計な特徴づけを理解せずに主張をすると、マイナスの印象を与えることになる。一方男性は、自分の主張をしても叱られない。

この自信の差を縮めるには、女性が自信をもてばいいという以上の課題がある。職場の大きな変革が必要だ。たとえば成功したプロジェクトがあったら、具体的にそのプロジェクトのどの部分が誰の功績なのかを明確にすると同時に、自分の功績を主張する余地を設けると、全員の自信を正常化するのに役に立つ。

ポジティブなロールモデルが役に立つという重要な証拠もある。２０１３年、当時スイスのヌーシャテル大学に在籍していた社会心理学者イオアナ・ラトゥとその同僚は、男女の学生約１５０人に、仮想の聴衆の前でスピーチをするようお願いした。その結果、男性のほうがスピーチ時間が長く（自信を示す標準的な指標）、外部からの評価も高いことがわかった。

これ自体は驚くことではないが、本当に興味深いのはここからだ。ラトゥたちは一部の参加者のために、仮想講堂の後ろにヒラリー・クリントン、アンゲラ・メルケル、ビル・クリントンなどの写真を飾った。男性に変化は見られなかった。ラトゥはこの理由を、男性のように伝統的に力のある立場の人間は、外部の情報に左右されにくいためだと考えている。しかし女性には変化が見られた。権力のある女性の写真を目にした女子学生は、スピーチ時間が格段に長くなり、質の面でも高い評価を受けたのだ。

なぜこのような現象が起こるのか、正確な理由はわかっていない。だが女性にかぎらず、疎外感や自信の欠如を強いられる少数民族のような少数派のために、多くのロールモデルをもつことの意義について論じる一助となっている。**自分を鼓舞する必要があるときにこうしたロールモデルを何らかの形で目にすることは、とくに重要なのかもしれない**[11]**。**

内向性を受け入れる

ここまで、自信に関するポジティブな側面、不安を克服する方法、内なる外向性を養う方法などについて多くを語ってきた。ところで、「自信がありすぎる」ということはあるのだろうか？　ちょっと考えてみたい事実がある。内向性と外向性の傾向があるのは人間だけではない。同じような現象はクモ、羊、鳥、イソギンチャクにも見られる。自然界では、幸運が必ずしも大胆な個体に味方をするわけではないことは明らかで、進化の過程で外向性が標準として選択されたわけではない。

この事実は、内向性に生存価値があるかもしれないことを示している。自信がなく、内気で、繊細で、不安を抱えている人（反応が早く、リスク回避型の「慎重派」）のほうが、積極的にリスクを冒してチャンスをつかみに行く人よりも有利であるという証拠が増えつつあることから、こう考える研究者もいる。意外ではないかもしれないが、内向的な人は事故や病気で入院することが少ない[12]。驚きなのは、イスラエル国防軍の兵士を対象に行った２０１３年の研究で、戦争でトラウマになるような体験をしたあと、不安型の人は心的外傷後ストレス障害（ＰＴＳＤ）にかかる確率が低いことだった[13]。

内向的であることのメリットはまだある。内向的な人は外向的な人に比べて情報処理に時間がかかることがわかっているが、これは情報をより深く処理しているからだと考えられる。内向的な人は口を挟むことが少なく（会話を遮ることについては第11章で詳しく見ていく）、平均的に優れたリスニング力をもつが、これは科学者が「感覚処理感受性」と呼ぶ観察能力によって高められている。約20％の人がこの能力をもっており、内向性と密接に関連したこの性質は、音楽、芸術、新たな状況をはじめ、痛み、薬、コーヒーに至るまで、あらゆることに敏感さを発揮する。この性質をもつ人は周囲にある小さな機微を、ほかの人より正確に感じ取ることができ、この才能を使った課題では、外交的な人よりはるかにいい成績を収める。

実際、外交的な性格には明確な欠点がある。私たちの多くは、日常的に自分の能力を過

大評価しているのだ（これについては第10章で認知バイアスと賢さについて論じる際に掘り下げていく）。過大評価は、向上心、粘り強さ、決断力を高め、自己成就的予言を生むことから、心理学者はこれを有効な戦略だと示唆している。が、一方で、非現実的な期待や悪い決断につながる可能性もある。実際、進化心理学者のあいだでは、進化論的に見て、正確で偏りのない信念をもつ人々がいる集団のなかで、これがなぜ安定した戦略でありつづけているのか、ちょっとした謎になっている。こうした潜在的に有害な性質は、自然淘《とう》汰《た》によって失われていくものではないのだろうか。

エディンバラ大学の進化生物学者ドミニク・ジョンソンらが開発したコンピューターシミュレーションが、その答えを提供してくれるかもしれない。彼のチームは、何世代にもわたって、人々の他人に対する評価の信頼レベルを変化させ、そのレベルに基づいて決断を下す、というシミュレーションを何千回と行った。その結果、競合相手の強さが不明で、目的から得られる利益が関与するコストより十分大きい場合、自信過剰がもっとも成功率の高い戦略であることがわかった。たとえば、同僚とあるプロジェクトで競い合っていて、どちらが優秀な従業員かはっきりしない場合、プロジェクトを獲得することで得られる潜在的利益が失敗のリスクに見合うものであれば、多少のナルシシズムや「目標達成までそれを装う」というのは賢い選択かもしれない。しかし、そうでなければ注意が必要だ。

これらの研究は、内向性と外向性はいずれも人間の生存戦略で、相対的な成功は文脈によって決まるということを示している。**明日のことは誰にもわからないため、自分に自信をもって大胆に行動することが本質的にいいことだとは言いきれない。**実際、内向的な遺伝子をもつ子どもは、自信満々の子どもより成長段階での順応性が高いと言われており、彼らがどんな性格になるかは、育ちなどの環境要因に影響されやすい。つまり、悪い環境で育てば悪影響を受け、いい環境で育てば成功するということだ。

問題は、大胆さや自信が王様のように扱われる社会では、内気な人は苦労するという点だ。もちろん、内向的であることの利点は認識されつつある。2012年に刊行された『内向型人間の時代　社会を変える静かな人の力』は大きな話題を呼び、そのなかで著者のスーザン・ケインは「内気と内向性は種の存続に欠かせない存在かもしれない」と主張している。もちろん本章で紹介した方法を利用し、外向的な人を見習って、自信をつけたいと思うこともあるだろう。だが、それ自体を確実に成功する戦略だとみなしてはいけない。

自信をもつためのヒント

- できないなら、ふりをする。背筋を伸ばし、肩を引き、頭を高くもち上げる。パワーポーズをとると、自信に満ちた印象を周囲に与え、自分でも自信がもてるようになる。
- 大きなイベントの前に、クイーンの「We Will Rock You」、2アンリミテッドの「Get Ready for This」、50セントの「In da Club」などを聴く。これらはとりわけ自信を高めてくれる曲として評価されている。
- 女性の場合、自分が尊敬する女性のアイコンが周囲にあると、力が湧いて、他者との接し方が改善するかもしれない。
- ポジティブ思考には効果がある。大きなイベントの前に、自分が力強く感じた瞬間や、自信をもてた瞬間のことを書き出してみる。これを行うと、何もしないときに比べて成功の可能性が高くなる。
- 天使が恐れる場所へ愚者は飛び込む—自信過剰は判断を誤らせることがある。リスクをともなう決断を下す際は、自分の内向性を受け入れること。

第4章 友人をつくるためには

パブの2階席。私たちを含めた5組の夫婦が、ぎこちなく微笑《ほほえ》みながら世間話をつづけようとしている。そこにいるメンバーには、ふたつだけ共通点がある。近所に住んでいることと、全員が第一子の出産を数週間後に控えていることだ。

はじめての妊婦クラスに参加した私は、ここにいる女性とそのパートナーは生涯の友になるかもしれないと思っていた。少なくとも、新生児を抱えて過ごす最初の数カ月、彼女たちは私に必要な支えとなるはずだ。第一印象をよくしなければ、正しいことを言わなければ、グループから外されないようにしなくてはというプレッシャーは甚大だった。

のちに深夜のメッセージが500万通（多少の誇張あり）に達したころには、この4人の他人は、私がもっともよく話し、ピンチのときに頼る相手になっており、彼女たちがいなければ、娘の誕生から数年間、心身ともにはるかにつらかっただろうと思う。

私たちは誰もが友人を必要としている。この言葉を軽く受け取ってはいけない。**友人は、**

予定を埋めるのに必要なだけではない。私たちのメンタルヘルスを増進し、身体的健康を維持し、早期死亡のリスクさえ防いでくれる。一方社会的に孤立すると、身体的苦痛やストレスを感じ、病気にかかりやすくなる。実際、友人がいないと、重大な生物学的欲求が満たされていないかのように身体《からだ》が反応する。

とはいえ友人をつくるのは、とくに人生の後半になってからは、必ずしも簡単ではない。友人は大勢いるが、もう少し増やしたい、あるいは違う友だちがほしいと思う人もいるだろう。または新しい町に引っ越して、一からはじめることになるかもしれないし、時間がまったく取れなくて、友人のためにどう時間を使えばいいのか知りたい人もいるだろう。

場を和ませる、一緒に過ごす、社交辞令を使いこなす――こうしたことは自然に身につくものではない。友人をつくるには時間がかかる。新たな町に越してきて、友人をつくりたいと思っている成人を対象にカンザス州で調査したところ、ちょっとした知り合いになるには、50時間ほど一緒に過ごさなければいけないことがわかった。90時間で友だちという認識になり、200時間以上で親密な友人になれる可能性がある。

その過程を早めることはできなくとも、科学が力になれることはある。科学は即席のBFF、つまり「生涯の友（Best Friend Forever）」を提供することはできないが、友情が人生に与える影響や、いまある友情を維持する最善策、新しく出会った人と打ち解ける方法などを探ることはできる。

そして最終的に、現代においてもっとも軽視されている公衆衛生の問題のひとつ――「孤独」を防ぐことにもつながっていく。2018年の調査によると、イギリスでは約900万人が孤独を感じているという。孤独のサイクルから抜け出すのは容易ではない。友人がたくさんいても孤独を感じることはめずらしくない。だが、対処法も存在する。自分のために、労力を使ってでも、こうしたすべてを理解する価値はある。これはあなたが誰かにとってのいい友人になるだけでなく、健康を増進し、寿命を延ばし、生涯の幸福を保証する確実な方法でもあるのだ。

友情を理解する

友情と母乳育児を関連づけるのは変に思うかもしれない。しかし私たちの友人への愛は、ここからはじまっている可能性がある。赤ん坊が乳房に吸いつくと、母親の脳下垂体からオキシトシンが分泌される。これにより、乳房の筋肉が収縮して母乳が出るようになるのだが、その際、不安感や血圧、心拍数なども低下する。オキシトシンに関連して生まれる感情は、赤ん坊にお乳を吸うことを促し、母子のあいだの強い、愛情に満ちた絆《きずな》を築く一助となる。これはすべての哺乳類に共通して見られる現象だが、人間をはじめ、仲間をつくる種族では、このシステムが拡大して使われている。

進化は、無駄な労力を省いて経済的に行われてきた。母子の絆以外にもかかわるようになったオキシトシンは、ハグや軽い触れ合い、マッサージなど、他者とのポジティブな身体的接触の際にも分泌されるようになったのだ。そしてその心地よさが報酬となり、触れた相手にまた会いたいと思わせる。友情の芽生えだ。

友情の原動力となる化学物質はそれだけではない。**友人は、幸福感をもたらすエンドルフィンの分泌を誘発する。友だちと一緒に活動すると、ひとりのときより多くのエンドルフィンが分泌される。**この感覚は非常に優れたもので、脳スキャンをしながら友人の写真を見ると、依存に関連する領域に活動を示す点滅が現れる。[1] 友情は、喫煙者やドラッグ常用者に見られるのと同様の、強化と報酬のシステムによって突き動かされているのだ。

また、エンドルフィンの分泌を誘発する行動にはグループでできるものもあり、複数の個人が同時に友人としての絆を深めることができる。うれしいことに、笑いもそのひとつだ。歌、ダンス、ただの会話でさえも、多くの人と一度につながる機会を増やす。

私たちはみな同じ神経生物学的プロセスをもっているが、ほかの人より友人をつくるのが得意な人がいる。単純に「一緒にいたい」と思わせる才能があるのかもしれないが、それより、化学的に大きな見返りがあるから、友人をつくろうというモチベーションが高いのかもしれない。わかっているのは、人懐こい人たちが社交的なのは、遺伝子がそうさせているということだ。同じ遺伝子を共有する一卵性双生児と、およそ半分の遺伝子を共有する二卵性双生児のソーシャルネットワークを比較したところ、仲間内での人気の高さの違いの46％を遺伝的要因が占めていることがわかった[2]。

しかし、どんなに社交的な人でも、すべての人と友人になれるわけではない。では、日常で出会う多くの人のなかから、どのように友人を選んでいるのだろう？　その答えは、一見シンプルに見える。**自分と似た人と友だちになるのだ。同じ年代、性別、仕事、倫理観。この自分と似た人に惹《ひ》かれるという傾向もまた、遺伝に関係していることがわかっている。**実際、あなたとあなたの４親等のいとこが似ているように、あなたと友人も遺伝的に似ているのだ[3]。

これは、友情という大きな謎の一部を解き明かすための答えを提供する。協力は、私たちの健康やウェルビーイングにとって不可欠だ。しかしなぜ、見知らぬ他人に対しても簡単に協力できるのだろう？　進化論的には、友人ではなく親族に協力すべきだ。というのも、親族との遺伝的類似性によって、間接的に利益を得ることができるからだ。共有する遺伝子が多く受け継がれるほど、あなたも別の人間によって次世代に引き継がれていく。

友人が偶然にも、予想以上に似通った遺伝子をもっているとしたら、その人はまったくの他人ではなく「任意の親戚（optional relatives）」なのかもしれない。

遺伝的に似ている人をどうやって識別するかは、また別の問題だ。さまざまな研究によると、顔の特徴、声、ジェスチャー、匂い、またはこれらすべての類似性に起因する可能性が示唆されている。性格は遺伝子によって形成されることから、性格が似ている友人は、共通の遺伝子をもっている可能性が高い。

人を惹きつけるものが何であれ、ひとつたしかなことは、誰かと友だちになるのは価値があるということだ。映画『テルマ＆ルイーズ』や『40男のバージンロード』を観《み》なくても、人生における友情の大切さは明らかだし、何十年にも及ぶ実証研究に目を向けずとも、友情が幸福や健康に関連していることは間違いない。これは性別、民族、文化グループ、いずれにおいても一貫して同じことが言える。実際、実証研究に目を向けると、あまり社交的でない人は、一定期間内に死亡する確率が、社交的な人に比べて50％も高いことがわかっている。のちほどもう一度触れるが、**社会的孤立は、飲酒や喫煙と同じくらい身体に悪く（ある試算では、1日15本の喫煙に匹敵すると言われている）、運動不足や肥満よりも健康を損なう。**

一方で、私たちが必要とする友人の数や、実際にもつことのできる友人の数ははっきりしない。猿と類人猿の社会グループには、およそ50匹という上限がある。人間の結束行動なら、もう少し多くてもうまくやれるはずだ。オックスフォード大学の進化心理学者で、友情の専門家ロビン・ダンバーによると、人間は平均して５人と親密な関係をもっており、彼はこれを「悩みを聞いてくれる（shoulders to cry on）」関係と呼んでいる。また、親しい友人や家族が15人、（パーティーに招待するような）仲のいい友人が50人、葬儀に参列してくれる人が１５０人いる。

しかし友人の数はたいして重要ではない。重要なのはその質だ。まずは「フレネミー（友人を装った敵）」に気をつけてほしい。信頼できない友人との付き合いはストレスになる。嫌いな人といるより「フレネミー」といるほうが、血圧は上がりやすい。

一般的に、人間関係の質はそこにどれだけ時間を費やしたかによる。かぎられた時間のなかで多くの人に投資しようとすると、友情の質は低下する。私たちの社会的グループは不安定で、壊れやすい。ダンバーによると、**友情を維持するには――対面にしろ、電子機器を介すにしろ――親友とは１日おき、つぎに親しい５人とは１週間おきに連絡を取る必要があるという。つぎの15人は月に一度、そのつぎの50人は半年に一度で、最後の１５０人は１年に一度会えればいい。**それ以下の頻度だと、友人たちはすぐにソーシャルネットワークの層から脱落していく。ただし、10代後半から20代前半に築いた親密な友人関係は例外だ。何十年経《た》っても、当時の関係に戻れることが多い。

こうした友情を築くための確実な方法はない。大半が学校や、子ども時代に所属していたグループのなかで形成され、大人になってからは仕事や付き合いのなかで生まれる。だがもし友人を増やしたいなら、共通の趣味をもつ人々の集まりに参加するのがいちばんだ。友情に関する研究では、友人と共有する6つの重要な基準があることが示唆されている。言語、仕事、世界観、ユーモアのセンス、地域性、教育。性格は、好きなバンドや本やジョークといった文化的好みほど重要ではないようだ。実際、ライブに行ったり、バンドや合唱団などの音楽活動に参加したりするというのは、友人をつくるもっとも簡単な方法かもしれない。同じ音楽が好きかどうかは、見知らぬ人とうまくやっていけるかどうかの最大の指標となるからだ。

そこからつぎのステップ――「最初の一歩」を踏み出すことへとつながっていく。

雑談をする

「会話はジャグリングのようなものでなければならない」と、イーヴリン・ウォーは自著『ブライズヘッド再訪』のなかで書いている。「ボールと皿を掲げ、放り投げ、水平にし、なかに入れ、外に出し、フットライトの明かりでキラキラ輝き、落としたらドンと音がするような、しっかりとした物体」でなければならないと。

あなたはこうした言語的アクロバットをいつも冷静にこなせているだろうか？　正直に言って、私はできていない。常に口を滑らせてばかりいるような気がする。いつも会話をしたあとに、何かまずいことを言ったのではないか、もっとうまく伝えられたのではないかと思ってしまう。

しかし幸いにも、**おそらく私たちは自分で思っている以上に会話に長《た》けている。研究によると、私たちは自分に対する他人の印象を常に過小評価しているといい、この現象は「好みのギャップ」と呼ばれている。**友人をつくろうとしている場合でも、知らない人ばかりの場に無理矢理押しこまれた場合でも、心理学が――アイコンタクトの仕方から機転の利いた脱出計画まで――会話術のヒントを提供してくれる。

まずは第一印象からだ。実際のところ、あなたの言葉は、あなたや、将来友人になるかもしれない人物が抱く感情の背景にあるものほど重要ではない。なかには自分で制御できない感情もあるかもしれないし、天気でさえ、相手のあなたに対する評価に影響を与える可能性がある。だがここでは、相手の気分を悪くさせない方法を紹介する。最初に考慮すべきは距離感だ。近すぎると思う人に出会ったことがあるかもしれないが、遠すぎるのもよくない。世界42カ国9000人近くを対象に行った調査によると、会話中の最適な空間は、約40センチからその3倍までで、これは文化やふたりの関係性によって異なる。イギリスでは、赤の他人との距離は99センチが好ましいとされているが、これはだいたいキッチンテーブルと同じ幅だ。しかしルーマニアで友人をつくるなら、初対面の人とは腕の長さ以上の距離を保つようにしたい。ルーマニア人にとっては、他人とのあいだに140センチ程度の距離があるのが好ましいのだ。

私たちには、自分に似た人物を好む傾向があることはすでに見てきたが、それを示す方法のひとつが模倣だ。相手の姿勢や表情を真似《まね》することで共通の絆が育まれ、協調性が高まる。誰かの声をさりげなく真似し、話すピッチや速度を合わせるのも有効だ。相手の口にした言葉をくり返したり、言い換えたりするだけでも親近感が湧くが、その際は、あからさまにならないよう注意してほしい。

つぎは相手の目を見ること。これによって相手の感情をより正確に読み取り、相手の言葉をきちんと聞いているという姿勢を示すことができる。ただし、ここでも注意したいことがある。目を合わせないと信頼に足りないような印象を与えるが、見つめられすぎても耐えられない。厳密に言えば、3・3秒以上見つめられると、人は気まずさを感じる可能性がある。

会話に慣れてきたら、質問をするのも忘れないように。とくに初対面では、自分のことを話したくなるのが普通のようだが、会話中に相手に質問した数によって、会話後に相手がどの程度あなたに好意を抱くかがかなり確実に予測できる。スピードデートの調査によると、質問の数から、あなたが2回目のデートに応じる確率も予測できるという。質問の種類も重要だ。話題を変えるような「スイッチ・クエスチョン」は、相手の話題を掘り下げていく質問よりも魅力がない。会話を掘り下げる質問は、ある種の感情的な反応と、相手に対する思いやりを示すものだ。

会話がうまくいっているかどうかは、会話の流れ（意気投合していると感じる、途切れることのない会話）で簡単に判断できる。会話の間が短いほど、互いに対する信頼関係が強いことが報告されている。ちょっとした間が生じるとリズムが壊れ、相手に認められていないのではないか、理解されていないのではないかと感じ、居心地が悪くなる。時差が生じるビデオ会議での会話がときとして耐えがたいのは、これが理由かもしれない。

いい会話をするうえでもっともしてはいけないことのひとつは、会話を遮ることだ。人の話の邪魔をすることほど失礼なことはない。それはあなたと邪魔をされた相手との関係構築能力に影響するだけでなく、あなたの属する集団全般の知性を損ね、問題解決能力を低下させる。妨害行為は言葉だけではない。**携帯電話をチェックするのも会話の妨げにな**

るし、携帯電話を手にもっていたりテーブルに置いていていたりするだけでも、相手との共感は損なわれる。有意義な会話をしたければ、携帯電話はしまっておくことだ。

しかし、会話の流れを壊すのではなく、維持するために使うのであれば、妨げは有益な目的となる。たとえば、相手に最後まで言わせるために口を挟むこともあるかもしれない。とくに相手の話が尻つぼみになりそうな場合、話を引き取ることで会話中のぎこちない間を避けることができる。スピードデートの研究によると、こうした「妨げ」は、会話をするふたりのつながりや理解に深く関与していることがわかった。会話の勢いを維持したければ、ときには口を挟むことを恐れてはいけない。

最後に、最善を尽くしても共通点が見つからず、そろそろ切り上げたいなと思う場合、これを逆手にとって穏やかに会話を終わらせることができる。短く、不自然な間を何度か使って会話の終了を婉曲《えんきょく》に伝えるのだ。ボディーランゲージを変える、距離を置く、携帯電話をテーブルに置くなどの行為でも、あなたの興味が薄れていることを伝えられる。

いろいろ試して自分に合うものを見つけてほしい。見知らぬ人と話をするという恐怖を乗り越えた先に、新しい親友が待っているかもしれない。

テクノロジーを利用して友情を維持する

アメリカのウッドロー・ウィルソン大統領は「友情は世界をひとつにまとめる唯一のセメントである」と述べた。それから１００年、私たちが耳にするのは、急速な変化、ハイテク化、進む都市化が、そのセメントを崩してしまうのではないかという懸念だ。

こうした懸念には理由がある。１９８０年代以降、アメリカ市民の平均的な親友の数は3人からふたりに減り、親友がひとりもいない人の割合は８％から23％に増加している。イギリスでは、ひとり暮らしの増加や地域とのつながりの希薄化などにより、友情の危機が叫ばれている。だが、インターネットや携帯電話を社会的孤立の増加に結びつける研究もある。

ソーシャルメディアは、たしかに反社会的メディアになる可能性を秘めているが、一方で、友情に関する従来の概念を変えつつあるという証拠も挙がってきている。私たちには、オンラインであれオフラインであれ、交流の多い、核となる友人グループがいまでも存在する。だがいちばんの違いは、何らかの形で接触する人の数だ。２０１４年、一般的なティーンエイジャーのフェイスブックでの友だちの数は約３００人で、ツイッターの平均フォロワー数は79人だった（相互フォローでない場合があるため、すべてが社会的つながりとしてカウントされるわけではない）。これは私たちの脳が対処できる「大切な友人」の数をはるかに超えている。

これらの人々は「弱い絆」と呼ばれ、高校や大学の友人、過去や現在の職場の同僚、ちょっとした知人、ときにはまったくの赤の他人も含まれる。ソーシャルネットワークによって、ほかの方法ではおそらくありえなかった、こうした周縁の知人とのつながりを維持することが可能になった。しかし、テクノロジーにできることはそれだけではない。これ以外の手段では交流できない人々との、脆弱《ぜいじゃく》な結びつきを強化することができるのだ。友人との距離が離れているほど、オンラインでの交流が増える。これがリアルな関係と、記憶のそれとの違いかもしれない。

あなたはフェイスブックに飽きているかもしれないし――ほとんど知らない人の誕生日を祝ったり、インスタグラムの写真に「いいね！」をしたりといった――行き当たりばったりのコメントをむなしいと感じているかもしれないが、こうした行為はすべて、相手に注目していることを示すサインである。私たちのもっとも重要な関係を特徴づける感情的な絆は（たとえオンラインで育まれたものでも）、やはり直接会うことで育っていく。とはいえオンラインは、弱い絆を維持するための極めて効果的な手段であり、それをすべき正当な理由は多い。弱い絆は多様で、さまざまな社会的集団にまたがっている傾向があるため、新たなアイディアや視点、イノベーションの誘発、就職先、広いコミュニティーの一員であるという感覚をもたらす。

ソーシャルネットワークの広がりが、私たちの日常生活にもたらす影響でもっとも印象的なのは、よく知らない人の気分や感情まで簡単に吸収してしまうことだ。現実世界では、相手が笑いかけてきたらこちらも笑顔を返すのが普通だが、オンラインネットワークでは、この伝染効果が増幅される。フェイスブック上の10億件以上の更新状況を分析したところ、人々はポジティブな気分やネガティブな気分を、別の都市に住んでいる友人や知人——弱い絆——に対しても、コメントを通じて何気なく伝えていることがわかった。つまり、私たちはいま、かつてないほど世界中の感情を味わっているのだ。

この10年で、友情の風景は確実に変わってきた。しかしこれがいい方向への変化かどうかは、いまも大きな議論になっている。いくつかの研究によると、オンラインでの交流は、直接交流するのと同じくらい心理的価値があるという。いずれも不安やうつ病を減らし、心身の健康を高めてくれる。フェイスブックに関するある研究では、フェイスブックで友人と活発に交流するほど、孤独感が薄れるという結果が出ている。ただし、フェイスブックの利用が孤独を和らげるのか、もともと社会的つながりのある人がフェイスブックを利用することが多いからかは明らかでない。

　オンラインで友情を維持することにはリスクもある。ひとつは、会話のニュアンスが失われることだ。たとえばコーヒーを飲みながら友人に伝えた比較的どうでもいい話が、あっという間に歪曲《わいきょく》されて広められ、いつしか永続的な発言となり、多くの人の誤解を招く可能性がある。また、自己愛や個人主義を助長する現代のSNSでは、他者に自分の感情を開示するほど、大勢の人に傷つけられる可能性もある。

　これらすべてに共通するのは、友人の量ではなく質について考えよう、ということだ。**巨大なソーシャルネットワークは、人脈をつくったり、情報を収集したりするにはいいかもしれないが、温かさや帰属意識、サポートや信頼――幸福の柱となるもの――に関して言えば、親しい友人が数人いることのほうが重要だ。**

　しかし、ここでもテクノロジーが役に立つかもしれない。ここ数年、人間関係を円滑にするためのアプリが数多く登場している。こうしたツールは、より意義深い交流を維持し、思いやりある友人関係を築く助けとなることを約束する。アプリに興味があれば、選択肢はよりどりみどりだ。「Ntwrk」「UpHabit」「Plum Contacts」「Dex」「Garden」「Levitate」「Monaru」「Clay」「Hippo」など、さまざまなアプリがダウンロードできる。機能はどれも似ていて、アプリに連絡先をインポートしたら、友人、家族、同僚など、連絡先のメンバーをタグづけ、連絡する日時をリマインダー設定し、直近の話した内容を記録する。理論的には（重要な研究で検証されてはいないが）知人の子どもの名前を忘れたり、おじのひざの手術の状況を尋ね損ねたりすることがなくなり、強く、質のいい人間関係を築けるようになる。

アプリは誕生日や重要なイベントを通知してくれるだけでなく、友人知人に手を貸すことや、面接の出来を尋ねることを思い出させてくれたり、しばらく会っていない人に挨拶がてらようすを尋ねるよう促してくれたりもする。『ニュー・サイエンティスト』の同僚がアプリを使用している人たちに話を聞いたところ、多くの人がアプリに絶大な信頼を寄せているという。たとえばニューヨーク州プラッツバーグの長老派教会牧師、ティモシー・ルオマは、教区民の生活を把握するために（とくに命日を覚えておくために）「UpHabit」を利用している。「目指すところは、定期的に会う人や、問題のある人だけでなく、信徒全員を気にかけられるようにすることです」

個人的には、親しい友人が、数週間後に迫った私の出産予定日や、新たな就職先を記憶するのにアプリを使っていないと思いたい。ただしこれらのアプリがある種のニッチなニーズ、たとえば記憶力の低下に悩む人や、忙しくても社会とのつながりを維持したい人などの需要を満たすことは容易に想像できる。友情を維持できないリスクは、友情が浅くなるリスクを上回るかもしれない。だから、試してみる価値はある。アプリはいつでもアンインストールできるが、失った友人を取り戻すのは極めて難しい。

孤独に対処する

あなたは動物園の飼育係で、人間の檻《おり》をデザインするのが仕事だとする。あなたのもとで人間が健康やウェルビーイングを維持するには、どんな形態がベストだろう？　食べ物と水のつぎに必要なものは？　答えはただひとつ——ほかの人間だ。

孤独は、私たちが直面するもっとも有害な環境条件のひとつだ。それは脳を変化させ、思考や行動を支配し、さらなる孤独感をもたらし、心理的な影響だけでなく、身体的にも影響を及ぼす。孤独を放置すると、喫煙や飲酒、運動不足と同様、寿命にも悪影響を与え、心臓発作、神経変性疾患、がんなど、あらゆる主要な慢性疾患のリスクを上昇させる。その結果、早期死亡の可能性が26％も上がるが、これは慢性的な肥満に匹敵する。

孤独は社会的孤立の問題で、おもに高齢者や弱者に影響を及ぼすものだと思われがちだ。たしかに、イギリスの定年退職者の半数は、テレビがおもな友人だと述べている。しかし孤独は誰にでも影響を及ぼす。新型コロナウイルスによるロックダウン中に体験した人もいるかもしれない。

ひとりきりでいることや、友人の数が少ないことを孤独と定義されることがよくあるが、実際のところ、それらはあまり関係ない。孤独は社会的な孤立ではなく、社会的に孤立していると感じることなのだ。さみしいと思っている人は、周囲に人が集まるだけでその感情が和らぐ。同様に、社交的な人は、ひとりで過ごしているからといって孤独を感じることはない。

孤独が悪影響を及ぼす明確な理由のひとつは、意志力が弱まり、自堕落な行動に走りやすくなることだ（第8章参照）。その結果リスクを冒したり、食事や運動に関する判断が甘くなったり、不安やストレス、うつ病の危険が高まったりして、身体的な健康にも影響が及ぶ。

孤独の弊害は、睡眠不足にもつながることがある。孤独な人は日中に疲れを感じやすく、夜ぐっすり眠れないことが多い。第7章でも触れるが、睡眠の乱れは、多くの慢性疾患や精神疾患のリスク要因であることがわかっている。

ではなぜ、私たちはこの感情を抱くように進化したのだろう？　もっともありそうな解釈は、孤独をきっかけに（肉食動物と戦ったり、食料を確保したりといった）生存や繁殖に不可欠な他者との協力関係を維持するためだ。私たちの祖先にとって、短期的な孤独は、飢えや痛みのような生物学的警告システムの一部であり、私たちに行動を変えるよう呼びかけ、群れることで安全を確保させた。

ならば、なぜ人一倍孤独を感じやすい人がいるのだろう？　双子の研究によると、社会的なつながりを強く必要とする傾向は、遺伝的な要素にあると示唆されている。が、環境因子が重要な役割を果たしていることは明らかだ。たとえば、現代の若者はとくに孤独に弱いように感じるが、いくつかの調査によると、人々の移動が増えたことで、地元のコミュニティーとの親密な関係や社会的サポートが減ったせいではないかと言われている。

孤独を感じたらどうすればいいか？　まずは、孤独が悪循環の引き金になることを意識してほしい。というのも、永続的な孤独は、炎症の原因となる遺伝子の活動を即座に活発にすると言われているからだ。ただし、これには健康を守るうえでの利点もある。炎症は警戒や疑念を引き起こし、人との交流に関する脳領域の働きを弱めるため、体調が悪く、休む必要がある場合に役に立つ。しかし現代社会では、人との交流から遠ざかると、社会情勢が読めなくなったり、仲間探しが困難になったりしてしまう。そして、制御不能なサイクルに容易にはまりこんでいく。

助けになることがあるとしたら、友情の質を高めることだ。孤独を防ぐには、どんなときでも味方でいてくれる、頼れる仲間をつくる必要がある。これを統計にするのは難しいが、研究によると、社会活動の約40％はこの親しい仲間に目を向けて行われるべきで、つまり彼らと定期的に交流する必要があるとしている。ソーシャルメディアで表面的な知り合いを整理したり、本当の友だちの近況を把握できるよう通知を設定したり、親密な仲間と一緒に過ごしたりするなど、小さな変化が孤独を和らげてくれることもある。

孤独に襲われたら、そこから脱するためにできることがある。孤独を和らげるための介入策を分析したところ、認知行動療法（ＣＢＴ）がもっとも効果的であることが判明した。ＣＢＴについては、前の章の不安障害や自分の思考を前向きにとらえる事例で説明した。孤独の脅威が高まると、ネガティブな話や出来事に注目したり、そうしたことを記憶したりするようになり、それによって悪い結果を裏づけるような行動を取るという悪循環に陥る。別の研究では、生きる目的や人生の意義を見出《みいだ》すことが、孤独の悪影響を克服する力になると示されている。

直感に反するかもしれないが、孤独の解消は、自分ではなく他人を助けることなのかもしれない。孤独な人を、世間に対して脅威や敵意を抱いている人だと考えれば、あなたが人助けに従事することで、この潜在的な心理を打ち砕き、世界をよりよい場所にしていける。大変そうに思えるが、自分にとっても、あなたの友人にとっても、その見返りはとても大きなものになる。

あなたはどれほど孤独か？

つぎの質問に1～4点で答えてほしい。1点＝まったく同意できない、2点＝ほとんど同意できない、3点＝まあまあ同意できる、4点＝完全に同意できる。すべて答えたら数字を合計する。

1、ひとりで何かをすることが多いが楽しくない。

2、自分には話し相手がいないと感じる。

3、ひとりでいるのに耐えられない。

4、自分を理解してくれる人はいない。

5、いつも誰かからの電話やメールを待っている。

6、完全に孤独だと感じる。

7、周囲の人に歩み寄って交流することができない。

8、仲間を切望している。

9、友人をつくるのは難しい。

10、自分は疎外されていると感じる。

結果
20点……この調査における平均点。
25点以上……多少孤独感が強い。
30点以上……強烈な孤独を感じている。

参考：Daniel Russell, UCLA

友人をつくるためのヒント

- 時間をかける。友情を育むには一緒に過ごす時間が約90時間必要。さらに親友になるには少なくとも200時間が必要。
- 共通の趣味をもつ人の集まりに参加する。ライブに行く、バンドや合唱団などに参加するのは友人をつくる最短コースかもしれない。知らない人とうまくやっていけるかどうかは音楽の好みで予測できる。
- 雑談を極める。相手の口調や動きをさりげなく真似し、相手の主張を支持するとき以外は口を挟まず、相手の目を見て、質問をたくさんする。
- 量より質を重視する。自分に必要なサポートを確保し、孤独の弊害を避けるため、社会活動の40%は親しい仲間に費やす。
- 孤独を感じたら、認知行動療法（CBT）を検討する。孤独が脅威になると、ネガティブな出来事や話ばかりに気を取られ、悪い結果を裏づけるような行動に走りやすくなる。CBTはこの悪循環から抜け出す助けになる。

第5章　愛を見つけるためには

私はこれまで何度も失恋し、デート相手の名前を思い出すために運転免許証を盗み見し、24人とデートを重ね、ようやく運命の人に出会った。いや、相手のことを「運命の人」と呼ぶのも軽く鳥肌が立つ。私はひと目惚《ぼ》れを信じていないし、誰にでも決まった相手がいるなどと考えていないし、一夫一婦制が万人にとって最善の選択だとも思わない。従来の恋愛の指南書とは相容《あいい》れない。

だが、すでにお気づきかと思うが、私は科学を信じている。科学は愛のいちばんの相棒ではないかもしれないが、脳と行動についての記事を執筆してきたこの15年間で、偶然にも私は、永続的な愛情関係を見つける方法（そして維持する方法）に詳しくなった。もっと早く気がついていれば、と思う。

神経科学者、行動心理学者、進化生物学者、さらには遺伝学者までもが、私たちのラブストーリーに何らかの貢献をしている。チャールズ・ダーウィンが性淘汰《とうた》の理論を発表して以来、動物が競ってパートナーを探すようすに科学者たちは魅了されてきた。**恋に落ちると脳内で何が起こるのか、ふたりの関係を通じて脳がどう変わるのか、生来のバイアスがいかに人を惹《ひ》きつけ、あるいは遠ざけるのか、私たちの話す言葉がどのように結婚生活を左右するのか、といったことを理解すれば、愛というゲームでいい結果を出すことができる。**

もちろん、ラボで行われるテストは実生活で私たちが抱く感情の再現とは大きく異なる。が、あえて完璧な恋愛関係を見せてもらって、詳細に分析した。そして多くの時間をかけてさまざまな実験やアイディアを検証した結果、最初のデートに最適な服装から、結婚20年の口論を収める方法まで、恋愛に関する有益なアドバイスをまとめあげることができた。また、うまくいかなかったときに備えて、離婚の原因となる4つのよくない行為と、失恋を癒す少し変わった方法も紹介する。

シェイクスピアが書いたように、真実の愛はけっして平坦《へいたん》ではない。しかしいくつかのでこぼこを回避することはできるだろう。

愛を理解する

愛とは何か？　いい質問だ。（ここでもまた）シェイクスピアいわく、「それは変わることのない標識／嵐を見守り、けっして揺らぐことはない」ものである。ただし、神経科学者にとってはこれほど詩的なものではない。彼らは愛を３つ（欲望、魅力、愛着）に区分できる、神経生物学的現象として語る。これらはすべて繁殖や育児の成功率を上げるために進化してきた。シェイクスピアの定義のほうが魅力的かもしれないが、恋をした際に脳内で起こることをざっと見てみる価値はあるだろう。恋愛のさまざまな段階で生じる奇妙な感情を説明するのに大いに役立つはずだ。

欲望、魅力、愛着はすべて脳内で重なり合う一連の化学システムに基づいている。まずは欲望から見ていく。この感情が芽生えると、私たちの多くは、相手の笑顔や笑い方、メールで送られてきたキスマークの数など、些細《ささい》なことにこだわるようになる。イタリアのピサ大学で精神医学を教えているドナテッラ・マラッツィーティ教授は、この種の視野狭窄から、欲望を強迫性障害（ＯＣＤ）の症状にたとえている。実際、20人の恋愛初期段階にある人の脳と、ＯＣＤ患者の脳を比較したところ、多くの類似点が見つかった。どちらも脳内でセロトニンを輸送するタンパク質が異常に少なかったのだ。セロトニンは、気分、幸福感、睡眠、不安、食欲、性欲などの調整を行うが、これは非常に重要な働きだ。誰かに夢中になると、少々おかしな行動を取るようになるのもうなずける。1年後、マラッツィーティが同じ被験者たちを再検査すると、セロトニンレベルは上昇し、パートナーだけを見つめなければという執着も消えていた。

こうした強烈な魅力と、それにともなう多幸感、渇望、撤退、再燃といった、恋愛初期によく起こる経験は、ほかの症状——依存——にも似ている。**恋をしている人の脳をスキャンすると、脳の報酬中枢で薬物依存に似た活動が多く見られる。**恋愛の初期段階が、何百万年も前に、絆《きずな》を深めるための生存メカニズムとして進化した制御不能なものであることを思えば、まったく驚くに値しない。これは先ほど説明した、友人ができると作動する報酬のメカニズムの極端なバージョンだ。

こうした異常な状態は時間とともに落ち着いていく。結婚20年を超えた夫婦の頭のなかをのぞくと、別のストーリーが見えてくる。ありがたいことにこのグループでも、モチベーション、欲する気持ち、喜びに関連する脳の領域で多くの活動が見られ、長期的なパートナーシップに関連する報酬も、若いころの恋愛と同じような方法で維持できることが示唆されている。

しかしこのグループでは、目標に向かって行動する際に重要な線条体（第8章の習慣と依存の項でもう一度触れる脳の領域）に独特の活動が見られた。神経科学者にとって、特定の脳活動がどのように行動に関連しているのかを理解するのはどんな場合も容易ではないが、この発見は、ふたりの関係に目を向け、維持したいという夫婦の願望を反映したものだと解釈された。また、こうした長期的な恋人たちは、オピオイドやセロトニンを多く含む脳領域の活動が盛んで、これは恋愛初期の恋人たちには見られない。この領域には不安や痛みを調整する作用があり、不安障害、ＯＣＤ、うつ病の治療でターゲットとなる脳領域だ。ここから、愛する人との関係が深まるにつれ、脳が穏やかさと幸福感をもたらすことが示唆される[1]。

結婚や人生の伴侶との出会いが寿命に大きな影響を与えるのは、これが理由のひとつかもしれない。**複数の研究によると、結婚やパートナーの存在によって最大7年寿命が延びるという。幸福感の高まりに加え、生涯の伴侶がいるとストレスが軽減し、うつ病、社会的孤立、心疾患のリスクが減り、がんの予防にもなる。**また、病気は防げないが、予後には影響する。未婚者は既婚者に比べて、診断時に病気が進行していることが多いのだ。

つまり、安定した愛情関係は私たちのためになる。では、どのようにはじめればいいのだろう？

好きな人を口説く

先ほども述べたが、私はこれまで何度もデートを重ねてきた。オンラインデートというものがまだ新しく、少々恥ずかしいと思われていたその昔、私は職場の友人に説き伏せられ、（当時一般的だった）ある出会い系サイトに登録した。いまでは「Tinder」や「Hinge」といったアプリが主流になっているが、統計によると、オンラインデートもそれなりに楽しめるようだ。アメリカ人の約3分の1がオンラインの出会い系サイトやアプリを利用した経験があり、そのうち12％はこうしたサイトを通じて結婚や交際に至ったという。

出会い系サイトを利用する場合、いくつか気をつけてほしいことがある。第一に、自分を安売りしないこと。大半の人は、自分自身より25％ほど魅力的な相手を求めている。どんなメッセージを送るか悩むかもしれないが、その労力はおそらく無駄だ。私はオンラインでのやり取りで、最初の数週間こそ気の利いた会話に気持ちが高ぶっていたが、やがて長文のメッセージを書くことにすっかり飽きてしまい、直接会いたい気持ちがたちまち失《う》せてしまった。そして、ユーザー名「Superafin」さんからの最初のメールに私はこう返信した。「いま少しバタバタしているので、来週の火曜日にお会いしませんか？」

これはどうやら最善の返信だったらしい。オンラインデートのメッセージに関する2018年の研究で、**女性に長いメッセージを送ると返信率がやや上がる一方、男性には逆効果になることが判明したのだ。全体を見ると、書き方の工夫で報われるのはごくわずかで、長くて前向きな文章を書く努力は、その多くが無駄になる可能性が示唆されている。**(2)

実際にデート相手に会う場合（あるいは昔ながらの方法で、魅力的な男性や女性にバーで声をかける場合）、完璧なセリフを口にしなければと考えるかもしれない。しかし現実には、口を開く前に私たちの身体《からだ》は多くのことを伝えている。初対面の人があなたに抱く印象の内訳は、外見やボディーランゲージが55％、話し方が38％、話す内容にいたっては7％だと言われている。

第一印象をよくするには、腕を組まずにオープンな姿勢を取ることだ。第4章で説明したように、相手の姿勢を真似《まね》すると親近感を生み出すことができる。あなたも運命の相手（仮）と同時に飲み物を口に運ぶなど、ちょっとした動きをシンクロさせて「ジェスチャー・ダンス」をしてみてはどうだろう。ほとんどの人は自分が真似されていることに気づかないまま、同じ動きをしている相手に好意的な評価を下している。

アイコンタクトが意味深な行為であることは、気が多い人なら知っているだろう。心理学者は、その強い力を裏づけている。他人同士に互いの目を見つめるよう指示すると、互いの手を見つめたときよりも、相手に対する親近感や感じる魅力が急上昇したが、これはまあ、当然かもしれない。驚いたのは、このような実験で出会ったひと組のカップルが、結婚にまで至ったという点だ。

この種の実験中に脳の活動を測定すると、視線を合わせることで、報酬や喜びを司《つかさど》る脳領域が活発になることが観察された。ただし、ここまで学んできたように、長く見つめすぎてはいけない。あなたが一方的に見つめていたり、まばたきを忘れたりすると、相手は居心地の悪さを感じる恐れがある。

このトピックについて調べながら、ユーザー名「Superafin」さん（私の夫）との2回目のデートのことを何度も思い出した。最初のデートは上出来だった。会ってすぐ、互いの見た目に惹かれ、会話もスムーズに運んだ。しかし、その後の展開がうまくなかった。つぎのデートに彼が二日酔いで現れ、会話もぎこちなく、3度目のデートはどうやらなさそうだと思われた。そして帰り道、ふたりで川沿いを歩いていると、突然足元に高齢の女性が倒れ込んできた。女性はガタガタと震えはじめ、明らかに発作を起こしていた。アレックスと私は即座に行動した。基本的な応急処置の訓練を受けていた私は、上着を脱いで彼女の頭を保護し、容体が落ち着いたところで回復体位を取らせた。アレックスは999

に連絡し、周囲に向かって医療関係者がいないか呼びかけた。ロンドンの中心部だったため、数分後には救急隊員が駆けつけ、女性の治療を開始した。

それはかなり劇的で、間違いなく私の人生の流れを変えた。たしかなことはわからないものの、私たちがもう一度会うこと――私たちを今日の関係に導いた、前回よりはるかにましな3度目のデートをすること――になったのは、あの出来事があったからだと思っている。この事例は、生理的に高ぶっているときに劇的な場面や出会いがあると、その人に恋愛感情を抱く確率が高くなるという数多くの研究結果と一致する。

理由は、不安、興奮、魅力が脳内で強く結びついているからだ。１９７０年代に心理学者が行った、有名な「つり橋」研究では、男性が高所にある不安定な橋で女性と出会うと、低い安定した場所で女性に出会うより、ロマンティックな感情を抱きやすいことが報告されている。遊園地に行くのも効果的だ。ジェットコースターに乗るのを待っている人より、降りたばかりの人のほうが、異性の写真をより魅力的に感じる。デートで観《み》る映画についても同様だ。落ち着いた映画より、緊張感のあるスリラー映画のほうがカップルの愛は深まる。なぜか？　たしかなことはわからないが、アトラクションのスリルを危険やパニックや興奮と混同した脳が、アドレナリンを放出させるからかもしれない。

つり橋はともかく、パートナーの心を揺さぶる方法はほかにもいくつかある。クジャクの美しい羽毛が持ち主の魅力を示すように、あなたの選ぶ服装も同じ効果をもつ可能性がある。2010年ごろ、赤い服を着ると異性にもてるという複数の研究結果が発表された（また、スポーツチームや個々の選手が赤いユニフォームを着ると、試合に勝つ確率が上がるという別の研究結果もある）。これにはさまざまな説明がなされた。赤色には、無意識のうちに感情的な反応を掻《か》き立てる象徴的で、文化的な意味がある。あるいは、色は生物学的シグナルを伝えるもので、たとえば、肌が赤みを帯びた女性は、性的受容性を示唆している可能性がある、など。

　しかし2016年、3回にわたってこれらの再現実験を行ったところ、デートに赤い服を着ることの効果はとくに示されず、かりに何らかの効果があったとしてもごく小さなものである、という結論が出された。**いちばんいいのは、自分に自信を与えてくれる服装で臨むことだろう。当然かもしれないが、少なくとも女性の場合、このちょっとした高揚感で輝きが増す。**女性の顔写真に順位をつけてもらうと、男性陣は、お気に入りの服を着ている女性を一貫して選ぶ傾向があった。女性全員が無表情を装い、着ている服も見えないようにしていたにもかかわらず、だ。外見について女性が感じていることは、意識して見せなくても、明らかに顔に現れていたのだ。

　最後に、大切な人と会話をする際は、相槌《あいづち》――「それで？」「そうなんだ」「なるほど」

――を端的にたくさん使うといい。実際、こうした言葉を多く使う人は、相手から魅力的だと思われるようだ。たしかに、自分の話を興味深く聞いてもらっていると感じれば、好意をもつのは当然といえば当然だろう。けれど人は緊張したり、意識しすぎたりすると、こうした相槌をつい忘れてしまう。会話について詳しく知りたい人は、第4章（友人のつくり方）に戻ってほしい。

「運命の人」を特定する

いまやあなたはデートのプロかもしれない。だが、やめるタイミングはいつだろう？パートナー選びは人生における一大決心であり、私たちはそこに膨大な時間とエネルギーを費やす。私たちの恋愛への欲求が、結婚紹介所やオンラインデートサービスといった業界を活気づけている。それでも、満足しないことが多い。多くの人が出会い系サイトで相手を見つけることに成功しているにもかかわらず、45％のアメリカ人は希望より不満が残ったと報告している。

私たちは、自分にふさわしい相手についてよくわかっていないらしいが、これは驚くことではない。私たちがパートナーを選ぶ方法は、科学者にとっても大きな謎なのだ。科学者が言うところの「配偶者選択」は、極めて複雑なプロセスだ。私たちが意識しているのはほんの一部で、残りの部分は意識の外で動いているか、あるいは本質的に予測できないものである。愛が「不可解な化学反応」と言われるのも無理はない。

とはいえ、いくつかのことを押さえておけば、正しい方向に進めるかもしれない。一般的に、私たちが感じる魅力にはいくつかの基準がある。異性愛者の男性は、腰やお尻、ふっくらした唇、優しげな顔立ちを重視し、若さと豊満さを感じさせる女性を好む傾向がある。一方異性愛者の女性は、引き締まった身体つき、広い肩幅、きれいな肌、くっきりした目鼻立ちの男性を好むが、これらの特徴は、生殖能力と優秀な遺伝子を表していると考えられる。異性愛者の女性は、裕福な男性や、経済力のある男性に惹かれることも知られており、また男女ともに相手の知性を重視することもわかっている。いずれも表面的なことのように思えるが、これらの資質――美しさ、頭脳、リソース――に対する好みは万国共通だ。ジョージ・クルーニーやアンジェリーナ・ジョリーがセックスシンボルになるのは、生物学的必然なのだ。

もちろん、誰もがこうした人物と恋に落ちるわけではない。恋愛が進化した理由のひとつは、協力して子育てをするための絆をつくることだと思われるが、その際、人は手の届かない相手に無駄な時間やエネルギーを費やさないよう制御されている。**私たちは手の届**

かない人より、魅力や知性や地位などが、自分と似たような「ランク」の人を好きになる傾向がある。

あまり知られていない魅力の法則もある。遺伝学者によると、私たちは、主要組織適合遺伝子複合体（ＭＨＣ）と呼ばれる遺伝子の特定の型をもつ人に惹かれるといい、この遺伝子は病原体と戦う能力において重要な役割を果たしている。ＭＨＣが異なる相手なら、より健康で免疫力の高い子孫をつくることができる。その証拠として、適当にペアを組まされた場合、ＭＨＣが似ていない同士のほうがカップルになりやすいことがわかっている。

何十年にも及ぶ研究にもかかわらず、自分と異なるＭＨＣをどのように識別するのかは明らかになっていない。一説には匂いだと言われており、人は自分と異なるＭＨＣをもつ相手のＴシャツの匂いを魅力的と感じる傾向にある。あるいはこれが、私たちのよく口にする性的な「化学反応」なのかもしれない。

どうやらここからわかるのは、「自分の直感を信じろ」ということのようだ。ただし、注意すべき例外がひとつある。経口避妊薬を服用している女性は、ＭＨＣが似ている男性を好む傾向があるのだ。つまり経口避妊薬を飲んでいる女性は、遺伝的に適していないパートナーを選ぶ危険性がある。女性が経口避妊薬をやめたあとに、カップルが別れる可能性が増幅するか否かを調べた研究は、私が知っているかぎり行われていないものの、私はいまの夫と同棲《どうせい》中、このアドバイスを心に留めていた。それまでＭＨＣについて何度も記事にしてきたので、ぜひとも確認する必要があったのだ。アレックスにプロポーズされたあと、私は経口避妊薬の服用をやめ、自分の気持ちが化学物質で曇っていないかどうかを確認した。

月経周期によっても魅力は変化する。男性は、排卵日が近い女性の香りに惹きつけられ、排卵日が近づくと、パートナーに対してお互いがいつもより愛情を抱くようになる。女性もまた、月経周期を通じて男性の香りや顔立ちの好みが変化する。排卵日が近づくと男性的な特徴を好むようになるが、その他の時期はセクシーさより安定を好む。

セックスをすることで相手に対する認識が複雑になることもある。行為後は脳からオキシトシンが分泌され、温かく、親しみのある愛情と、協力的な育児を促進する社会的絆がもたらされる。これは、特定の状況下では素晴らしいことだ。ただし遊びのセックスの場合でも、自分にはふさわしくない相手に対して、一時的に親愛の情を抱く可能性がある。

つまり、私たちにはまだ大きな問題が残される。恋愛がこれほど多様なら、特定のパートナーはどのように決めたらいいのだろう。その答えを、数学に任せてみよう。ニューメキシコ大学の研究者たちが、コンピューターシミュレーションを使って、多くのパートナー候補から最適な人を選び出す方法を調べた。シミュレーションではまず、自分の惹かれる条件を決めて理想の人と出会う前に、最適な選択肢の数を検討した。

その結果、自分の希望を決めて相手を選ぶ前に調査すべき最適な割合は、わずか９％。つまり、パーティーに１００人の候補者がいたら、最初にランダムに出会った９人を吟味してから選ぶのがベストだと判明した。検討する数が少なければ情報不足でいい選択ができないし、逆に検討しすぎると最適な相手を見落としてしまう可能性がある。もちろん、これらのモデルは実際の相手選びの複雑さを小さく見積もっているが、おそらくここからわかる教訓は、**長期間探しすぎないこと、そして、もう少し注意を向ければ完璧な相手だったかもしれない人を見逃さないことだ。**

愛を手放さない

１８３８年、博物学者のチャールズ・ダーウィンは自問した。いとこのエマ・ウェッジウッドにプロポーズするべきだろうか？　そして決心をするために、友人からの手紙の裏に利点と欠点を書きつけた。利点には、仲間という点において、妻は「犬よりもいい」という点を挙げ、さらに女性のおしゃべりの魅力や、子をもつ可能性についても考えた。また、こうしたことは「大いなる時間の無駄」であるとし、好きな場所へ行く自由がなくなり、喧嘩《けんか》をし、太って怠け者になる可能性も考慮した。

あなたの思いつく利点と欠点は異なるかもしれないが、誰かとともに暮らし、生活費を分担し、結婚式の準備をするといったことは、間違いなく一大事だ。一生をともにするとなると、どこでそれが可能かどうかを見極めればいいだろう？

１９７０年代、かつてない離婚率の高さに危機感を募らせ、社会科学者ははじめて真剣に結婚を観察しだした。そのひとりジョン・ゴットマンは、「科学者とロマンチストの精神をもつ」と評された人物だ。（２０２２年に80歳を迎えた）ゴットマンは、アメリカでもっとも影響力のある心理療法士トップ10に選出され、夫婦関係、安定した結婚生活、離婚の予兆に関する何百という論文を執筆、「愛のアインシュタイン」の異名をとる研究組織、ゴットマン研究所（The Gottman Institute）を運営している。

ゴットマンの代表的な研究では、夫婦を「マスター」と「ディザスター」に分けている。6年以上幸せな結婚生活を送っている夫婦と、離婚し、あるいは不幸な結婚生活を送っている夫婦だ。彼は、不幸な関係の夫婦と、幸せに暮らしている夫婦の行動が、根本的にどう違うのかを知りたいと思った。

彼の研究チームは、１３０組の新婚異性カップルの生活を観察した。やがてゴットマンは、すべての夫婦には、彼が言うところの「ビット（分岐点）」がある、という重大な結論に達した。たとえば家の外に停《と》めてある車について夫が何か言った場合、妻には選択肢がある。「あなたは、お金があったらどんな車を買いたい？」と、積極的に話に乗ることもできるし、最低限の相槌を打ち、あるいはまったく話に乗らずに、自分のやっていることに没頭してもいい。ゴットマンは前者を「前向きのビット」、後者を「後ろ向きのビット」と呼んだ。６年後の追跡実験では、離婚した夫婦のうち前向きのビットを選んでいたのは33％だったのに対し、夫婦生活をつづけている夫婦は87％が前向きのビットを選んでいた。

ゴットマンは同様の実験を何百回とくり返した。多くの場合、うまくいっている夫婦のあいだには明らかに親切な行為が、うまくいっていない夫婦のあいだには敬意を欠いた行為が認められたが、これらの行動を詳しく見ることで、さまざまなことに気づかされる。たとえば「ビット」の実験を知った私は、それだけでしばしば夫への対応を意識させられたのだ。

２００６年、ゴットマンは『ニュー・サイエンティスト』誌の取材に応じ、恋愛をスタートする際に自問すべき――この質問に「はい」と答えられれば、あなたは正しい道を歩んでいるという――項目をまとめた。あなたは愛、愛情、敬意をもって扱われているか？育成、サポート、愛情の基盤があると感じるか？　その人と過ごす時間が楽しくてワインのように流れていくか？　一緒にいて楽か？　その人といるときの自分が好きか？

ゴットマンの経験によるその他のポイントは、目的、意味、価値観を共有しているという感覚をもてるか否かだという。これは、長期的な関係を築いている人々の脳を調べた際に観察されるもので、彼らの脳内では、目標の共有に関連する領域が活発に働いている。ゴットマンに従えば、これらの問いに「はい」と答えたカップルは、一緒に進んでいっても大丈夫ということになる。

長いキャリアのなかで、ゴットマンは元から強い結びつきをもっている人たちにも出会ってきた。いわく、彼らは感謝すべき物事を探す癖があるという。「ありがとう」と言うべき事柄を探しているのだ。反対に、長期的な関係が苦手な人は、相手のミスにばかり注目する。相手の間違いを探してばかりいるのだ。これらの調査をまとめ、ゴットマンは人間関係を悪化させる4つの行為を導き出した。「軽蔑」「優越感」「批判」「だんまり」——彼はこれらを「黙示録の四騎士」と名づけた〔訳注：「優越感」ではなく「防御」が4つのうちのひとつに挙げられることもある〕。

なにより最悪なのは「軽蔑」、つまり直接的に侮辱や皮肉を投げつけることだ。相手より自分が上だと思う「優越感」は、それ自体が離婚の最大の予測因子だという。「批判」もまた関係がうまくいかない兆候で、防御と同じく、相手の不満に憤りを感じたり、まるで自分が罪なき被害者であるかのように振る舞ったりする。この行為は、問題に対して何の責任も負わない。一方「だんまり」は感情を押し殺し、相手に通常の非言語的シグナルを送ることをやめ、目をそらしたり、うつむいたりして反応を示さなくなる。

成功の秘訣《ひけつ》は、「どうやって戦うか」ではなく「どうやって仲直りをするか」だ。関係がうまくいっている人たちは、うまくいっていない部分があることに気づき、修復を試みる。また、完璧な謝罪をするより、相手の謝罪を受け入れることが重要だ。謝罪の内容がどれほどひどくても、相手の修復しようという気持ちを受け入れられる人は、相手の努力を認めない人に比べて、関係が長続きする傾向にある。

失恋から立ち直る

どんなに恋焦がれてもうまくいかないことがある。これは悲しい事実だ。例にもれず、私も恋の終わりに未練たらしくメールを送り、毛布をかぶって泣いたことが何度もある。失恋の真っただ中にいると、片思いの痛みほど心身ともにつらいことはない。

前述したように、恋愛は依存症に似ている。どちらも脳の報酬系を活性化させるため、ふられたあと、欲望の対象に会う、その声を聞く、相手に触れるという馴染《なじ》みの衝動を手放すのはどうしたって難しい。人類学者のヘレン・フィッシャーが、別れたばかりの人々を調査したところ、ギャンブルや薬物乱用で見られる渇望に似た活動が脳内で生じることがわかった。また、彼らが感じている痛みも錯覚ではなかった。身体的痛みと、それにともなう不安を司る脳の領域が活性化していることが判明したのだ。

２０１９年、科学者たちは失恋の（極端ではあるが）解決策を思いついた。一般に使用される鎮静剤のプロポフォールを用いる方法だ。スペインの研究者たちは、この薬が動揺した記憶を薄めることを発見した。人は記憶を呼び戻す際、記憶の修正を可能にする一瞬の間ができる。研究チームはプロポフォールがこれに影響を及ぼすのではないかと考え、50人の被験者にスライドを2本見てもらい、心を揺さぶる話をふたつ記憶してもらった。被験者たちは、1週間後に手術を控えており、全身麻酔薬（プロポフォール）を投与されることになっていた。

麻酔薬を投与する直前、被験者に前回見せたスライドのうちの1本を見せ、物語の記憶を呼び起こすためにいくつかの質問をした。そして手術後すぐに、半数の被験者に前回のふたつの物語をどの程度思い出せるかテストした。この半数は、いずれの物語もよく覚えていた。残りの半数には、プロポフォールが効いてくる24時間後にテストを受けてもらったのだが、こちらの被験者は、再度記憶を呼び起こしたほうの物語の感情的な部分を思い出すのが困難で、直前に復習しなかった物語の記憶に比べて（記憶力が）12％低かった。これはおそらく、感情的な記憶に関する脳の回路が麻酔薬に非常に敏感なためと考えられる[3]。

実験の目的は、心的外傷後ストレス障害（ＰＴＳＤ）にともなうつらい記憶の感情的影響を軽減することだ。鎮静剤の服用には当然リスクがあり、使用の際には欠点と利点のバランスを取る必要があるが、実験にかかわった研究者たちによると、あまりにつらい失恋に対しては、こうした措置が正当化される可能性もあるという。

選択的セロトニン再取り込み阻害薬（ＳＳＲＩ）という形で、すでに愛に関する治療は存在するという意見もある。広く処方されている、こうした抗うつ薬の一般的な副作用は、愛する人を含め、相手に対する感情的反応が鈍くなることだ。そのため人間関係の破綻にともなう苦しみを癒すのに有効ではないかと言われているのだ。

つらい頭痛に対してパラセタモール（アセトアミノフェン）を服用する人は多いかもしれないが、心の痛みにもパラセタモールが効くと考えたことはないだろうか？　身体的痛みと（拒絶などで生じる）社会的痛みは、重なり合った神経系によって制御されている。パラセタモールは中枢に作用し、脳内の化学伝達物質を遮断して痛みを和らげるため、社会的痛みに効くと考えてもおかしくはない。研究によると、パラセタモールを３週間毎日服用した人は、プラシーボを服用した人に比べて、心が傷つく回数が大幅に減少したという。同様に、社会的に排除されたと感じる前にパラセタモールを3週間服用した人の脳をスキャンすると、プラシーボを服用した人に比べて、社会的痛みを司る領域の活動が低下していた。[4] さらなる研究によると、自分を傷つけた人を許すことを考える時間を毎日設けることで、この効果は高まるという。

ただし、最近の研究では、パラセタモールの服用によって、相手の苦しみに対する共感力も低下することが示唆されている。共感は良識ある人間にとって不可欠な能力であるため、パラセタモールの摂取量が増えればどんな影響が及ぶのか、はなはだ疑問である。どんな薬であっても——たとえパラセタモールのような一般的な薬でさえ——服用にともなうリスクを事前に考慮しなければならない。

もちろん、失恋の痛みを癒すために薬を飲むという考えには、さまざまな問題がある。いつの日か、薬を使って人間関係を断ち切れるようになるのだろうか？　つらい記憶を書き換えようとして、残しておきたい記憶にまで支障をきたすのでは？　過去の似たような経験をちゃんと覚えていれば避けられたかもしれない未来の出来事に対処するのが難しくなるのでは？

心の痛みに苦しんでいるのなら、結局、シンプルな方法がいちばんかもしれない。ほかの依存症と同じように、供給源を絶つのだ。電話も、メールも、昔の写真を眺めるのもなし。そしてその苦しみを、気分をよくしてくれるドーパミンやオキシトシンを分泌する何かに置き換える。運動はドーパミンを増加させ、身体的接触や社交はオキシトシンの分泌を高める。

最終的には、時間が癒してくれるだろう。愛情を司る脳領域は、失恋後、数カ月かけてその活動を鎮静化させていく。母の言っていたことは正しかった――失恋したら、少しの時間（と可能なら新しい恋人）が最良の薬になる。

完璧な家族をつくる

夫とのはじめてのデートで、私はルームメイトにかなり恥ずかしいメールを送ってしまった。「いま、将来の子どもの父親とデート中」。そしてこのメールは4年後、私たちの結婚式のスピーチで恥ずかしながら再登場する。予言は当たったかもしれないが、メールの内容を実現するのは容易ではなかった。結局、私がふたりの子どもを授かるまでに5年の歳月と5回の体外受精を必要とし、ふたりの匿名の女性から3つの卵子提供を受けた。そのため、私は現代の家族について人一倍興味があり、さまざまな形態の家族がどのように機能しているのかに関心がある。数十年前、完璧な家族構成についての議論は、母親、父親、実子の核家族と拡大家族、どちらにメリットがあるかに終始していた。しかしこの議論はすっかり様変わりした。

現在、イギリスとアメリカでは、半数以上の子どもたちが核家族以外の環境で育てられているが、その理由は拡大家族が復活したからではない。卵子や精子の提供など、生殖技術が発達し社会が寛容になったおかげで、今日の家族はかつてないほど多様化しているのだ。こうした変化は、私たちの関係性や子どもたちにどんな意味をもたらすだろう？

世間には、とくに同性同士の恋愛など、「常識」を逸脱することが許せない人がいる。オーストラリアでは、同性婚に関する国勢調査に先駆け、メルボルンにこんな衝撃的なポスターが掲げられた。同性の親に育てられた子どもの92％がいじめられ、51％がうつ病になり、72％が肥満になる、というものだ。

ポスターの統計は、（なかにはでたらめなものも混じっていたが）実際の調査に基づいていた。科学的コンセンサスとは正反対の結果である。いわゆる伝統的ではない家庭で育った子どもの情緒的、心理的健康状態に関する長年の研究から得られた、ほぼ満場一致の結論は、どんな家庭の子どもの福祉も、通常以上の懸念は何もないというものだった。なかには、体外受精や養子縁組を利用した家族のほうが子どもの幸福度が高いという研究結果もあるが、これは単に子どもを迎えるにあたって気持ちが入っているせいだろう。

アイデンティティーや親戚関係についての懸念もある。これについての研究結果はあまり明確ではないものの、読み取れるメッセージは同じだ――このような形で生まれてきた子どもたちも、自分の背景を最初から包み隠さず知らされていれば、特別なリスクはない。30年後には、こうした家族の形をめぐる議論が、核家族と拡大家族の議論同様、古くさいものになっていることを願う。ひょっとしたら、パートナーはひとりに限定するべきか？という別の問題に話が移っているかもしれない。

ふたりの人間が一生添い遂げるのは、西洋社会のおとぎ話の結末だ。しかし一夫一婦制は比較的最近の制度であり、必ずしも幸福への道とはかぎらない。一夫一婦制がかつての一夫多妻制に取って代わったのは、ひとつには、人間の脳が大きくなったことで、赤ん坊の世話により多くの労力と食料が必要になったからだと考えられている。子どもの世話が多くの人の手によって分担されると、生き延びる可能性が低くなるのだ。最近の分析によると、狩猟採集社会から産業社会に至るまで、父親の子孫への投資が増えるほど、一夫一婦制社会への移行が進んでいったという。

武器の発明で平等になった可能性もある。支配的な男性は、競合相手が弱くても、武器をもっていれば受け流せなくなった。これは、一夫一婦制が社会の安定に寄与したという、

（一夫一婦制が主流になった）もうひとつの理由とも一致する。ひとりの男性が女性を独占したら、不機嫌な傍観者でいっぱいになってしまうだろう。一夫一婦制は社会的取引であり、力のある一夫多妻の男性がハーレムを放棄することで、ある程度の社会的平和がもたらされるのだ。また、宗教の影響も受け、一夫多妻制や婚外交渉は社会的に受け入れられなくなっていく。

今日、規範はそれほど厳密ではない。宗教的価値観の崩壊、ホルモン剤による避妊法の発展、セックスや離婚に関するタブー崩壊により、多くの人は、つぎつぎと相手を変えて長期的な一夫一婦制の関係を築いている。それでも、私たちはひとりの相手に忠実でいつづけるのが苦手だ。2015年にイギリスで実施された世論調査によると、5人にひとりが浮気を認めている。[5] ひょっとするとこれが、一夫一婦制を完全に放棄する人がいる理由かもしれない。2016年の調査では、アメリカ人独身者の20％が、複数の性的パートナーをもつなど、相手と合意のうえでノン・モノガミーの（一夫一婦制ではない）関係をもった経験があるという。

人々が日常的に背信行為に傷ついたり激怒したりするなかで、こうした関係は実際にうまくいくのだろうか？　敬虔《けいけん》な一夫一婦制が求められる場所では、不貞行為がネガティブな感情を生むのは当然だろう。しかしたいていは、信頼への裏切りこそがもっとも悪質なのだ。同意のうえでのノン・モノガミーは、少なくとも嘘《うそ》を排除してくれる。

ミシガン大学の心理学者テリー・コンリーたちが従来の一夫一婦制の関係とオープンな関係を比較したところ、関係性の満足度、献身、情熱などに大きな違いは見られなかった。また、オープンな関係にある人々は、嫉妬が少なく、相手への信頼度が高いことが報告されている。一夫一婦制のカップルに比べて、この関係性がずば抜けて良好で、こちらに切り替えたほうがいいというほどではないが、オープンな関係でも問題はない。

つまり、この社会には、ほかの関係性を受け入れる余地が十分あるということだ。私たちの相手の選び方を形成するシステムは柔軟で変わりやすい。どこかの時点で一夫一婦制が当たり前になってしまったが、それが唯一の方法ではないし、最善の方法ともかぎらない。最終的なコンセンサスは明らかだろう。**どんな恋愛をしたとしても、あるいはどんな家族構成を選ぼうとも、ひとつの条件――互いへの愛と敬意――さえ満たされていれば、子どもも大人もうまくやっていけるのだ。**

愛を見つけるためのヒント

- 最初のデートでは「それで？」「そうなんだ」「なるほど」といった、会話を促すような短い相槌を多用する。実際に試したところ、これらを使ったほうが相手から魅力的と思われるようだった。
- 長期的なパートナーになる可能性のある人について、いくつか自問してほしい。愛と愛情と敬意をもって扱われているか。育成やサポートや愛情の基盤があると感じるか。一緒にいて楽か。その人といるときの自分が好きか。答えが「はい」なら、長期間一緒にいられる可能性は高い。
- 黙示録の四騎士─軽蔑、優越感、批判、だんまり─に注意すること。これらの４つの行為は関係の破綻を予見するもっとも危険な兆候だ。
- つらいときは時間が最大の癒しになる。別れにともなう痛みは、数カ月で脳内から消えていく。しかしそれまでは、運動やほかの癒しに目を向けてほしい。気持ちが高揚するドーパミンやオキシトシンなどの幸せホルモンが分泌されて、心身ともに元気になる。
- 伝統を忘れよう。あなたの家族構成がどれほど特殊でも、研究全体では、従来の関係と同じくらい、子どもも親も健全で幸福になれることが示されている。

第6章 健康に長生きするためには

夫の祖母マーガレットは92歳だ。最近、彼女の家にランチを食べに出かけた。彼女は料理をつくり、ワインを開け、すべてを自分で用意した。私の娘のために六十数年前のおもちゃを探し出し、義母が昔、そのゼンマイ仕掛けのネズミで何時間も遊んだという昔話を私たちにしてくれた。

イギリス初の女性医師のひとりである彼女が、これほど長く心身の健康を保っていたのは不思議ではないのかもしれない。「忙しくすること」がその秘訣《ひけつ》だと彼女は言う。実際彼女は、多くの時間をブッククラブで過ごし、毎週友人とマージャンに興じ、家族と一緒に美しい庭を楽しむ。

インドでは、１１６歳のバトリ・ラミチャネが「95年間、１日30本のタバコを吸いつづけること」が長生きの秘訣だと主張する。史上最高齢の１２２歳で亡くなった（公式にはそう言われているが、その素性については疑問を呈す者もいる）フランス人女性、ジャンヌ＝ルイーズ・カルマンもまた、喫煙者だった。彼女はチョコレートや辛い食べ物も大好きで、毎食少量のポートワインを飲んでいたという。112歳まで生きたアメリカ人、リチャード・オーバートンは、朝に飲むバーボン入りコーヒーと葉巻が長寿の秘訣だと言っている。

健康の物理的側面や、体調を整えて長生きする方法は本書のおもな関心事ではない。どんな食事や運動が効果的で、何を補い、補わないほうがいいのか、理想の減量方法など、エビデンスに基づいた情報を知りたい方は、『ニュー・サイエンティスト』の同僚グレアム・ロートンが著した本書の姉妹本『This Book Could Save Your Life』を読んでほしい。とはいえ「健全な肉体に、健全な心」という古い格言には多くの真実がある。幸せで充実した人生を送る方法を伝える目的で書かれた本が、肉体の健康と心身の相互作用を無視すれば、大事なものを省いてしまう。この相互作用が、本章のメインテーマである。身体《からだ》の健康が心の健康につながるというのは当然のように思えるが、その具体的なつながりをこれから探っていきたい。ところで、この逆についてはあまり知られていないかもしれない。**前向きな思考が、健康的で、引き締まった身体をつくり、エネルギッシュでストレスの少ない生活を送るきっかけとなり、さらには、怠け癖を克服し、やる気を高め——最終的には、長く健康を維持する助けとなる可能性があるのだ。**

「健康寿命」を理解する

日々、少しずつ歳《とし》を取るという事実からは逃れられない。これはおもに、若返るためのプロセスが毎日少しずつ破壊されているからだ。体内の細胞や臓器には、日常的に大きな負担がかかるため、私たちは損傷した細胞を回復させ、取り換えるための一連の修復プロセスを進化させてきた。しかし当然のことながら、次世代に遺伝子を伝える前の若いときにしかこの機能は十分に働かない。

生殖適齢期を過ぎると、この修復メカニズムは壊れはじめる。臓器や組織はタンパク質やその他の不要物で詰まり、遺伝子の変異が蓄積され、染色体がほどけていく。がん化する細胞もあれば、早々に機能を停止し、白血球に除去されるのを待つ細胞も現れる。これらの細胞を「ゾンビ」と呼ぶ科学者がいるが、理由は、これらの細胞が周囲の組織を損傷する炎症性タンパク質を分泌して大混乱を引き起こすだけで、ほかに何の役にも立たないからだ。

その結果、免疫力が低下し、筋肉量が減り、内臓に脂肪がつき、低レベルの炎症が起こり、必要なエネルギーを生み出す細胞が不足する。これらはすべて、動脈硬化、アルツハイマー病、白内障、2型糖尿病など、加齢にともなう病気につながる。聞きたくないかもしれないが、これが人生なのだ。しかし、加齢は平等には訪れないし、必ずしも健康で幸せに長生きできるわけでもない。先ほど話した夫の祖母のマーガレットは、人生の大部分を比較的健康に過ごしてきたが、97歳で亡くなった私の祖母のひとりは、身体を壊し、何十年も目が見えず、認知症にも苦しんだ。

この100年で、人間の平均寿命は30歳前後から70歳以上まで延び、多くの富裕国では80歳を超えている。そして現在、科学者たちが懸念するのは「健康寿命」だが、こちらはあまり延びていない。**健康寿命とは、老齢にともなう慢性的な心身の疾患に悩まされることなく、許容できるレベルの活力をもって生きられる年数のことだ。「寿命の質」が向上すれば、それは私たち全員にとって望ましいゴールである。**

健康寿命を延ばすということは、先ほど述べた加齢のプロセスの一部、あるいは全部を止めたり、遅らせたりするということだ。近い将来、薬を飲めばそれが叶《かな》うようになるかもしれない。セノリティクス（老化細胞除去薬）と呼ばれる薬は、体内を探索して殲滅《せんめつ》作戦を展開し、老化の原因となっている壊れた細胞を取りのぞく。これはもはや夢物語ではなく、すでに試験は進行中で、5年以内に臨床試験がはじまると言われている。

それまでは、健康寿命を延ばすための別の有効手段がある。人間ではまだ確認されていないが、動物実験ではいい結果が出ているカロリー制限、つまり断食だ。断食はmTORと呼ばれる一連の細胞のプロセス（専門用語で言うところの「経路」）を構成するタンパク質に影響を与えるようだ。mTORは飢餓状態を乗り切るために進化したと言われている。ものを食べると、この経路のスイッチがオンになり、細胞の分裂と成長を促す。食べていないとこのスイッチはオフになる。オフになるとこの経路は保護的役割を果たし、機能不全の細胞小器官や分子を一掃してエネルギーに変換する。これにより、損傷した細胞の廃棄物処理システムが作成され、組織や臓器に蓄積されたゾンビの除去も行われ、老化プロセスが遅くなる。

歳を取るとmTOR経路のスイッチがオンのままになることを示唆する初期の証拠があるが、カロリー制限でそのスイッチをもとに戻せるかもしれない。とはいえ、人間では明確な証拠が出ていないので、まだ飢餓状態にはならないほうがいいだろう。私たちの寿命が比較的長いことを考えると、その効果を実際に手にするには、複数の長期的研究を何年もかけて行うことになる。だが、いくつかの臨床試験で蓄積されたデータから、正しい道にいることは読み取れる。**定期的な断食は、動物の健康が改善され、老化によるダメージの進行がゆっくりになったのと同様の生理的適応を人間にもたらす。週に1～2日摂取カロリーを減らしたところで問題はないようだ。**

現在、市場に出回っている「リジュヴァント（Rejuvant）」や「ベイシス（Basis）」などのアンチエイジングサプリメントは、mTOR経路のスイッチをオフにするよう設計されており、マウスでその効果が確認されている。ひとつだけ注意したいのは、人間が摂取しても安全だが、長期的な研究では、老化に関するこれらのサプリメントの効果は実証されていないという点だ。

薬の服用や空腹が苦手な人もいるだろう。そこで、誰もが試すことのできる奇跡的な「治療法」を紹介したい。これは健康寿命を延ばし、肉体や脳の老化プロセスを遅らせることが保証されている。また、死にかけている細胞を取りのぞくプロセスの発動にも有効だ。あなたはただ、自分に合った方法を選択するだけでいい。そう、もちろん、運動である。

身体にとって最適な運動を選ぶ

私はこの15年間で、4度ジムに入会し、市民プールに通い、無料のウェイトトレーニング室を使いたくて有料のコワーキングラウンジに申し込んだりしてきた。ロンドンの何百というフィットネスクラスにアクセスできるアプリにお金を払ったこともある。ほかにもブートキャンプに熱中したり、サルサのレッスンを受けたり、タンブリングや綱渡りなどサーカスの技を学んだり、暗闇で光る棒を使って運動したり、市の温室で何時間もピラティスをしたり、どうにかマラソンを完走したり、ホットヨガで汗をかいたり、少しだけ（ほんの一瞬だけ）全裸ヨガにも挑戦しようかと考えたりしたことがある。

こうした（ときには見当違いな）熱意には、理由がある。**健康に長生きしたいなら、運動はかなり万能なのだ。がん、肥満、糖尿病、うつ病、心臓発作などを予防してくれる。運動はどんな薬よりも早期死亡のリスクを防ぎ、正しく行えば副作用もない。**ただし、運動が身体にいいことは誰でも知っているが、それがどの程度、またどの運動が何にいいのかといったことが認識されてきたのは、ごく最近のことである。

私は自分に合った運動がなかなか見つけられないでいる。私だけではない。イギリス人は使わないジムの会費に年間５億ポンド（約７５０億円）以上費やしているという。どんな運動も、しないよりはましだと思うかもしれない。たしかにそうだ。だが身体を動かすために自分が何をしているのか、少し考えてみる価値はある。

私たちの大半は、運動の基本的なメニューや、それぞれの運動の効果を知っている。ダンベルは上腕二頭筋を鍛え、ランニングは心臓を強くする。しかし適切な運動を選ぶには、見落としがないよう、基本に立ち返ることが重要だ。

長いあいだ、有酸素運動はフィットネスの聖杯とされてきた。もちろん、正当な理由があってのことだ。有酸素運動とは、要するに、筋細胞に効率よく酸素を運搬するための運動だ。有酸素運動によって筋繊維が成長し、効率のいい血管網ができあがり、細胞の原動力であるミトコンドリアの数も増加する。

身体中にエネルギーを送るために心拍数が上がると、動脈に負荷がかかり、一酸化窒素――血管を拡張し、ダメージを修復するのに役立つ筋弛緩剤《しかん》――の生成が促進される。血液が体内を循環すると、心筋梗塞や脳卒中を引き起こす血栓の原因、血管壁に付着した脂肪が洗い流される。

有酸素運動はまた、危険な脂肪によるダメージを減らして、糖尿病から私たちを守ると同時に、糖尿病の原因となるブドウ糖の除去も助けてくれる。がんのリスクも軽減する。その理由は完全には解明されていないものの、病気のリスク要因である肥満の解消に関連しているのかもしれない。

なにより有酸素運動は、怠け癖を直してくれる。これはときとして有害で、**1〜2時間座りっぱなしの人は、同じ時間座っていても30分ごとに立ち上がって身体を動かす人に比べて、早期死亡のリスクが格段に高い。怠惰は、複雑な健康問題の連鎖を引き起こす。**使われない筋肉は収縮し、その働きを変化させ、脂肪をあまり燃焼させない。燃焼されなかった脂肪は血液中に蓄積され、筋肉、肝臓、大腸など、溜《た》めたくない場所に溜まっていく。

では、どのタイプの有酸素運動を選べばいいのだろう？　まず、特定の運動を激賞するようなメディア報道は疑ってかかってほしい。そうしたものは、たいてい小規模な調査しか行われておらず、少人数から得られた物珍しい発見は、対抗馬となる大量の研究結果よりはるかに注意を引きやすい。たとえばランニングをすると太るという研究結果は（これは嘘《うそ》だが）、痩せるという結果より10倍速く新聞やウェブに載るだろう。

同様に、数週間で身体が変わると請け合う有名人のワークアウト法も無視したい。話がうますぎると感じたら、たいていはそのとおりだ。スポーツ科学者の何十年にも及ぶ努力に先んじて、セレブたちがシックスパックになる秘訣を発見したとは思えない。

ほとんどの政府のガイドラインでは、長時間の静止状態を避け、成人なら週に１５０分以上の適度な有酸素運動を行うことが推奨されている。これにはランニング、早歩き、社交ダンス、ガーデニングなど、心拍数を上げ、呼吸を速くするものが含まれている。いずれも効果的だが、しかし有酸素運動がすべてではない。ほかの運動も、少なくとも同程度には健康にとって重要である。なかでも道具を用意しなくても自宅で手軽に行うことができるのが――筋トレだ。

筋力は20代から30代半ばまでがピークで、そこからじょじょに低下していく。10年ごとに最大５％の筋肉量を失っていき、70歳になると加速度的に減少する。そして最終的には、椅子から立ち上がることも、階段を上ることもできなくなる。とはいえ、筋トレは高齢者だけのものではない。筋肉をつけると、単にたくましくなるだけでなく、健康面での意外な効果がある。それがどれくらい重要かというと、イギリス政府の最新の身体活動ガイドラインで、有酸素運動より筋力強化が重視され、週に2回の筋トレを行うことが推奨されているほどだ。

その効果を示す最良のエビデンスは、大勢の人々の運動習慣に関する複数の研究が表している。**研究によると、有酸素運動とは関係のない、週に1時間足らずのウェイトトレーニングが、心臓発作や脳卒中のリスクを最大70％減少させるという。10万人の女性を対象にした別の研究では、週に一度、1時間以上筋トレを行った人は、2型糖尿病のリスクが大幅に低下することがわかった。**また、（総合的な筋力の指標である）握力が強い人は、心血管疾患やがんのリスクが低く、早期死亡のリスクも低い。

なぜ筋力があると健康になるのか？　いちばんわかりやすいのは、ふらつきや転倒、運動障害による衰弱を防ぎ、その過程で健康を増進してくれるからだ。また、筋肉は体内のブドウ糖濃度の調整にも重要な役割を果たしている。インスリンの力を借りて、筋肉は血液中のブドウ糖を吸収し、グリコーゲンという形で蓄える。筋肉が大きくなれば、ブドウ糖の貯蔵場所も大きくなり、体内からブドウ糖を運び出し、排出する細胞の数も増えるため、血糖値が高くなりすぎる2型糖尿病の予防になる。また、がんは筋肉量を低下させるため、がん患者の生存率を上げるには、身体が少しでも長くもつよう、はじめから大きなリソースをもっていると有効だろう。

筋肉量を増やすと、基礎代謝（安静時に消費するエネルギー量）が大幅に増加するという話を聞いたことがあるかもしれない。これは半ば迷信である。ダンベル運動をしたからといって、突然睡眠時の消費カロリーが上がるわけではない。が、運動を終えたあとは、しばらくカロリーが消費されつづける。筋肉が大きいと、組織を維持するために多くのエネルギーが必要となるため、単純に筋肉量が多ければ、より多くのカロリーが消費される。しかしこれは、筋肉1キログラムあたり1日につき10～15キロカロリー程度に過ぎない。通常の筋トレプログラムでは、せいぜい筋肉は2キログラムほどしか増えないので、筋肉量が増えても、消費カロリーはジャファケーキ1個分にも満たない。

しかしながら、考慮すべき別の効果がある。ウェイトトレーニングをすると、組織に小さな傷ができ、それを修復するのに比較的多くのエネルギーが必要になる。このエネルギー需要の増加は、場合によっては運動後、3日間ほどつづく。たとえば、週に2回、20分の筋トレを行うとする。一度のトレーニングにつき200キロカロリーが消費され、その後3日間、筋肉を修復するのに100キロカロリーが消費される。その結果、1カ月後には、週に2回の筋トレで、自宅にいたまま、なんと5000キロカロリーを余分に消費できるのだ。

体脂肪を減らしたければ、いま述べたことはすべて役に立つ。筋トレによって、身体が引き締まるだけでなく、コレステロール値や血圧が低下し、インスリン感受性や血糖コントロールが改善され、2型糖尿病や心血管疾患のリスクも軽減する。

筋トレの骨への効果は、有酸素運動に勝る。加齢とともに骨は弱りはじめ、骨量の減少によって骨折しやすくなる。有酸素運動は身体のさまざまなシステムにとって有益だが、骨量の減少を防ぐという証拠はほとんどない。私たちの骨は常時、破骨細胞と呼ばれる細胞によって壊され、骨芽細胞によってふたたびつくられている。筋トレは骨に負荷をかけ、骨芽細胞の働きを活発にし、破骨細胞の働きを抑制、これにより骨を維持し、さらには骨密度も高くなる。骨が健康になれば、毎年世界で約170万件の股関節骨折を引き起こす、骨粗しょう症のリスクも大幅に減るだろう。

では、この恩恵にあずかるにはどうすればいいだろう？　実践できる筋トレの種類は、年齢や環境によって大きく異なる。しかし、アメリカスポーツ医学会（American College of Sports Medicine）の提言はいたってシンプルだ。**成人は、脚、腰、背中、腹部、胸、肩、腕などの主要な筋群を週に2回以上鍛えること。この提言は、週の最初のトレーニン**

グが（まったく何もしない状態と比較して）いちばん大きな効果をもたらし、2回目のトレーニングでもまだ効果はあるものの、3回目になると効果は頭打ちになるというエビデンスに基づいている。

とはいえ、細かいことでストレスを感じる必要はない。特定の筋群が疲れるまで運動すれば、ウェイトの重さや回数は関係ない。普段運動をしない人にとっていい知らせは、軽いウェイトを20回持ち上げても、重いウェイトを5回持ち上げても、効果はほぼ同じだという点だ。キッチンの調理台で腕立て伏せをしたり、テレビの前でスクワットをしたり、子どもを抱き上げたり——道具がなくても、毎日のちょっとした積み重ねで大きな変化をもたらすことができる。

ただし、ひとつだけルールがある。どんなトレーニングをするにしても、疲れを感じるまで行うこと。疲労を覚える程度の筋トレを適度に行えば、高度なトレーニングを定期的に行うのと同等の健康効果を得られるはずだ。

脳にとって最適な運動を選ぶ

脳にとって最適な運動となると、少々悩ましい。比較的最近になってようやく、ある種の運動が精神面やウェルビーイングに大きな影響を与えることに着目した研究がはじまったばかりなのだ。もし、身体を動かすのが好きな人の頭のなかをのぞいたら、さまざまな運動が、肉体と同じように脳を強化し、鍛え上げながら、創造性を高めたり、試験に集中させたり、ストレスを最小限に抑えたり、さらには欲求を抑制したりしているようすが見られるだろう。

運動が脳に影響を与えることは、1960年代の研究で最初に示唆されていたが、その重要性が認識されたのは1990年代、運動がマウスの新たなニューロンの成長を促すことが発見されてからだった。運動をしたマウスは、記憶力が向上し、迷路をうまく進めるようになったのだ。

同様の兆候は、すぐに人間でも確認された。週3回の有酸素運動を1年間つづけた高齢者は、記憶と密接に関連する脳領域である海馬が大きくなり、記憶力のテストでも好成績を収めたのだ。いくつかの研究によると、握力の強い人もまた、注意力や反応速度のテストで好成績を収め、言語能力や空間認識能力の評価も高かったという。

脳の健康に関して、特定の運動がほかの運動よりも優れているかどうかを判断するのは少々難しい。ある研究で、軽度の認知症女性86人を対象に、有酸素運動と筋トレの効果を比較した。一方のグループには週に2回、1時間のウェイトトレーニングを行ってもらい、もう一方のグループには、会話が少し困難になるくらいの速度でウォーキングを行ってもらった。対照群として、同じ時間ストレッチをするだけのグループも設定した。

6カ月後、ウォーキングとウェイトトレーニングのグループはいずれも空間記憶（周囲の環境や場所の特徴を記憶する能力）にプラスの効果が見られた。さらに、それぞれの運動に独自の効果も現れた。ウェイトトレーニングを行ったグループは、推論、計画、問題解決、マルチタスクなど、複雑な思考プロセスを含む実行機能が大幅に向上し、また、人の名前と顔を結びつけるといった、連想記憶のテストでも好成績を収めた。有酸素運動のグループは、口に出した言葉を記憶する言語記憶が向上。ストレッチだけのグループには、こうした効果は見られなかった。

つづく研究で、**筋トレと有酸素運動を組み合わせると、筋トレだけのときより、さらに実行機能が改善することがわかった。**この効果は、のちに健康な成人でも確認されている。筋トレはインスリン様成長因子1という分子の分泌を促すため、有酸素運動と組み合わせると、とりわけ効果が高くなるのかもしれない。このホルモンは、私たちの学びの基礎となる脳細胞間のコミュニケーションに影響を及ぼし、新たなニューロンや血管の成長を促すことが知られている。一方、有酸素運動は脳由来神経栄養因子というタンパク質を増加させる。このタンパク質もまた、ニューロンの成長を促し、加齢による衰えを防ごうとする。つまり、このふたつの運動を組み合わせれば、より有益な脳内化学物質のカクテルをつくることができるのだ。

子どもにとっても恩恵がある。たとえば子どもに、1時間集中して数学のテストを受けさせたい場合、最善なのは、最初に動き回らせることだ。研究によると、20分間のウォーキング、短距離ダッシュ、スキップをさせると、子どもの注意力、実行機能、計算や読解にすぐに効果が見られたという。ただし、彼らがしていることに過度のプレッシャーをかけてはいけない。高度な仕組みのものや、(テニスのサーブなど)特定のスキルに限定した運動は、その後の注意力を低下させる。

子どもの脳を鍛えるための運動に、こうした特定のスキルが必要ないということではない。というのも、これらのスキルは、長期的に見て、注意力をじょじょに高めてくれるからだ。たとえば週2回の体操やバスケットボールの練習は、集中力や、気が散るものを無視する能力が必要とされるテストで好成績を収めるのに役に立つ。これには、脳底にあるカリフラワー状のしわくちゃな構造をもつ、小脳が関係していると考えられる。小脳は、複雑な動作を行う際に活性化するが、脳の「コントロールパネル」として知られる前頭葉と一緒に働くことで注意力も向上させる。そのため、複雑な動作をすると、注意力も改善されるのだ。

大人になってからも、木登りをする、裸足で駆けまわるなど、子ども時代の運動を週1回のワークアウトに加えてみるといいかもしれない。実際、固有受容感覚（身体の位置や向きをとらえる感覚）や、ナビゲーション、計算、移動力といった、バランスと思考を同時に必要とする運動に挑戦するのはとくに有益だ。サーフィンがいい例だ。ボードに乗ることに集中しつつ、波をとらえるためのベストポジションを見極め、ほかのサーファーが自分の邪魔になっていないかどうかを判断する。

このような運動は、私たちのワーキングメモリに劇的な影響を及ぼす。ワーキングメモリとは、情報を脳内で保ちながら操作する能力のことで、情報に優先順位をつけて処理したり、関係のないものを無視したりする。これは、学校の教室から会社の役員室に至るまで、ほとんどどんな作業にも影響する。創造性を高めることもできるが——これについて興味のある人は第11章を参照してほしい。

ヨガのようなストレッチやエクササイズが、ただちに脳を活性化させることはないかもしれないが、長期的には多くのメリットがある。ヨガや第2章で触れたマインドフルネス瞑想《めいそう》が、心の平穏を保ち、やがて、不安やうつ病にも効果を発揮することを示す研究が続々と発表されているのだ。長年修行を積んだヨガ行者を対象にした研究では、同じ年齢、性別、人種、教育レベルの健常対照群に比べて、いくつかの脳領域の保存状態が著しくいいことが判明しており、研究者たちは、50歳のヨガ行者の脳が、25歳の脳のように見えるとさえコメントしている。

それぞれの運動には重複するメリットがあるので、どのタイプの運動を選ぶべきか悩んだら、つぎのシンプルなアドバイスに従ってほしい――自分が楽しめるものを選ぶこと。ベストな運動とは、あなたが実際に行う運動のことである。

健康な食事を摂るよう脳を訓練する

今日これから、脂質の多い食事を摂《と》ったりテイクアウトした料理を食べたりして過ごせば、運動の効果が薄れることは明白だろう。正直に告白すると、私は過去9カ月、自分では認めたくないほどたくさんのチョコレートを口にした。もちろん、妊娠のせいにすることもできる。が、別の言い訳もある――みんなと同じような。食べ物のこととなると、私たちは自分で思っているほど自分の行動を自制できない。第2章で見たように、人の気分は食べ物の種類によって変わる。ここでは、どうすべきかはわかっていても、食生活を惑わせる、奇妙な心の動きに打ち勝つ方法を紹介していく。

この謎を解くには、最初に私たちと食べ物の基本的な関係を理解しなければならない。

端的に言えば、胃腸と脳のあいだを飛び交う信号が、空腹時と満腹時を私たちに伝えている。しかし、食べる意欲に関しては、これよりずっと複雑だ。私たちの食への欲求の一部は、チョコレートバーやフレッシュなジャム入りドーナツのようなカロリーの高い食べ物を口にした際、脳の報酬系を介して得られる喜びに起因している。また、腸や腸内細菌も、私たちが食べたいと思うものを操り、食べ物の見方を決定する。

適切な食事をするよう、自分に言い聞かせたところで意味はない。喘息《ぜんそく》のある人に、適切に呼吸するよう言うのと同じだ。それより、この衝動をもう少し詳しく見てみよう。空腹のシステムは、腸や脂肪細胞から分泌されるホルモンを介して、最後に食べた時間や空腹の度合いなどの情報を脳に伝える。少ししか食べない日もあれば、どか食いしてしまう日もあるが、このシステムは体重を安定させるよう働く。

ホルモンの報酬システムは、食べ物の種類に大きく関係する。その中心となるのがドーパミン経路で、脂質や糖分の多い食べ物に強く反応すると考えられている。これは、自然かつ必要な反応だ。というのも、私たちは生き残るために、こうした栄養価の高い食べ物を探すよう進化してきたからだ。進化論的に言えば、栄養価の高い食べ物を見たら、ただちにほしくなるのは当然だ。なにしろ、明日にでも飢饉《ききん》が訪れるかもしれないのだ。問題は、食料が豊富で安価ないまの時代、報酬系は私たちに不利に働き、すでに十分エネルギーを貯蔵しているにもかかわらず、甘いものや脂質の多い食品を摂取させようとすることだ。

また脳には、無意識に選択を促す、独自の「カロリーカウンター」がある。ある研究で、被験者に50種類の食品の写真を見せ、それぞれの食品のカロリーを予測してもらったあと、それらを食べる機会を得るためのオークションに招待した。カロリーを予測したにもかかわらず（ただし、だいたいは不正確）、いちばんカロリーの高い食品を購入する人が多かった。ＭＲＩスキャンの結果、脳の報酬領域の活動は、食品の実際のカロリーと相関していることがわかった。カロリーが高いほど、報酬も高くなるのだ。(1)

しかし、健康的な選択をするために、脳を騙《だま》して、私たちの見ているものがカロリーの高いものだと思わせたらどうだろう？　どうやらこれは可能らしい。グループ全員に同じミルクシェイクを渡す際、半分の人にはヘルシーなシェイクだと告げ、残りの半分には贅沢《ぜいたく》なおやつだと思わせると、彼らの「空腹ホルモン」こと、グレリンの値に大きな影響を与えることができるのだ。この値は、通常食後に低下するが、低カロリーのシェイクを飲んだと思った人は、摂取後のグレリン値が著しく高く、ほとんど満腹感を得られなかった。

グレリンは食欲以外にも影響を及ぼす。栄養不足を感知すると、このホルモンは代謝を低下させ、脂肪を燃焼させるより、蓄えるほうへ身体を向かわせる。リソースが不足しているときにエネルギー消費を抑えるのは、進化論的には正しいが、ダイエットをする際には不利になる。健康的な食事をしているつもりでも、栄養不足の感覚と結びついて、生理的反応を形成してしまうことがある。それよりも、食感や風味を楽しみながら、贅沢な気分を養うほうがいいだろう。

さらに研究者たちは、高カロリーで消化が早い食べ物に風味と見た目を似せた食品（実際には、食物繊維を加えた低カロリーピザなど、低カロリーでゆっくり消化される食品）を開発した。ある小規模な試験で、肥満気味の人々がこれらの食品を中心に6カ月のダイエットに臨んだところ、ダイエット前後の脳スキャンで、ダイエットをしていない類似のグループに比べて、健康的な低カロリー食品の写真を見た際の報酬系の活動の上昇が認められた。このダイエットは、彼らの脳を効果的に再教育した。以前はピザのことを考えると、脳がカロリーを期待して食べたくなっていたが、それほどカロリーを提供してくれないピザを食べはじめると、しだいに報酬系が順応し、炭水化物の増加を期待しなくなり、ピザへの欲望が消えたのだ。検証はされていないものの、自宅で低カロリー、高繊維の食事――たとえば、私たちの慣れ親しんだ砂糖入りマフィンに似せた野菜マフィンなど――をつくれば、この効果を再現できるかもしれない。

食べ物への欲望は、お腹《なか》のなかにいる小さな虫、つまり腸内細菌にも左右される。第2

章では、腸内細菌が私たちの幸せにいかに影響を与えるかをすでに説明した。しかし腸内細菌叢《そう》は、特定の食品で繁栄するだけでなく、彼らの目的に応じて、私たちの食への欲求や好みをコントロールしている可能性がある。たとえば、動物の腸内細菌叢が味覚受容体に影響を与え、動物の好む食べ物が変わることがわかっている。また、私たちの腸内細菌の多くは、腸内ホルモンを模倣したタンパク質を生成する。腸と脳の複雑な関係に関しては、まだわかっていることは少ないが、いつの日か、特定のタイプの細菌を与えて、健康食を好むようにできるかもしれない。それまでは、すでに述べたように、特定の細菌だけが繁殖し、コントロールを奪われないよう、多様な食生活を心がけることが最善だろう。

最終的には、やはり運動だ。運動は、健康増進や減量に役立つのはもちろん、食欲を抑える効果もある。この点では、集中的な、インターバルトレーニングがもっとも効果的だろう。グレリン値を下げ、同じ時間、異なる強度の運動をするよりも、空腹になりにくい。

身体と心の複雑な関係を理解するのは難しい。しかし、**いいニュースは、意志力だけに頼ろうとするのは間違っている、という事実が明らかになったことだ。身体にいい食事をするには、思考を改め、幅広い種類の食品を摂取し、賢く運動することが、近道（そして健全な方法）なのかもしれない。**

プラシーボの力を使う

ここまでの話は、私たちにさらに深い真実を示している。うさんくさく聞こえるかもしれないが、**健康な身体は健康な心への近道というだけではない。現在では、その逆もまた真実であるという確証がある。適切な心の状態だと、自分は俊敏で、健康で、スリムで、若いと思うことができるのだ。**

これは、プラシーボ効果に関係がある。プラシーボとは、臨床試験で薬の効果を調べるために使われる、薬としての効果をもたない偽薬である。被験者を無作為にふたつのグループに分け、半分に本物の薬を、もう半分に砂糖の錠剤を与える。プラシーボには有効成分が含まれていないので、効果はないはずだ。ところが多くの研究で、天然の鎮痛剤の分泌を誘発したり、血圧を下げたりするなど、しばしばプラシーボが大きな変化をもたらすことが確認されている。これらはすべて、人々の期待が生み出した効果である。心はとても不思議なもので、それはプラシーボだと言われても、こうした効果がもたらされることがある。また、プラシーボ効果には「ノセボ効果」という逆の効果もあり、プラシーボであるにもかかわらず、吐き気や発疹、感情の変化などが生じることがある。

プラシーボの力は行動にも影響を及ぼす。ある研究によると、プロのパターを使っていると思っていたゴルファーは、ホールが大きくてパットが打ちやすいと感じ、実際に、パットも正確だったという。同様に、高級ブランドのサングラスをかけていると思っていた人は、そうでないブランドのサングラスをかけていると思っていた人より、明るい光のなかで小さな文字を容易に読み取ることができた。カフェインの効果もあなたの期待を反映しているかもしれない。人は、カフェイン入りだと言われると、ただの水を飲んでも覚醒度や血圧が上がることがある。つまり、**同じ遺伝子をもつふたりが、同じ生活習慣を身につけていても、思考の違いによって、どちらかがより健康的な生活を送る可能性があるのだ。**

プラシーボ効果については何十年も前から知られていたものの、この反応を利用して私たちの健康やウェルビーイングを改善しようという試みは、ほとんど行われてこなかった。これを実践するとどうなるのか、興味を抱いた研究者たちは、アメリカのホテルの清掃員84人の健康状態を調査した。清掃員が自分たちの仕事にともなう膨大な運動量をほとんど認識しておらず、そのせいで、激しい運動による効果を完全には得られていないのではないか、と考えたのだ。彼らの意識を操作するために、半数に、掃除機がけが1時間あたり200キロカロリー消費するなど、この仕事が肉体的にどれほど過酷かという詳細な情報を与え、彼らの活動は、アメリカ公衆衛生局長官の推奨する運動量を満たしていることを伝えた。１カ月後、食生活や私生活の行動は同じだったにもかかわらず、情報を与えられた清掃員たちは、それぞれ１キロほど体重が減り、平均血圧も高めから正常値に下がっていた。対照群では変化は見られなかった。ただし、これは小規模な研究で、参加者の実際の行動を記録したわけではなく――ひょっとしたら情報を与えられたグループの清掃員は、潜在的な効果を意識して、はりきってベッドメイキングをした可能性がある。

しかしその後の研究で、運動に対する人々の期待が、身体反応に直接影響を及ぼすという考えはますます信憑性《しんぴょうせい》を帯びていった。この研究では、６万人以上の人々を最長21年にわたって調査した。そして被験者が、（平均的な人々より）「運動を認識している」ことのほうが、彼らが申告する運動時間より、死亡リスクを正確に予測できることがわかった。重要な点として、調査期間中に加速度計を装着していた人がいるのだが、彼らの実際の身体活動を考慮しても、やはり「認識された運動」の効果は健在だったことを挙げておく。信じられないことに、自分の健康について悲観的な見解をもっている人は、運動の種類にかかわらず、平均より活動的だと思っている人に比べて、調査期間中に死亡する確率が最大71％も高かった。

どういう仕組みでこうなるのかはちょっとした謎だが、ひょっとすると自律神経系に関係しているのかもしれない。自律神経系は、血圧、発汗、消化など、無意識に行われる活動を制御するシステムだ。こうした活動は、以前は制御できないものと思われていたが、いまでは脳が何らかの影響を与えることがわかっている。たとえば鳥肌を自在にコントロールできる人もいるし、ある実験では、瞑想経験者が考えるだけで、体温を上げたり下げたりできることが示されている。詳しい調査はまだ行われていないものの、健康に対する認識がよくないと、運動をした際の身体反応がその認識に左右され、炎症を引き起こすコルチゾールなどのストレスホルモンが分泌される可能性もある。

心の作用を利用して運動の効果を高めたいなら、自分の健康状態について自分をごまかしたり、行っている運動を過小評価したりしないことだ。また、同世代の人と比べて自分を貶《おとし》めるのも避けたい。とくに相手がスポーツ好きならなおさらだ。

運動のなかには、上達するためのコツが存在するものもある。たとえば私は、ロンドンマラソンのためのトレーニングをしているときに、「ハンガーノック」についてもっと知識があったら、と思う。ハンガーノックとは、「壁にぶつかる」、つまり突如虚脱感に襲われることで、私はレース中、29キロ付近でそれを経験した。これは経験豊富なランナーでも、まったくの初心者でも、条件がそろえば誰にでも起こりうる。生理学的には、グリコーゲン（筋肉や肝臓に貯蔵されている糖質で、すぐに使えるエネルギー源）を使い果たした際に、この症状が現れる。この時点で身体は、蓄えていた脂肪を燃料として使うよう切り替える。体内に脂肪は豊富にあるものの、炭水化物に比べてエネルギー変換効率が低いため、ランナーはそれまでの運動強度を維持できず、歩かざるをえなくなる。

しかし、なぜこの壁にぶつかる人と、そうでない人がいるのだろう？　炭水化物と貯蔵脂肪との移行をスムーズに行うには、おそらくペース配分が大切で、またレース前とレース中に摂取するものも重要だ。しかし、これには心理的要因もある。男女のマラソンランナーを対象とした研究では、壁にぶつかることを想定している人のほうが、（ランニング歴やこれまで壁にぶつかった経験を考慮しても）実際のレースでそうなる確率が高いことがわかった[2]。

別の研究によると、ある思考パターンを磨けば、壁にぶつかる可能性を最小限にとどめることができるという。レース中に空想するランナーは失速しやすく、呼吸や体内の不快感にばかり意識を向けている人は壁にぶつかるのが早い[3]。いちばんいいのは、その中間点を見つけること、たとえば景色や観客といった外的なものに注目したり、レース状況に気を配ったり、距離標やドリンクステーションに意識を向けたりすることだ。断続的に呼吸や体調をチェックするのは賢明だが、もう少し外部へ意識を向けたほうがいい。

マラソンはハードルが高すぎると思うなら、面倒くさがり屋でもできるこの方法はどうだろう。オハイオ大学のブライアン・クラーク博士が行った、小規模ながら素晴らしい研究では、指一本動かすことなく、心を使って健康状態を改善できることが示されたのだ。彼のチームは、29人の被験者の手首を4週間、外科用ギプスで固定した。そして半数のグループに、1日約10分、じっとしたまま、固定された手で運動しているところを想像するよう指示した。ギプスが外されると、いずれのグループも手首の筋力が低下していた。が、想像上の運動をしていたグループは、対照群に比べて、筋力の低下が50％にとどまった。**どうやら想像上のトレーニングでも、筋肉の動きをコントロールする脳の経路を強化し、ターゲットとなる筋肉への制御力を高めて、筋力を増強させるらしい。**

思考について考える一方で、自分の気持ちが健康のほかの側面に与える影響も考慮してみたい。のちほど紹介する「食生活」や「ストレス」もそのひとつだ。ストレスとそれがもつ利点と欠点については、第1章ですでに述べた。ストレスに対する恐怖や、ストレスは私たちを弱らせるものだという思考は、ストレスホルモンであるコルチゾールの大幅な変動に関係する。さまざまな期待を制御する方法を教われば、実際の反応を抑えることができるだろう。

ストレスを強調する危険性については、不眠症でも説明できる。良質な睡眠の重要性と、それを確保するための方法は次章で解説するが、約4分の1の人々は、自分の認識と実際の睡眠時間が比例しておらず、大きな影響を受けている。自分が不眠症だと思っている人は、夜間の脳活動をモニターしてそうではないことが示されても、日中に疲労感、高血圧、落ち込み、不安などの症状が出やすい。また、実際に寝つきが悪くてもそれを気にしない人は、日中、驚くほど何の影響も見られない。**睡眠不足を心配すると、不足している睡眠そのものより、大きなダメージを受けるらしい。いくつかの研究が示すところによると、これに対する解決策は、自分や不眠症のパートナーによく眠れていると思わせることだ。**

言うは易《やす》く、行うは難し、かもしれない。しかしもうひとつ、ポジティブな態度を取るべき理由がある。ネガティブ思考は、寿命を何十年も短くする可能性があるのだ。最初の手がかりとなったのは１９８１年、ニューハンプシャー州の修道院に年金生活者を集め、修道院での滞在中、22歳若返った気持ちで行動するよう指示した実験だ。修道院には１９５９年当時の装飾が施され、その時代の音楽や映画や記念品で溢《あふ》れていた。鏡はなく、あるのは彼らの若いときの写真だけ。わずか５日後、年金生活者の関節炎が改善し、姿勢がよくなり、思考（ＩＱテストで測定）も鋭さを増した。

その後、この研究に触発されたほかのチームが、私たちの気持ちが実際に身体に影響を与えることを明らかにした。**全般的に、前向きに歳を重ねる人は、加齢を衰弱や老衰ととらえる人より７・５年長生きする。**加齢に対するネガティブな認識は、単に体調不良を招くだけでなく、38年も前から症状を予見させることがある。

たしかに、加齢に対して悲観的な人は、あまり活動的ではないし、必要なときに医療機関を受診することも少ないだろう。しかし、多くの研究によると、これだけが理由ではないという。どうやら歳を重ねることに前向きな人は、ストレス反応が少なく、炎症を起こす可能性も低いらしい。これはいずれも老化が遅いことを意味する。また、老化を後ろ向きにとらえる人に比べて、アルツハイマー病に関連する脳の変化をきたす可能性も低い。

朗報は、いくつになっても意識を変えられるということだ。ある研究で、「賢い」「成熟」「経験豊富」など、年齢に関してポジティブな言葉がスクリーン上に一瞬だけ表示されるパソコンで、61歳から99歳までの被験者にコンピューターゲームをしてもらった。彼らは意識的にそれらの言葉を認識したわけではないが、4回のセッション後には、加齢に対する感じ方が大幅に改善し、身体の健康状態もよくなっていた。

もちろん、前向きな思考は万能ではないし、簡単なことでもない。だが、**前向きに考えるだけで、運動、バランスの取れた食生活、休養、質のいい睡眠などですでに改善されつつある心身の健康をさらに向上させることができるなら、やってみる価値はあるのではないだろうか？**

健康に長生きするためのヒント

- 目標は、有酸素運動（ランニング、ウォーキング、ダンス）を週に150分行うことだが、週２回の筋トレ（子どもを抱き上げる、ダンベル、庭いじり）も忘れずに。どちらの運動もそれぞれに心身の健康を高めるが、どちらか一方だけでも効果はある。
- さまざまな運動によって、異なる認知機能を向上させることができる。ウェイトトレーニングは問題解決能力を、ランニングは注意力と記憶力を向上させ、ヨガは不安とうつ病のリスクを減らしてくれる。
- 前向きな意識は運動の効果を高め、寿命を数年延ばしてくれる。
- 腸内細菌が肉体や脳に過度の影響を及ぼさないよう、強度の高い短時間の運動で食欲を抑え、多様な食品を摂取するよう心がける。
- 週に何日かカロリーを制限する。カロリー制限は、加齢にともなう病気をできるだけ先延ばしにするための有望な手段だと見られている。

第7章 いい睡眠をとるためには

あの夜のことは鮮明に覚えている。あれは2018年9月1日、娘がちょうど生後1カ月を迎えた日のことだ。眠りにつこうと枕に頭を乗せると、娘が目を覚まし、ミルクをせがんで泣き出した。めずらしいことではなかったが、その1週間はとくに忙しく、私の疲れはピークに達していた。40分の授乳のあと、もう一度娘を寝かしつけた。私もすぐに眠りに落ちた。しかし1時間も経《た》たないうちに、ふたたび空腹を訴える娘の泣き声で起こされた。ろくに目も開けられないまま、いまだに帝王切開の痛みが残る身体《からだ》を起こして授乳した。20分後、私はもう一度眠りについたが、1時間後、ふたたび同じことがくり返された。そのまた1時間後も、さらにそのまた1時間後も。

午前4時ごろ、目を覚ました私は驚いた。ベッドの真ん中に娘が寝ていたのだ。どうやら娘を隣に置いたまま眠ってしまったらしい。私が娘を抱き上げようとすると、夫が驚いたように声を上げた。私がベビーベッドに戻そうとしていたのは、彼の頭と腕だったのである。当の娘はベビーベッドですやすやと眠っている。これが、その後半年間、何百回にわたって見ることになる、私が娘を自分のベッドに置いたままにしたという幻覚のはじまりだった。

朝になると、私は泣きながら、これ以上は無理だと夫に訴えた。疲労が惨めな黒い雲となって私を包んでいた。体調が悪く、無性に悲しくなり、きちんと頭が働かない。すべては睡眠不足のせいだった。

子ども、夜の仕事、ストレス、不眠症などのせいで睡眠不足に陥ったことがある人なら、きっと共感してくれるだろう。十分に眠れれば、睡眠は快いものだが、そうでなければ、心身の健康に大いに悪影響を及ぼす。そして、これほど研究が行われているにもかかわらず、睡眠はいまだ複雑で謎のままだ。

たとえば私の睡眠パターンは、友人のエミリーのそれとどうしてこんなに違うのか。子どもたちが許してくれるなら、私は朝10時まで眠っていたい。だがエミリーがこの発言を聞いたら恐怖におののくだろう。彼女はヒバリのように元気よく、嬉々《きき》として6時に起床すると、私が目を覚ます何時間も前にパンを焼く。私は彼女よりやる気がないのだろうか？　夜明けの鳥のさえずりをもっと活用するべきだろうか？　それに、私の夫。彼はよく眠れなかったとしょっちゅう言うが、夫の穏やかないびきに眠りを妨げられる私には断言できる。絶対に、私より何時間も早く寝ている、と。

私たちは睡眠不足を不安に感じたり、逆に短時間しか寝ていないと自慢をしたりして、眠りというものに少しばかり固執する。だが、それも当然だろう。睡眠は食べ物や水と同じくらい、生きていくうえで欠かせないものなのだ。食生活と運動に加え、睡眠は健康の第3の柱である。

睡眠を奪われた実験用ラットは1カ月以内に死亡し、「致死性家族性不眠症」というめずらしい病気を受け継いだ人も、やがて同じ運命をたどる。**まったく睡眠が足りていないと、人は飢えるより早く死に至り、それより軽度の場合でも、認知的・身体的にゾンビのようになってしまう。体内の組織も脳のプロセスも例外なく、睡眠によって強化され、睡眠が足りないと損なわれる。睡眠不足は免疫系、食欲、肥満や糖尿病、うつ病をはじめとするメンタルヘルス、統合失調症、アルツハイマー病にも関連する。**

夜眠れない、幻覚を見る、健康に悪影響があるという人は、本章を読み、自分の睡眠を最大限に活用する方法、不眠症を防ぐ方法、実際に必要な睡眠時間、睡眠負債を解消する方法を見つけてほしい。

眠りを理解する

どんな動物も眠る。ペトリ皿で培養した脳細胞でさえ、自発的に睡眠に似たパターンに入る。平均的な人間は、およそ人生の３分の１を眠って過ごす。明らかに比重が大きい。しかし、何のために？

「睡眠の機能で知られているのは、眠気をとることだけだ」。ハーバード大学の睡眠研究者アラン・ホブソンはかつて、こんな冗談を述べている。もちろん、わかっていることはそれだけではない。睡眠が生物学的概念として注目されるようになったのは１９５０年代、眠っている被験者を見つめていた博士課程の学生ユージン・アセリンスキーが、その眼球の激しい動きに気づいたときだ。当時、睡眠は、受動的で無関心な無意識の状態だと考えられていたため、本来ならもっと小さな動きをするはずだった。この発見をきっかけに、睡眠科学の分野が始動した。睡眠が私たちの心身の健康に大きな影響を与えていることを考えると、この分野は驚くほど難しく、誤解の多い領域である。

アセリンスキーが観察したのは、いまではレム睡眠（急速眼球運動をともなう睡眠）と呼ばれるものだ。これは、私たちがもっとも感情的になり、鮮明な夢を見ている状態だ。

レム睡眠は、睡眠中に何度もくり返されるサイクルのひとつである。これ以外のものは、ノンレム睡眠としてひとまとめにされる。こちらは、夢が不鮮明で記憶に残らない、深い眠りの状態と考えられている。

ノンレム睡眠は、さまざまな段階に分けられる。第1段階は、うとうとした直後に起こり、これは数分しかつづかない。この間に誰かに揺り起こされたら、自分が寝ていたことにさえ気づかないだろう。だがこの間に、奇妙な幻覚や、大きな銃声や爆弾の音にびっくりして目を覚ます「頭内爆発音症候群」と呼ばれる症状が起こることがある。原因はまだ解明されていないものの、脳の一部は意識を保っているのに、別の一部が夢を見ているような状態になることに関係しているかもしれない。第2段階は、いたって平穏だ。脳波(複数の脳細胞が同時に発火することで生じる、調整された電気活動)が緩やかな波を描きはじめ、電気活動が生じたときだけ一瞬中断するが、夢は見ない。

そこから約25分後に「徐波睡眠」と呼ばれる第3段階に移行する。これは眠りがもっとも深く、身体の回復を促す段階だ。心拍が遅くなり、脳波はゆったりと規則的になる。この間、夢を見ることがあっても最小限で、この段階で目を覚ますと、意識がもうろうとした状態から抜け出すのに、長いと1時間ほどかかることもある。この段階は最長で40分つづき、その後第2段階に戻り、さらにレム睡眠へと戻っていく。

このあたりから夢が面白くなっていく。おそらくは夢を見ながら身体を動かさないよう、あなたの筋肉は麻痺《まひ》しているが、この段階で脳をスキャンすると、起きているときとほぼ変わらない活動が見られることがある。これは、脳が記憶や感情を処理する時間帯と考えられている。レム睡眠のあとは、ふたたび第1段階と第2段階がくり返されるが、だんだんレム睡眠が長くなり、最終的には2時間ほどレム睡眠状態になる。なぜこうしたサイクルが存在するのか、また、この間実際に脳で何が起こっているのかについては大いに議論の余地がある。睡眠は明らかに身体の回復をもたらすが、睡眠の役割を理解するには、睡眠不足に陥るとどうなるかを見るのがいちばんだ。

簡単に言えば、多くのことを引き起こす。これまで述べてきたように、**睡眠不足はがんやアルツハイマー病など、ほぼすべての病気のリスク要因となる。また、感染症との戦いに悪影響を及ぼし、意志力を低下させ、注意力や計画性を失わせる。**睡眠の重要性について反論する人がいたら、5時間未満の睡眠で運転すると、(多くの国で飲酒運転の基準値を超える)0・1%の血中アルコール濃度が検出された場合と同等の認知機能障害が生じることを伝えてほしい。それでも納得しない場合は、6日間連続で1日4時間しか眠らないような慢性的な睡眠不足に陥ると、血圧が上昇し、インスリン抵抗性が高まり、ウイルスに対抗する抗体の数が通常の半分になると伝えよう。

こうした事実にもかかわらず――いやむしろこうした事実があるからこそ――睡眠不足は大半の人にとって致命的にはならない。起きている時間が長いほど、脳内にアデノシンという化学物質が蓄積され、睡眠欲を高める信号を送る。16時間ほど経つと、その欲求に圧倒され、脳内のアデノシン受容体を遮断して覚醒状態を保つ大量のカフェインを摂取していなければ、すぐに眠りに落ちることになる。

しかし、なぜ私たちには眠りが必要なのか？　もちろん、修復や回復といったわかりやすいものから、記憶の処理を目的とする複雑なものまで、いくつか理由を挙げることはできる。だが、睡眠レベルがアルツハイマー病に与える影響を見れば、睡眠の主要な機能の一部がわかるだろう。ノンレム睡眠は加齢とともに減少するが、とりわけアルツハイマー病を発症すると混乱をきたす。アルツハイマー病は、β《ベータ》アミロイドと呼ばれるタンパク質が蓄積し、脳内に粘着性のある塊状のプラークを形成することとかかわりがある。このプラークが具体的にすること、そしてアルツハイマー病との正確な関連性についてはまだ議論がつづいているものの（第9章の脳の衰えを防ぐ方法で、驚くべき新説を紹介する）、プラークの存在は脳細胞の正常な働きを妨げ、最終的に脳細胞を殺してしまうと考えられている。このプラークは、とくに前頭葉の中央部、深い眠りを生むのに重要な領域に多く見受けられる。

郵 便 は が き

料金受取人払郵便

新宿北局承認

9083

差出有効期間
2024年5月
31日まで
切手を貼らずに
お出しください。

169-8790

154

東京都新宿区
高田馬場2-16-11
高田馬場216ビル5F

サンマーク出版愛読者係行

ご住所	〒 都道府県		
フリガナ		☎ ( )	
お名前			
電子メールアドレス			

ご記入されたご住所、お名前、メールアドレスなどは企画の参考、企画用アンケートの依頼、および商品情報の案内の目的にのみ使用するもので、他の目的では使用いたしません。
尚、下記をご希望の方には無料で郵送いたしますので、□欄に✓印を記入し投函して下さい。
□サンマーク出版発行図書目録

1 お買い求めいただいた本の名。

2 本書をお読みになった感想。

3 お買い求めになった書店名。

市・区・郡　　　　町・村　　　　書店

4 本書をお買い求めになった動機は?

・書店で見て　　　・人にすすめられて
・新聞広告を見て(朝日・読売・毎日・日経・その他=　　　)
・雑誌広告を見て(掲載誌=　　　)
・その他(　　　)

ご購読ありがとうございます。今後の出版物の参考とさせていただきますので、上記のアンケートにお答えください。**抽選で毎月10名の方に図書カード(1000円分)をお送りします。**なお、ご記入いただいた個人情報以外のデータは編集資料の他、広告に使用させていただく場合がございます。

5 下記、ご記入お願いします。

ご職業	1 会社員(業種　　　)	2 自営業(業種　　　)
	3 公務員(職種　　　)	4 学生(中・高・高専・大・専門・院)
	5 主婦	6 その他(　　　)

性別	男・女	年齢	歳

しかし、これには双方向の働きがある。眠りにつくと、脳のグリンパティック系——1日のあいだに蓄積された、脳の活動による有害な産物を処理するシステム——が活発になる。無意識下では、意識があるときと比べて20倍以上の不要物が処理されるが、処理される物質のなかにはアミロイドタンパク質も含まれている。そして、ここでも悪循環が生じる。睡眠が不足すると脳にアミロイドが蓄積し、それが、アミロイドを除去するために必要な深い眠りを妨げるのだ。アミロイドが増えると、深い眠りはますます減っていく。

睡眠不足は、長期的にアルツハイマー病のリスクを高める。ただし朗報として、睡眠の問題が解消されれば、認知機能の低下を遅らせ、アルツハイマー病の発症を最大10年先延ばしできるという臨床試験結果がある。

それにしても、レム睡眠とはいったい何なのか？　ノンレム睡眠中に修復された脳機能を試すために脳を起動させているのではないか、という研究者もいれば、レム睡眠が果たす記憶や感情処理の役割に着目する研究者もいる。わかっているのは、それが偶然の産物ではないということだ。レム睡眠を奪われたマウスは、前日に学んだ課題の記憶を定着させることができないようだった。

レム睡眠は創造性にも関与しているらしい（これについては第11章で詳しく説明する）。被験者を静かに休ませ、あるいはノンレム睡眠、またはレム睡眠の昼寝をしてもらい、そのあとで創造性を測定すると、レム睡眠の昼寝をしたグループは、ほかのグループに比べて創造性のテストで大きな改善を示したのだ。この現象の裏にある正確なメカニズムは明らかになっていないものの、レム睡眠に入ると、脳が奇妙かつ素晴らしい夢のなかで、つぎつぎと奇抜な連想（創造性の柱となる奇抜な連想）を生み出す状態になると考えれば納得がいく。

夢を見ること自体、脳が決断や記憶に対する自分の情動反応を観察し、有用なものとそうでないものを判断するのに役立っているのかもしれない。複数の研究によると、ひと晩寝てからのほうが、たしかに決断は下しやすくなるという。レム睡眠が、その日の未消化の心理的課題をすべて処理している、とまで言う研究者もいる。彼らはそれを、不安を引き起こす可能性のある記憶やトラウマから感情を取りのぞく「夜間セラピー（overnight therapy）」のようなものだと考えている。これを裏づけるように、いくつかの小規模な研究では、よく眠り、よく夢を見る人は、精神的な苦痛からの回復が早いことが示されている。

ここまで読んで、心身の健康のために睡眠を優先したほうがいいということはおわかりいただけただろうか。では、睡眠時間はどの程度必要で、眠りの質を改善するにはどうすればいいだろう？

必要な睡眠時間を知る

２０１５年、フロリダ州マイアミ在住の心理学者アビー・ロスと話をした。すでに一線を退いた彼女は、昔から１日４時間しか眠らないことで有名だった。それはまるで、ふたつの人生を生きているようだったと彼女は言う。世間が眠りについているあいだに、彼女はみんなの半分の時間で大学を卒業し、静けさのなかで仕事を進め、余った時間を運動に回した結果、37のマラソンといくつかのウルトラマラソンを完走した。

この話を信じるなら、イギリスの首相、マーガレット・サッチャーもまた、わずかな睡眠時間しかとらなかったという。これらの数字を合計すると「ショートスリーパー」は、年に60日間も多く自分の時間をもてることになる。にわかには信じられないかもしれない。それに、実際ショートスリーパーは少数派で、この睡眠時間で物事を処理できる人は３％にも満たない。

残りの人々は、８時間が眠りにとって魔法の数字だと知っている。だが、本当だろうか？　この数字のエビデンスを知っている人はいるのだろうか。アンケートによると、大人の睡眠時間は７～９時間が多く、８時間が目安になっているのはこのためかもしれない。

10代の若者の睡眠時間は8〜10時間で、子どもの場合はもっと長い。赤ん坊に関しては1日に17時間眠ることもある。

実際のところ、8時間ルールは、これまでの進化において何のエビデンスもない。電気の通っていない地に住む民族の場合は、6〜7時間睡眠が多いが、それでも健康に影響はない。とはいえ、世界の残りの地域では、7時間が健全な睡眠の最低ラインのようだ。**定期的に睡眠時間が減ると、肥満、心疾患、うつ病、早期死亡のリスクが高まるというアメリカのある分析結果があり、すべての成人は最低7時間の睡眠を確保するよう推奨されている。**

この基準では、多くの人が睡眠不足の状態で動き回っていることになる。アメリカ疾病予防管理センター（CDC）の推計によると、アメリカの成人の35%が7時間の睡眠をとれておらず、イギリスの調査では、平均睡眠時間は6・8時間だった。

週末や休日、あるいは子どもの世話から解放された日に長く眠るので、普段はそれほどたくさん寝なくてもいいと思っているかもしれない。あなたは「失われた」睡眠を取り戻しているつもりでも、必ずしもそうとはかぎらない。そこで、好きなものを好きなだけ食べる幸せを、睡眠にも当てはめてはどうだろう。可能なかぎり、睡眠をむさぼるのだ。ベッドから出る努力をする代わりに、もう一度眠りに戻れたらどれほど幸せだろう。1時間も2時間もそうしろというわけではない。

私たちが必要としている睡眠時間は、ほぼ確実に遺伝子に左右される。５万人以上を対象にした最近の研究で、１コピーにつき3・1分の追加睡眠を必要とする遺伝子変異が見つかった。連携して働く多くの遺伝子が、あなたの眠りへの欲求に及ぼす影響を想像してほしい。同様に、ほとんど睡眠を必要としない人は、ＤＥＣ２と呼ばれる遺伝子に変異があることが多い。この突然変異を発現させたマウスを飼育したところ、短い睡眠時間で、心身ともに通常のマウスと同じ活動をしてみせた。この遺伝子の働きや再現方法は、残念ながらまだわかっていない。

こうした遺伝子の違いを考慮して、アメリカ国立睡眠財団（ＮＳＦ）はガイドラインを更新、成人の推奨範囲を7～9時間と定め、さらに1時間の幅をもたせることにした。

では、どのくらい眠ればいいのだろう？　一般的には、朝起きる際に、目覚ましを必要としない程度だとされる。これは、最近になって私自身、気づいたことである。娘が7時半までに必ず起きることから、私は目覚ましをかけるのをやめたのだが、それでもほぼ毎朝7時に目が覚めるのだ。

個人的には、大学時代のように10時間眠りたいところだが、ここで注意が必要だ。**過ぎたるは及ばざるがごとしといって、健康にとって最適な睡眠時間というものがあるらしい。**

睡眠不足で体調を崩す一方、毎日8時間以上眠っても、早期死亡のリスクが高まる可能性があるという。この理由も謎のままだが、眠っているときはあまり動かない、というシンプルな事実に行き着くのかもしれない。第6章で見たように、運動不足は不健康への近道だ。日中活発に動いている人には関係ないかもしれないが、睡眠時間が長い人は、単純に運動に費やす時間が少ない可能性がある。

眠りにつくまでの時間を調べることもできる。平均するとだいたい10～15分。それより短ければ、睡眠不足の可能性がある。もちろん、思っているほどあなたには睡眠が必要なわけではないのかもしれない。私たちの多くは、習慣として、あるいは退屈しのぎに長時間眠る。一度、睡眠時間を減らして、自分の気分を確認してみるのもいいだろう。

眠りの質を改善する

お風呂、それにわが家で「眠りのお茶」と呼ばれるものほど、眠りを誘うものはない。お茶の原材料はセイヨウカノコソウというハーブの根で、安眠効果があると言われている。残念ながら、このハーブを睡眠補助剤として調査したシステマティック・レビューでは、安全ではあるが、睡眠に関してプラシーボ以上の効果は認められないと結論づけられている。私の場合、お茶がもたらす眠気は生理的なものより心理的な部分が大きいが、寝つきをよくするには、もっと科学的な方法がある。

まず、当たり前のことかもしれないが、**快適な環境——マットレスがきれいかどうかだけでなく、心理的に安全で、居心地がいい場所——で眠ること。**たとえば旅行の初日など、新しい環境に身を置くと、よく眠れないことはないだろうか。慣れない場所で寝ている人の脳をスキャンしたところ、脳の片側が活発に働き、場所に慣れるにしたがい、活動が収まっていくことがわかった。おそらくこれは進化的適応で、ある種の夜警、つまり新たな環境が安全かどうかを脳が警戒しているせいかもしれない。

つぎは、涼しい環境をつくること。私と夫のように、日中、エアコンの温度をめぐってバトルをくり広げている人もいるかもしれない。しかし、**夜間の環境に関しては、18・5度あたりが大半の人にとって快適に眠りにつける適温である。**これは、人がもっとも活動しやすい室温よりも低く、身体の中心温度を約１・２度下げる。眠りにつくには、体温を下げる必要があるのだ。直感に反するかもしれないが、就寝前のお風呂が効果的なのはこのためだろう。眠りにつくには、身体の周縁部ではなく、中心部の温度を下げる必要があるが、お風呂で肌を温め、眠るためにつくられた「パジャマ」を着ることで、身体の熱が放出される。睡眠障害のある人がこの方法で肌を温めると、夜中に目覚める回数が減り、疲れを癒す深い眠りを得ることができる。

そのつぎは、薄暗くすること。あなたも布団に入ると、すぐに携帯電話を手にするクチかもしれないが、携帯電話は最悪の相棒だ。タブレット、携帯電話、ノートパソコンは、短波長のブルーライトを大量に発生し、睡眠ホルモンであるメラトニンの生成を妨げる。通常、メラトニンは夕方から深夜にかけて生成されるが、ある研究によると、就寝前に2時間スクリーンを見ると、メラトニン濃度が22％低下するという。

就寝前のスクリーン使用は、睡眠サイクル全体を狂わせる可能性がある。私たちの身体はサーカディアンリズムと呼ばれる体内時計のリズムに合わせて動いている。サーカディアンリズムは、心身の変化のサイクルを制御し、特定の時間帯に遭遇する可能性のあるタスクに、脳と肉体を備えさせていると考えられている。睡眠と覚醒のサイクルもそうしたリズムのひとつだ。**寝る前にブルーライトを大量に浴びると、リズムが乱れ、寝つきが悪くなる。眠りについたあとも、通常の睡眠サイクルが短縮される。レム睡眠は夜が深まるにつれて増えていくため、睡眠時間が短くなると、レム睡眠から得られる効果も薄れてしまう可能性がある。**

寝る前のテレビは気にしなくていい――テレビを観《み》るときは十分離れて座っているので問題を軽減できる。また、デジタル機器を2時間以上使っていなければ、それほどダメージは大きくない。その程度のブルーライトでは、メラトニンの生成を大幅に減らすことはできないらしい。ブルーライトの量を減らしたければ、ブルーライトをカットするアプリを使うか、睡眠を妨害しない薄暗い赤い光に切り替えてみるといい。

暗い環境を保つのはいい考えだ。光害の多い都市に住む人々は、自然の豊かな環境に住む人々に比べて、就寝時間も起床時間も遅くなりがちだ。そのうえ朝の目覚めも悪く、睡眠の質にも満足していない。これは、夜間の騒音で起きてしまうことが多かったり、あるいは仕事のストレスなど、まったく別の問題で眠れなかったりする可能性もあるが、さまざまな研究から考えると、光は間違いなく関係している。遮光カーテンやアイマスクを用意して、安眠を手に入れよう。

不眠症を治すためになにをするにしても、アルコールだけは控えること。就寝前にお酒をちょっと飲みたくなるかもしれないし、たしかにアルコールは一種の鎮静剤だ。しかし鎮静は睡眠ではない。就寝前にお酒を飲むと、深いノンレム睡眠が妨げられ、夜半に目覚めやすくなる。

「眠りのお茶」やアルコールがダメでも、安眠に適した飲み物はほかにもある。サワーチェリーにはメラトニンが豊富に含まれており、ある研究によると、1日2回、1週間にわたってこのジュースを飲用した成人は、睡眠時間が平均34分延び、日中に昼寝をする回数が減ったという。NSFによると、ほかにも同様の働きをする食品があるらしく、アーモンド、ウォールナッツ、パイナップルなどがこれにあたるという。

また、ナッツやチーズなど、アミノ酸のひとつ、トリプトファンを多く含む食品を摂取してもいい。トリプトファンは、幸福物質であるセロトニンの生成を助けるし、セロトニンはメラトニンをつくるのに必要な材料だ。セロトニン濃度の低さは不眠症の原因のひとつと考えられているが、複数の研究結果によると、トリプトファンを多く含む食品を摂取すると眠気が増すという。

ハーブ系の睡眠薬、ジンジャーティー、ラベンダーやホップのようなエッセンシャルオイルなど、眠りを助けるとされるものは多い。しかしセイヨウカノコソウ同様、エビデンスはまちまちで、研究時のようなコントロールが利かないことも多いため、これらの価値に具体的なアドバイスをするのは難しい。

睡眠の質を改善するためのもっとも効果的な方法のひとつは、起床時間を一定にすることだ。脳は、実際に目覚める90分ほど前から起床の準備をしているので、起床時間をころころ変えると、睡眠時間を効率的に活用するのが困難になる。スヌーズボタンを何度も押す行為も同様で、うまく調整された睡眠の仕組みを壊してしまう可能性がある。

最後にひとつ。自分の睡眠時間が少ないことを自慢してくるような手合いは無視してほしい。先ほども述べたが、科学者いわく、必要な睡眠時間は靴のサイズ同様、遺伝的に決まっている。6時間必要な人もいれば、10時間必要な人もいるのだ。私たちは、自分の実際の睡眠時間を把握するのが苦手で、しばしば過小評価してしまう。眠れないことにストレスを感じ、何時間眠らなければという非現実的な思いを抱いても、いいことはひとつもない。自分の理想の睡眠時間を知り、それに合わせて生活を送ることこそ、完璧な睡眠を得るための最良の薬になるだろう。

効果的に仮眠をとる

普段どんなによく眠っていても、疲れのせいで仮眠をとりたくなることがある。これは恥ずかしいことではない。**かつては怠惰のしるしのように思われていたが、いまでは、仮眠がパフォーマンスを向上させる優れた手段であることがわかっている。**

とはいえ、すべての仮眠が同じというわけではない。わずか10分程度の「ナノナップ」は、即応力、集中力、注意力を向上させ、その効果は4時間も持続する。20分の仮眠は、記憶力と想起力をアップさせる。どちらも睡眠の深い段階には入らないので、深い眠りから目覚めたときの気だるさは感じない。逆に言えば、深い眠りがもたらす脳の修復効果も得られない。しかし、浅い眠りは、私たちが思っていたより重要であることが判明した。その秘密は「睡眠紡錘波《ぼうすい》」と呼ばれる、浅い眠りの最中に発生する小さな電気活動のバーストにあり、これが学習や記憶に関係しているらしいのだ。

少し長めの仮眠は、平常心を向上させてくれる可能性がある。感情的になっている場合は、45分以上の仮眠をとるといいだろう。これだけ眠れば、レム睡眠の段階に入るはずだ。レム睡眠を経た仮眠後の脳スキャンでは、さまざまな画像や楽しい経験に対してよりポジティブな反応が示された。学習の効率を大幅に改善したければ、1時間〜1時間半程度の仮眠をとるといい。研究によると、脳の海馬にある短期貯蔵の記憶を前頭前野に移動することで、学習を助けるという。これは、パソコンのデータをUSBメモリーに移してパソコンの空き容量を増やすのに少し似ている。長い仮眠は、実際の情報を保持するのに役立つだけでなく、運動記憶を向上させ、スポーツや楽器の新たなスキルを習得するのにも役に立つ。

気をつけたいのは、仮眠の時間帯によって睡眠の種類が変わってくる可能性があるという点だ。ここまで見てきたように、夜が更けるにつれてレム睡眠は増えていく。朝の仮眠は、脳がまだレム睡眠を好むため、この睡眠を含む可能性が高い。午後になると、レム睡眠は減っていく。そのため、午前中の仮眠は平穏な夢をともなう眠りであることが多く、午後の仮眠は回復力や記憶力を高める深い眠りであることが多い。ただし、仮眠の研究はあまり進んでおらず、この方法で実際に仮眠をうまく利用できるかどうかは証明されていない。それに、私たちがもっとも仮眠をとりたくなる時間帯は、昼食後が圧倒的に多い。

これは食べたもののせいではなく、サーカディアンリズムのせいだ。この時間帯になると、即応力が低下するようあらかじめプログラムされているのだ。シエスタの習慣がいまだに残るヨーロッパ文化は、理にかなっているのかもしれない。たとえば、昼食後に仮眠をとらなかったギリシャ人男性のグループは、循環器疾患が悪化し、がんの発症率も上昇した。これは、血圧と心拍数を下げ、目覚めたときに循環器系をいい状態にしてくれる深い眠りが失われたためと考えられる。

最後に、仮眠を短くしたい場合は、直前にコーヒーを1杯飲むといい。20分後くらいに効果が現れ、眠気を吹き飛ばして、すぐにでも活動開始できるだろう。

睡眠中に学ぶ

睡眠学習という考えは、かつてはディストピアSF小説のネタだった。オルダス・ハクスリーの『すばらしい新世界』や、アンソニー・バージェスの『時計じかけのオレンジ』

では、政府が睡眠学習を利用して主人公を洗脳する。一時期、昼寝をしながら外国語を学べると謳《うた》った、数多くの自己学習が主流となった。1950年代に行われた実験では、はじめのうちは有望な結果が得られたものの、やがて、被験者が録音を聞きながら寝たふりをしているのではないかという疑念がもちあがった。そこで、被験者が本当に眠っているかどうかを確かめるために脳波を測ってみると、案の定、有望な結果は霧散した。本当に眠っていた被験者は、何も学んでいないように見えたのだった[1]。

これで終わりだと思ったとしても仕方ない。しかし今日、半世紀以上も不名誉をこうむってきた睡眠学習が、復活の兆しを見せている。睡眠中の脳が（適切な状況下では）新たな情報を吸収することが、独創的な実験によって明らかになったのだ。

まず、睡眠時に脳の活動が完全に停止していないことはわかっている。ここまであまり言及してこなかったが、**睡眠中の脳には、重要な情報を保持するためにその日の出来事を反芻《はんすう》し、記憶を確認して保存するという側面があるという。**睡眠中に記憶の統合が行われているという事実から、このプロセスを制御できないものかと考えた人たちがいた。これを実験するため、18人の被験者に、眠る直前に記憶力ゲームをしてもらった。各自、バラの匂いをかぎながら、パソコン画面上の15組のカードの位置を覚えていく。研究者たちは、寝ているあいだに同じ匂いをかがせると、学習した内容に関連する記憶が呼び起こされるのではないかと仮定したのだ。思ったとおり、睡眠中に匂いをかいだ人は、かがなかった人に比べて、より多くのカードのペアを思い出せた。別の研究では、被験者に「ギターヒーロー」のような音楽ゲームで簡単な曲を練習してもらい、寝ているあいだも小さなボリュームでその曲を聴かせると、目を覚ましたときに演奏が上達していたという。

2011年、科学者は別の発見をした。翌朝にテストがあると信じて寝る前にペアの単語を覚えた被験者は、テストの予定を知らされずにただ単語を覚えた人や、テストがあるのは知っていたが眠らなかった人よりも好成績を収めた。これは、記憶したものが将来重要な意味をもつという期待感ひとつで、睡眠中の脳を奮い立たせ、記憶を再生し強化することを示唆している。

やがて研究者は、それなら逆に、睡眠中に記憶を消すことはできないだろうかと考えた。すると実際、睡眠中に――女性は科学が苦手といった――根深い偏見を解消することができることが示された。

一方、アメリカのノースウェスタン大学の研究者は、被験者が眠っているあいだに嫌な記憶を消すことに成功した。実験にあたり、被験者にさまざまな顔写真を見せながら、軽い電気ショックを与え、ミント、レモン、松などの匂いをかがせた。そしていくつかの顔と痛みを結びつけられるようになったら被験者に眠ってもらい、そのあいだに（電気ショックは与えず）匂いだけをかがせた。皮膚の微細な汗を測定したところ、最初、これらの匂いは不安を掻《か》き立てたものの、やがて恐怖は薄れていった。目覚めたときには、顔写真に対する不安は減少していた。同じ手順を踏んだが睡眠をとらなかった被験者は、この恐怖を抱えたままだった。

特定の記憶の保持力を調整することが可能だとわかったことで、「脳は睡眠中に新たな情報を学べない」という主張に疑問が生じはじめた。1950年代の科学者たちは、いいところに気づいていたのかもしれない。

最近発表されたふたつの研究は、さらに説得力を増している。ひとつ目の実験では、音と匂いを結びつけるという、シンプルなつながりを教えようと試みた。人間は無意識のうちにいい香りを深く吸いこみ、不快なにおいを浅く吸う。睡眠中の被験者に、いい香り（消臭剤やシャンプー）をともなう音声と、不快なにおい（腐った魚や肉）をともなう音声を聞かせた。被験者は音も香りも意識していなかったが、目覚めたとき、いい香りをともなった音声を聞くと深く息を吸いこみ、不快なにおいをともなった音声を聞くと浅く吸いこんだ。ちなみに、その場にはいずれの匂いも漂っていなかった。この結果、人は睡眠中に関連性を学習し、目覚めてからもその関連性を取り戻すことができると示唆された。

もうひとつの実験では、この発見の有用性を示すために、66人の喫煙者に睡眠ラボでひと晩過ごしてもらい、睡眠中に腐った魚、もしくは腐った卵のにおいとタバコのにおいをペアにしてかがせた。驚いたことに、実験の翌週には、実験前の週に比べて30％も喫煙量が減少した[2]。同じ手順を起きているときに試しても、行動に変化は見られなかった。これは、具体的にはわからないものの、睡眠中の脳の記憶処理に、関連づけられた学習を高める特別な何かがあることを示唆している。

わかっているのは、この学習がレム睡眠中にはほとんど行われず、大半がノンレム睡眠中に行われるということだ。可能性のひとつとして、脳細胞のゆっくりとした振動が記憶を固めていることが考えられる。また、これは防衛機制の一種で、だからこそ鮮明な夢を見ているあいだは記憶が形成されないのかもしれない。

単純な関連づけ以上の学習が可能かどうかはまだ解明されていないが、聴覚情報を処理する脳の領域は、睡眠中に活動し、意味のある情報に対して優先的に反応することはわかっている。たとえば、他人の名前を耳にしたり、意味のない叫び声を聞いたりするよりも、自分の名前や「火事だ！」という叫び声を聞いたほうが目を覚ましやすい。

最後に、興味深い実験を紹介する。脳波をスキャンする機械に被験者をつなぎ、口頭で伝えられた単語が動物か物体かをボタンを押して分類するよう、彼らに依頼した。実験開始後、被験者は暗い部屋で身体を横たえ、言葉の分類をつづけながら眠りについた。そのうちボタンを押す手は止まったが、脳は分類をやめなかった。ボタンを押す行為に関連した脳半球が、聞き取った単語に反応して正しく点灯をつづけたのだ。無意識の脳は、起きているときよりもずっとゆっくりではあるものの、意味のある情報を吸収し、処理しつづけているのである。

これは睡眠中に、私たちが音響情報から意味を抽出し、反応や意思決定の準備をしていることを示す。つまり、**脳に情報を伝えることができれば、睡眠中の脳は、その情報を学ぶ態勢が整っているかもしれないということだ。**この分野の研究はまだ初期段階にあり、慎重に進める必要がある。承知のとおり、良質な睡眠は、オプションではなく絶対に必要なもので、だからこそ、そこには取引が生じるのかもしれない。脳が休息すべきときに、学習を誘発しようとすれば、睡眠から得られる恩恵は間違いなく減るだろう。

それでも、この分野の研究からは目が離せない。そう遠くない未来、私たちは睡眠を利用して根深い偏見を解いたり、悪習慣を変えたり、特定の食品や経験から前向きな連想をしたりすることができるようになるかもしれないし、いつの日か、眠りながら新しい言語を学べるようにさえなるかもしれない。しかしとりあえずは、何かに邪魔されることなく、ぐっすり眠ることに集中したほうがいいだろう。

いい睡眠をとるためのヒント

- 脳がもっともリフレッシュした状態で準備をはじめられるよう、毎朝同じ時間に起床する。
- 寝る前にタブレット、携帯電話、ノートパソコンを長時間見ないようにする。ブルーライトを浴びると、重要な睡眠ホルモンであるメラトニンの濃度が低下する。
- 不眠症で悩んでいるなら、サワーチェリージュースを１日２回飲む。メラトニンが豊富なので眠るのを助けてくれる。
- 自分と他人を比べてはいけない。必要な睡眠時間には個人差がある。これは怠惰とは関係なく、遺伝によるものだ。
- 10分間の短いナノナップで、４時間ものあいだ、即応力、集中力、注意力を高めることができる。

第8章 習慣をつくり、悪習を断ち切るためには

私は爪を噛《か》む。世界でいちばんの悪癖ではないが、一度でいいから、短くなったギザギザの爪先を残念に思うことなく、マニキュアを塗ってみたい。この癖がはじまったのは、おそらく小学生の終わりごろ。それまでは親指を吸うのに忙しくて、手のほかの部分にはあまり関心がなかったのだと思う。

親指をしゃぶるのが恥ずかしくなってやめたときのように、もちろんこの癖も直そうとした。が、こちらはもっと厄介だった。親指のときは、親指をしゃぶるには年齢的に大きくなりすぎたと悟った瞬間にきっぱりやめられた。モチベーションも大きかった。私はすでに、大きな眼鏡をかけていることや、少々ガリ勉タイプだったことをからかわれていて、これ以上、いじめっ子たちを調子に乗らせてはいけないと思ったのだ。

しかし、爪を噛む癖に関しては、そうしたモチベーションはなかった。自分の結婚式など、大きなイベントの前に、1カ月間噛まずに過ごしたことはある。けれど、そうした精

神的ご褒美でもなければ、また噛んでしまうのだった。爪を噛まないようにするために、実際的な手段はある。嫌な味のするマニキュアを塗ったりつけ爪を装着したりすれば、やめられるだろう。が、ちょっと面倒くさい。正直なところ、これまでとくにこの問題を解決しようとは思わなかった。

最近、自分の悪癖や、特定の行動パターンについて考えている。というのも、私の悪癖は爪を噛むことだけではないからだ。週1回のヨガ教室をさぼったり、深夜までネットフリックスを観《み》てしまったりもする。そしてこの3分間で、6回は携帯電話に手を伸ばしている。とくに意味もなく。最近では、1日おきに自分の菜園へ行くというい い習慣も身につけた。週に一度の運動以外に身体《からだ》を動かすいい機会になるだけでなく、この習慣によって私は、光と緑を充電し、家族にたくさんの野菜や花を持ち帰ることができる。

習慣の問題は、いいものであれ悪いものであれ、しばしば無意識のまま行われているという点だ。出勤する、携帯電話をチェックする、朝食を摂《と》る。こうした日常的な行動の多くは——実際には約40%が——習慣化されている。自分たちの生活に明らかにいい影響、または悪い影響を与えているとわかったときにはじめて、私たちは習慣を意識しはじめる。自分ではどうすることもできなくなり、有害なものになってしまうと、習慣は中毒と呼ばれるようになる。

私自身の習慣について考えたとき、いい習慣を増やし、悪い習慣を減らす方法を知りたいと思った。自己啓発の世界では、あなたの習慣（とくに喫煙、過食、運動）をコントロールする手助けをしてくれる、ブログや書籍や講座が大いににぎわいを見せている。しかし、何度も言われてきたアドバイスの多くは、時代遅れの証拠や事例証拠［訳注：逸話や風聞などの形態をとる形式的でない証拠］に基づいている。昔からよく試されている禁煙法ひとつとっても、最近のきちんと管理された実験では、結果はまちまちだ。また、真実として再三吹聴されてきた「事実」もある。新しい習慣を身につけたり、古い習慣を捨てたりするには21日かかる、というのもそのひとつだ。この説に関するエビデンスは不明だし、きちんと調べれば、これがまったくのナンセンスであることは明白だ（習慣を変えるのに実際どのくらいかかるかは、後述する）。

いい知らせは、この10年で、習慣が形成される際に脳で何が起こっているか、神経科学者たちがその多くを解明したことだ。**習慣は私たちの日常を支配しているかもしれないが、それが脳内でどのように定着し、取りのぞくにはどうすればいいのかを理解すれば、維持したい行動を永続的な習慣に変え、害になる行動を永久に手放すことができる。**正しい質問を自分に投げかけ、意志力を高める方法を知り、いくつかの小さな変化を起こせば、必ずや習慣をつくり、あるいは打ち破ることができるだろう。私の爪を嚙む癖はまだ直っていないけれど……。

惰性を理解する

脳の奥深くに線条体という領域がある。線条体は自発的な運動に深くかかわっているほか、特定の行動に対する報酬にともなう感覚を生み出すのに、とりわけ重要な役割を担っている。また、行動と、それを実行することで得られる喜びを統合し、ただ面白いことを楽しむ状況から、強制的にそれを求める状態へと移行する神経回路の強化にも関与している。ここは脳の習慣形成センターで、ある種の自動操縦装置である。

詳しく調べると、（爪を噛む、ブラインドタッチを練習する、テニスのサーブを覚えるなど）何らかの行動を最初に起こす際には、複雑なタスクの計画や、意思決定を意識的に行う前頭前野と、動作に必要な信号を送る線条体とのあいだでコミュニケーションが図られていることがわかる。だが時間が経《た》つにつれ、前頭前野にある回路からの入力は減り、線条体と脳の運動領域だけをつなぐループに代わる。このループと記憶回路によって、意識しなくても行動できるようになる。練習で完璧になるのはこのためだ。思考は必要なくなるのだ。

習慣化することの利点は、頻繁に行うタスクに意識を集中する必要がなくなり、貴重な処理能力をほかのことに使えるようになる点だ。欠点は、行動が習慣になると、柔軟性が失われ、中断するのが難しくなることで、習慣を断ち切るには、意識的に介入する必要が生じる。いい習慣なら問題ない。ブラインドタッチ、テニスの動き、車の運転を簡単に忘れたら困るだろう。だが悪い習慣が脳に定着した場合も、やはり取りのぞくのは難しい。「それをしない」という選択をする瞬間を失ってしまうのだ。

報酬系を活性化するドーパミンなどの快楽物質が脳に押し寄せることから、習慣はときに依存症へと姿を変えることがある。報酬系は、その習慣を欲し、実行する神経回路を強化する。そして、学習や記憶にかかわるグルタミン酸と呼ばれる化学物質の分泌を促し、きっかけをつくり、行動に報酬を与える（線条体などの）脳の異なる部分同士の経路を強化する。こうなると、たとえそれが悪いことでも、気分がよくなることをやりたいという気持ちが強くなる。

しかし、すべてが失われたわけではない。たしかに習慣は脳の構造に強く刻まれているが、まだ固定しきってはいない。すっかり定着した習慣を実行しているときでさえ、前頭前野の小さな領域は、万が一別の行動を取らなければならない状況に備えて成り行きを見守っている。普段、車のブレーキはあまり意識していないかもしれないが、ブレーキが利かなくなったら、車を運転するという物理的な行為にすぐさま意識が向くだろう。歯磨き中に歯茎に痛みが走ったら、手を止めて別の行動を取るだろう。**どんなに習慣化されていても、脳は柔軟性を維持しているため――やり方さえ知っていれば――書き換えることができるのだ。**

では、どうやって？　習慣を変えるためのつぎなるステップは、「習慣は単独で形成されるわけではない」と認識することだ。**習慣は、それを実行しやすい環境に関する記憶や情報をともなって、脳内に構築される。つまり、習慣にはきっかけがあるということだ。**

ポップコーンを食べるときのことを考えてほしい。映画を観るとき以外に、どうしても食べたいと思うことはあるだろうか？　実験で１週間前のポップコーンを差し出したところ、（味はおいしくないと認めながらも）被験者は会議室より、映画館にいるときのほうがたくさん食べた。この論理はどの習慣にも当てはまる。お酒を飲みながらタバコを吸う人は、パブやバーを目にしただけでタバコが吸いたくなる。

脳は――とくにそれが気分を異常によくしたり、悪くしたりする場合――環境のなかにあるさまざまな手がかりをいともたやすく関連づける。進化の結果、私たちには危機的状況で冒険をしない脳が与えられた。たとえば、私は以前、マシュマロをまるまるひと袋食べた数時間後に急性虫垂炎になったことがあり、以来マシュマロが苦手だ。マシュマロと盲腸は何の関係もないが、脳はこのふたつを強く関連づけているようで、なかなかそれを断ち切れない。脳にとっては、同じことがくり返されるリスクを負うより、マシュマロを避けたほうが安全なのだ。

脳内ではこうした関連づけが常に行われており、これが学習や記憶の基礎となっている。タバコを吸いながらビールを飲むと、タバコから得られる報酬に関連するニューロン（後述）と、ビールという概念、味、匂いに関連するニューロンが同時に脳内で電気パルスを発火させる。昔から「同時に発火したニューロンは、互いにつながる（neurons that fire together, wire together）」と言われているが、ふた組のニューロンがこのようにしてつながると、一方の活性化が他方の発火を促すようになる。このため、パブを見かけたり、ビールを飲んだりすると、もれなくタバコのことを考えてしまうのだ。

つまり、習慣を断ち切ろうと思ったら、その習慣に関連するきっかけも考慮したほうがいい。多くの研究がこれを裏づけており、欲求の引き金となりそうな状況や環境をきちんと理解している人ほど、成功する確率は高くなる(1)。

習慣と環境のつながりについては、つぎのことも考慮する必要がある――習慣を壊すにしてもつくるにしても、タイミングの良し悪《あ》しがあるので、実行するときは時期をよく考えること。人は、新しい仕事に就いたり、大学を変えたりして周囲の環境が乱れると、習

現象が一変する「量子力学的」パラレルワールドの法則

村松大輔 著

「周波数帯」が変われば、現れる「人・物・事」が変わる。これまでSFだけの話だと思われていた並行世界(パラレルワールド)は実は「すぐそこ」にあり、いつでも繋がれる！理論と実践法を説くこれまでにない一冊！

定価＝1540円(10%税込) 978-4-7631-4007-4

生き方

稲盛和夫 著

大きな夢をかなえ、たしかな人生を歩むために一番大切なのは、人間として正しい生き方をすること。二つの世界的大企業・京セラとKDDIを創業した当代随一の経営者がすべての人に贈る、渾身の人生哲学！

定価＝1870円(10%税込) 978-4-7631-9543-2

100年足腰

巽 一郎 著

世界が注目するひざのスーパードクターが1万人の足腰を見てわかった死ぬまで歩けるからだの使い方。手術しかないとあきらめた患者の多くを切らずに治した！
テレビ、YouTubeでも話題！10万部突破！

定価＝1430円(10%税込) 978-4-7631-3796-8

子ストアほかで購読できます。

よけいなひと言を好かれるセリフに変える言いかえ図鑑

大野萌子 著

2万人にコミュニケーション指導をしたカウンセラーが教える「言い方」で損をしないための本。人間関係がぐんとスムーズになる「言葉のかけ方」を徹底解説!

(定価= 1540 円(10%税込) 978-4-7631-3801-9)

ぺんたと小春《こはる》のめんどいまちがいさがし

ペンギン飛行機製作所 製作

やってもやっても終わらない!
最強のヒマつぶし BOOK。
集中力、観察力が身につく、ムズたのしいまちがいさがしにチャレンジ!

(定価= 1210 円(10%税込) 978-4-7631-3859-0)

ゆすってごらん りんごの木

ニコ・シュテルンバウム 著　中村智子 訳

本をふって、まわして、こすって、息ふきかけて…。子どもといっしょに楽しめる「参加型絵本」の決定版!ドイツの超ロング&ベストセラー絵本、日本上陸!

(定価= 1210 円(10%税込) 978-4-7631-3900-9)

慣を変えやすくなるという。それまでの環境は、おそらく昔の習慣と固く結びついている。だから物事が変わると、それまで神経回路に築かれてきた習慣と環境の関連性が弱くなるのだ。

たとえばそれを、森を抜けて家までつづく、草の生い茂った道だと思ってほしい。その道を使うほど道はきれいになり、歩きやすくなるので毎日使うようになる。しかし、もし、急に新しい道ができたら、昔の道を使う頻度は下がり、草が生い茂り、今後その道を使う可能性はますます低くなっていく。脳内でも同じようなことが起きる。関連したふたつの事柄を同時に引き起こさないようにすれば、ふたつを結ぶ神経回路は弱まり、いずれ破壊されるだろう。**日常のちょっとした変化でもいい。環境に対する小さな変化が、脳に大きな変化をもたらすのだ。**

習慣をつくる／壊す際のここでの最後のアドバイスは、自分に優しくすることだ。失敗をすることもあるだろう。大切なのは、自分を責めないことだ。多少の後退は問題ではない。ユニバーシティ・カレッジ・ロンドン（ＵＣＬ）の研究で、新しい習慣を身につけた約１００人を追跡調査したところ、昔のやり方に戻っても、長期的な影響は見られなかった。何をするにしても、自分を追い込んではいけない。新しい習慣を実践したり、古い習慣を避けたりするたびに、各基盤となる経路は強化・弱化され、新しい自分への前向きな一歩となっている。

時間はかかるかもしれないし、その時間は人によって大きく異なる。21日というのは明らかに楽観的だ。**実際、新しい習慣を定着させるのに必要な期間には、大きなばらつきがあり——実験では平均66日だったが、ある研究では、18日から254日まで幅があったという[2]。だから、あきらめないでほしい。いずれ習慣を変えられるはずだ。意志力の助けを借りれば、きっと。**

意志力を利用する

「セサミストリート」に登場するクッキーモンスターは、自制心があるとは言いがたい。しかし2013年、このギョロ目のクッキー好きは、驚くべき変化を遂げている。エピソードを重ねるうち、彼は欲求を抑え、見た端からクッキーを食べることをしないことを学び、「クッキー愛好家クラブ」への入会を目指すのだ。「クッキー、食べたい。でも、待つ」という自分のジレンマを、クッキーモンスターはキャッチーな音楽に乗せて表現している。

この番組を観ている子どもの親は、物語の目的を感じ取ったかもしれない。そう、このエピソードは、意志力に関する最新研究を活用しようとしたのだ。意志力――困難や目先の利益にとらわれず、何かをしようとする自制心または決意――を利用すれば、自分の欲求を抑えるだけでなく、人生のさまざまな側面の成功へとつながる。

意志力研究の発展のきっかけとなった古典的な実験は、心理学者ウォルター・ミシェルによるものだ。１９６０年代、ミシェルは、マシュマロなどのおいしそうなお菓子を載せたトレイを子どもの前に置いた。子どもたちには、すぐにひとつだけ食べるか、研究者が用事をすませて部屋に戻ってくるまでの数分間待って、ふたつ食べるかの選択肢が与えられた。「衝動を制御」した子どもたちは、数年後のＳＡＴ（アメリカ大学進学適性試験）で好成績を収め、また、喫煙率や薬物摂取率、肥満率が低く、身体的攻撃性も低かった。近年、心理学者がニュージーランドに住む約１０００人を対象に、数十年にわたる追跡調査をしたところ、子どものころに自制心がなかった人は、大人になってからの失業率や犯罪率が高く、健康状態も悪い人が多く、社会に大きな負担をかけていることがわかった。[3]

この結果の有効性については賛否両論あるものの、意志力と衝動を制御する能力は、誘惑に負けることなく、いい選択をするためのスキルであるという点では意見が一致している。たとえばある研究では、お菓子を使った古典的な意志力テストで食べるのを我慢できる喫煙者は、禁煙できる確率も高いことがわかった。

もしあなたが、意志力が不足していると思っているなら、朗報だ。意志力は高めることができるのだ。これは比較的新しい知見である。昔の研究では、意志力は心にストックされた燃料のようなものとして説明できるとされていた。私たちのもつ意志力は有限で、使いすぎると一時的に枯渇するのだと。この説は、たとえば、最初に難解な迷路やアナグラムを解くよう指示された被験者は、最初に簡単な課題を与えられた対照群に比べて、（精神的に負担のかかる）つぎのタスクでのパフォーマンスが低下する、という研究に基づいている。

別の研究では、被験者に焼き立てのビスケットとカブの入ったボウルを渡し、被験者の一部には好きなものを食べていい、別の被験者たちにはカブしか食べてはいけないと指示した。被験者は数分間食べる時間を与えられたあと、解けないパズルを渡された。ビスケットを食べないよう指示された人たちは、誘惑に抗《あらが》うために意志力を使ったせいか、すぐにパズルをあきらめてしまった。このほか、100以上の研究で類似のパターン——精神的エネルギーを消耗すると意志力が低下する——が示されている。

研究者たちは、この現象をもたらすのはブドウ糖だと考えている。ブドウ糖は脳が懸命に働くほど早く消耗する。研究者のなかには、精神的に困難なことに取り組む際にお菓子を摂取するよう提案する人もいるが——これは、過食しないよう我慢している場合には矛盾が生じる。

しかし最近の研究によると、**私たちの意志力は倹約しながら使うような代物ではなく、使い方さえ知っていれば、一日中力を発揮できる再生可能な資源だという。その秘密は、実はとてもシンプルだ。意志力は、あなたがそう思ったときにだけ制限されるのだ。**意志力の実験と思考様式（マインドセット）の研究を組み合わせると、微妙な色彩を帯びた全体像が浮かび上がってくる。これまでの研究では、自分の能力を限定せず、柔軟性のある人々は、さまざまな分野で高い回復力と粘り強さを発揮することが示されていた。

この観点から、スタンフォード大学の心理学者キャロル・ドウェックとその同僚は、意志力の実験を行った。その際、前もって被験者に、意志力は努力で消耗するかぎられた資源だと思うかどうかを尋ねた。その結果、意志力は有限だと答えた人は、ふたつ目の困難な課題に直面すると例のごとく枯渇効果を示したが、意志力には無限の可能性があると信じている人は、失速の兆候を示さなかった。[4]

実際、その後の研究で、「こういうことができる」と伝えるだけで、意志力が向上することがわかった。被験者に「精神的に困難なタスクに没頭するとエネルギーが湧いてくる」といった文言を見せると、20分間の難しい記憶力テストのあいだ、ずっと記憶力が向上しつづけたのだ。一方、意志力には限界があると言われた別のグループは、同様のテストを半分つづけたところで向上が見られなくなった[5]。筋肉が限界に達するだいぶ前に疲れを感じる身体的努力と同じで、どれくらい持続できるかは、自分が思うエネルギー残量にかかっている。つまり、この項を読んだだけで、あなたの意志力はすでに向上しているということだ。

まだ納得できないという人は、つぎの実験について考えてみてほしい。インドでは、精神的努力は消耗するものではなく、活力を与えるものだと広く信じられている。研究者は長いあいだ、この文化的態度こそが、インドの子どもたちが西洋諸国の子どもたちよりも(燃え尽きる心配をすることなく)授業や宿題や読書に費やす時間が多い理由ではないかと考えてきた。

古典的な意志力消耗実験を数百人のインド人被験者で試したところ、彼らは逆の結果を示した。最初のタスクが難しいほど、2番目のタスクのパフォーマンスが向上する傾向にあったのだ。つまり意志力の低下は、人間の心理の必然的な特色ではない、ということになる。むしろ、正しい考え方と多少の訓練しだいで、意志という一見超人的な力や自制心は、誰もが手にできるものなのだ。精神的な挑戦や誘惑への抵抗を、消耗ではなく、活力を与えてくれるものとみなせば、その信念が思ったとおりの結果へ導いてくれるかもしれない。

これは、悪習に抗い、新しい習慣をつくるのに役立つだけでなく、別の側面でも助けになる。意志力は無限だと信じていた大学生は、幸福度が高いだけでなく、試験の時期が近づいても、ストレスやいらだちを覚えることが少なかった(6)。

自制心をもう少しだけ高めたいと思ったら、あとは、トイレを我慢するといい。これは、オランダのトゥエンテ大学のミリアム・トゥックによる実験の結論だ。この実験では、被験者にフレーバーウォーターを数口、または数杯飲んでもらい、しばらく待ってからさまざまなテストに臨んでもらった。そのなかには、いますぐ少額のお金を受け取るか、後日多額のお金を受け取るかを決めるという、自制心を試す昔ながらのテストもあった。飲み物をたくさん摂って、トイレが限界だった被験者は、待つことを選ぶ確率が高かった。どうやら、ある分野で意志の強さを発揮すれば、別の分野でも強い意志をもつことができそうだ。

ただし、ひとつだけ注意点がある。**意志力が強すぎると、心身に悪影響を及ぼす可能性があるため、誘惑に負けるタイミングを見極めてほしいのだ。**研究者たちは、一連の経済活動において、意志や自制心が強い人は、とくに自分の行動が私的なものだと感じた場合、自分の評判に頓着することなく、人一倍利己的になることを発見した。たとえば、衝動的な行動より、着実な努力と準備が求められる詐欺を想像してもらうとわかりやすい。

たしかに自制心は、良くも悪くも、道徳的感覚を増幅させる。ある研究で、学生たちは自制心の訓練に2週間を費やした。利き手でないほうの手を使ってドアを開けるなど、自制心を高めることが示されている、シンプルな介入を日常生活に強制的に取り入れたのだ。そして、アンケートで道義的責任感を測定した。

ここからが肝要だ。学生たちはラボに呼ばれ、20匹のコオロギの幼虫が入った瓶と、コーヒーミルを改造した「駆除機」を渡された。タスクはシンプル。幼虫を「駆除機」に投入するだけだ（実際には、コオロギの幼虫は秘密の出口からこっそり脱出できるようにしてあった）。自制心を高める訓練を受けた、道義的責任感の強い人は、道義的責任感は強いが、先の訓練を受けなかった人に比べて、この実験の指示に抵抗する確率が高かった。一方、道義心の低い学生には逆の現象が起きた。自制心の訓練を受けた学生は、受けなかった学生に比べて、約50%も多くコオロギの幼虫を「駆除機」に投入したのだ。この結果は、自制心が高まったことにより、従順になったから、もしくは、幼虫を機械に入れるという嫌悪感を抑制できるようになったためだろう。

理由はともかく、この調査結果は、自制心や意志力は思っている以上に複雑で、いずれもほかの個人的特質に作用して、まったく異なる種類の行動を促すことを示している。さらに、自制心の高い人は、パートナーや同僚に対する満足度が低いという報告がある。相手が自分の信頼性を利用していると考えているのだ。私たちは、彼らが黙って耐え忍ぶ姿を見慣れてしまって、彼らが払っている犠牲を忘れているのかもしれない。

膀胱《ぼうこう》の限界に挑戦するにしても、ポジティブなアファメーションをするにしても、意志力を高めるには微妙なアプローチが必要らしい。**自制心は人生で望むものを手に入れるためのツールである一方、私たちはそれを行使すべきでないときを見極められるようにもならなければいけない。**悪癖を断ち切るには、衝動を抑える努力を要することがある。だがそうでないときは、内なるクッキーモンスターに身を任せてはどうだろう。

禁煙する

さて、自制心について学んだところで、いよいよ行動に移してみよう。最悪の習慣をやめる最短手段を求めて、この章から読みはじめる人もいるだろう――そう、喫煙だ。世界保健機関（WHO）の報告によると、世界的に喫煙率は低下しているものの、2017年時点で、イギリスの成人の15％が喫煙しており、年間約7万8000件もの避けられた死を招いている。**タバコを1本吸うごとに、常習喫煙者の寿命はおよそ15分短くなる。**

本数を減らしても効果はある。肺がんのリスクは、喫煙量が多いほど直線的に増加する。

ソーシャル・スモーカー〔訳注：自分ひとりだと喫煙しないが、誰かがいると付き合いで喫煙する性向のある人〕でも、病気のリスクは高まる。タバコを吸ったり、副流煙を肺いっぱいに吸いこんだりするたびに、微小粒子状物質が肺に侵入し、肺の粘膜を傷つけ、深刻な呼吸障害や心血管疾患、心臓発作を引き起こす可能性があるのだ。

禁煙すれば、かなりのダメージが回復する。失われた年月を少しずつ取り戻し、1年も経たないうちに、喫煙に関連する心疾患の相対的リスクは半減する。だが、どうすればそれができるだろう？　イギリス公衆衛生庁（ＰＨＥ）によると、もっとも効果的な禁煙法は、地域の禁煙サービスを利用することで、そこでは、サポートグループ、行動療法、薬理学的手法を紹介してくれる。しかしこれらを試した人のうち、短期間でうまくいくのは16％だけだという。

先ほどの自制心の訓練を生かすつもりなら忠告しておくが、**禁煙の成功率がもっとも低いのは、意志力だけで耐え抜き、きっぱりやめようとするやり方だ。どんなに自分は意志が強いと思っていても、ニコチン代替品の助けを借りずにタバコをやめられる人は10％に満たない。**段階的アプローチは、あまり意味がないようだ。2万2000人以上を対象にした比較研究によると、決められた日に急に禁煙した人と、その日までにじょじょに喫煙行動を減らしていた人の禁煙の成功率には、ほとんど差が見られなかったという。[7]

近年、電子タバコへの切り替え、すなわち「ベイピング」が流行《はや》っている。電子タバコは充電式の携帯機器で、ニコチンをはじめとする化学物質、ものによっては香料を含んだ液体を気化させるが、タールは含まれていない。これらのガジェットは、タバコより肺に届く有害物質が少ないことを謳《うた》っている。その理由は、喫煙による害はニコチンではなく、タバコの煙に含まれるその他の物質に原因があるからだという。

代替品としてはよさそうだ。現在、イギリスでは約３６０万人、アメリカでは約１０００万人以上の人々が電子タバコを利用している。しかしこの機器をめぐる研究は目まぐるしく変化をつづけ、矛盾を示すこともしばしばで、実情を把握するのが困難な状況にある。たとえば２０１９年、アメリカでは電子タバコ関連の肺の損傷や死者が急増した。アメリカ疾病予防管理センター（ＣＤＣ）は当時、リスクを回避する唯一の方法は、電子タバコ製品の使用を控えることだと述べた。しかしイギリスの保健機関は、ＰＨＥの報告書に記載された「電子タバコは従来の喫煙よりも95％安全だ」という文言をくり返し、異議を唱えた。

この問題は微妙なところだ。大半の電子タバコからはニコチンのほか、アクリロニトリル、ブタジエン、アクロレインなど、多くの有害物質が検出されており、健康への影響に関する長期的な調査も行われていない。また、違法製品の問題もある。電子タバコ関連の肺損傷と診断された８６７人のうち、86％がテトラヒドロカンナビノール（ＴＨＣ）（大麻使用者をハイにする化学物質）を吸ったことがあると答えた。ＴＨＣを含むリキッドはおそらく闇市で入手したものと思われる。

しかし、ＴＨＣそのものが肺損傷を引き起こしているとは考えにくい。というのも、大麻を吸っている人に同じような症状は見られないからだ。だが、大半の電子タバコ用リキッドには、ＴＨＣとともに多くの化学物質が使用されている。ＣＤＣは、ビタミンＥの合成品である、ビタミンＥアセテートが原因ではないかと見ている。最近の調査で、電子タバコ関連の肺損傷患者29人から採取した肺のサンプルすべてから、この物質が検出されたのだ。

イギリスで電子タバコ関連の肺損傷が急増していないのはこのためかもしれない。ＥＵ法では、予防のために、ビタミンを含む多くの電子タバコ成分が禁止されているのだ。これは文化の違いによるものかもしれない。アメリカの調査によると、電子タバコを吸った若者が喫煙者になる確率は（吸わない人の）２倍にのぼるが、イギリスでは同じ傾向は見られない。イギリスでは流行りの製品というより、禁煙を補助する製品として使われることが多いようだ。

合法的な電子タバコであっても、必ずしも安全とは言えない。電子タバコの煙に含まれるどの化学物質が肺に到達しているかを見極めるのは容易ではない。研究によると、電子タバコを吸う人の多くに、肺気腫（息切れの原因となり、寿命を縮める）患者の肺と同様の肺疾患マーカーが見つかるという。さらに、ニコチン自体も完全に善玉というわけではなく、がんを引き起こす可能性を秘めている。ラボでヒトの肺と膀胱の細胞を培養し、ニコチンにさらすと、高い確率でがん化する。電子タバコとがんとの潜在的な関連性に関する長期的な疫学データは、数十年先まで得られないだろう。

それでも現時点では、従来のタバコより電子タバコのほうがいい選択である、ということが多くの証拠によって示唆されている。主要な報告書のなかには、電子タバコは従来のタバコより「はるかに害が少ない」と結論づけているものもある。また、最近の研究によると、電子タバコに切り替えた長期喫煙者は、１カ月以内に、非喫煙者と同じくらい健康な血管を取り戻しつつあることが示された。電子タバコの潜在的利益に関するこれまでで最大の臨床試験で、従来のタバコをやめ、電子タバコに切り替えた人は、従来のタバコをつづけている人に比べて、血管機能が向上することが判明したのだ。この効果が持続するかどうかは定かではないが、持続するのであれば、電子タバコに切り替えた人は、心筋梗塞などの心血管イベントのリスクが大幅に減少することになる[8]。

害が少ないのは素晴らしいことだが、はたして電子タバコは、人々がニコチンを完全にやめる一助になるのだろうか？　昨年（２０１９年）までは、ほかのニコチン置換療法と比べて、電子タバコの有効性に関するエビデンスはかぎられていた。しかし最近のある有力な研究で、電子タバコの使用は、ほかのニコチン置換療法より禁煙に効果的だと結論づけられている。ロンドン大学クイーン・メアリー校のピーター・ハイェクとその同僚は、禁煙を希望する８８６人の被験者に、被験者自身がランダムに選んだニコチン代替品を最長３カ月分、もしくは電子タバコのスターターパックを渡し、電子タバコのほうは、自分の好みの味や強さの電子リキッドを購入するよう勧めた。被験者は全員、少なくとも4週間、毎週禁煙のための行動支援を受けた。1年後の追跡調査で、被験者から血液サンプルを収集し、禁煙しているかどうかを確認した。電子タバコのグループでは、18％の人がタバコをやめたのに対し、ニコチン代替品のグループでは9・9％だった[9]。

禁煙を助ける方法として――たとえば金銭的なインセンティブを与えるなど――もっと簡単な方法もある。ある研究で、被験者に１５０ドルを差し出してもらい、1年後も禁煙がつづいていたら、１５０ドルに加えて、さらに６５０ドルを渡すという約束をした。すると、52％の被験者がタバコをやめた。別のグループ（８００ドルをあげることになっていたが、被験者が自分のお金を預ける必要がなかったグループ）では、禁煙成功者はわずか17％にとどまった。これは、個人の金銭的損失が善行への強い動機になることを示している。

私の経験では、これ以外の個人的なインセンティブにも不思議な効果がある。ある暑い夏の夜、ワインを飲みすぎた私は、１日20本タバコを吸う父に、私が結婚する日まで生きて、一緒にバージンロードを歩いてほしいと言ったことがある。母によると、その日の夜に父はタバコを捨てたという。父は、それから15年間一度もタバコを吸っていない。

そして、アレン・カーだ。自己啓発書作家である彼は、１９８０年代にイギリスで大きな禁煙ムーブを巻き起こし、数百万ポンド（数億円）の帝国を築いた。彼の方法はタバコをやめさせるのではなく、少なくともすぐに禁煙させるものではなかった。むしろ、「ニコチントラップ」を完全に理解するまで、つまり、喫煙者がタバコを吸うときに感じる安心感は、非喫煙者が常に感じているものだと認識するまで、喫煙を奨励したのだ。カーの「イージーウェイ（Easyway）」クリニックは世界中に開設され、１９８５年のベストセラー『読むだけで絶対やめられる　禁煙セラピー』をはじめとする書籍も何冊か出版された。

驚いたことに、この種の研究の基本中の基本であるランダム化比較試験を実施し、この方法を別の方法と比較し検証するまでに35年の歳月を要した。そしてようやく２０１０年代後半、禁煙を希望する６２０人の被験者を無作為にふたつのグループに分けた。ひとつ目のグループには、喫煙は何のメリットもないことに注目させるイージーウェイ方式に従い、毎日のグループサポート、メールによるサポート、その他必要に応じて追加のセッションを受けてもらい、ふたつ目のグループには、イギリスのガイドラインに則《のっと》った行動療法と薬物療法を提供する、禁煙外来を受診してもらった。

被験者は、タバコをやめた日から6カ月後にチェックを受け、自己申告による成功（または失敗）が、呼気中の一酸化炭素を測定する機器を使って確認された。被験者のうち、アレン・カーの手法で禁煙できたのは19・4％、従来の手法で禁煙できたのは14・8％だった。この結果から、一見カーが優勢のように思えるが、統計学の気まぐれを考慮すると、両者の効果に差は見られなかった[10]。

ここで理解しておきたいのは、ある人に合うものが、必ずしもほかの人に合うとはかぎらないということだ。個人の状況や性格、遺伝子によっても異なる。1万1000人以上を対象にした調査では、白人喫煙者の3分の2がある変異遺伝子をもっており、その遺伝子をもつ人は、それとは別バージョンの遺伝子をもつ人に比べて、禁煙できる確率が約22％高いことが判明している[11]。

先ほど学んだ習慣の話を思い出してほしい。**どのルートを選んでも、少しくらいの失敗で世界は終わらない。挑戦をつづけ、支援を得て、実践したいという自分の気持ちを信じ**

れば、いずれは成功するはずだ。最終的には、失敗するか、煙のない健康な未来を手に入れるかの違いは、前向きな考え方にあるのかもしれない。

節度をもって飲む

一説によると、世界初のビールは、穀物貯蔵庫が雨で水浸しになり、太陽で温められた際に生まれたと言われている。以来、人間はアルコールが抑制力を低下させ、判断力を鈍らせ、性欲やパフォーマンスに影響を与え、ビール腹をつくり、二日酔いをもたらす（そして二日酔いに対するあやしげな治療法になる）ことを見出《みいだ》してきた。

また、**アルコールを摂取しすぎると、肝臓疾患、脳障害、不妊症、少なくとも7種類のがんなど、さまざまな健康問題を引き起こす。**ＷＨＯは、アルコール摂取とがんには強い関連性があるとして、アルコールをグループ1の発がん物質に分類し、安全な摂取量はないと主張するほどだ。それに、当然のことながら、アルコールの過剰摂取は、事故や暴力による死亡リスクを上昇させる。

イギリスでは若年層の飲酒量は減少傾向にあるようだが、新型コロナウイルス感染症の流行と不況による影響で、このパターンは変動すると予想される。アメリカでは２００８

年の金融危機以降、肝臓疾患による死亡が増加、とくに若年層のアルコール性肝硬変が急増した。これは、肝硬変による死者が減少していた過去10年と逆の現象である。死者数が増加したタイミング的に、研究者たちは金融危機にともなう失業など、経済的要因とこの病気との関連を疑っている。また同時期には、自殺やオピオイドの使用による死者も増加した。

喫煙同様、アルコール摂取の習慣化とその解消に関しても、遺伝子があなたの意に反して作用しているかもしれない。たとえば、ADHと呼ばれる遺伝子は、アルコールの代謝にかかわっている。ADHはアルコールデヒドロゲナーゼという酵素をつくり、アルコールをアセトアルデヒドという毒性のある物質に分解するが、分解された物質は別の酵素によって無害なアセテートに変換される。ADHの変異のなかには、アルコールを素早く分解し、毒性のアセトアルデヒドが体外に排出されるよりも早く体内に蓄積させることで、アルコール依存症から守ってくれるものもあるようだ。こうしたアルコール代謝をする人は、少量のお酒でも気分が悪くなり、依存症になるほどお酒を飲む可能性が低くなる[12]。

ことの是非はさておき、私たちの多くは、お酒との関係を「依存症」とは考えない。先に言っておくが、もしも、飲酒量をコントロールできない、自分の飲酒が自分や周囲にどんな影響をもたらすか不安など、飲酒について真剣に悩んでいるのであれば、いますぐこの本を置いて、かかりつけ医や、市や国のアルコール依存症相談窓口、アルコール依存症の自助グループ（ＡＡ）など、その道のプロに相談してほしい。治療内容は、カウンセリング、認知行動療法（ＣＢＴ）、薬物療法など。一般的な処方薬はクロルジアゼポキシドで（「リブリウム」などの名前で売られている）、この薬を服用すると、禁断症状を最小限に抑えながら、アルコール量を減らしていける。また、アカンプロサートやナルトレキソンを処方されることもあるが、これらは１年かけて飲酒の衝動を抑える断酒補助薬だ。

私たちが喜んで認める「適度な」飲酒（たとえば１日１～２杯程度）に関しては、健康上の利点などをめぐり、栄養学の世界でもっとも熱い議論が交わされる主題のひとつだ。とくに赤ワイン１～２杯が、心臓発作や脳卒中の予防になると考えている人は多いだろう。程度の差はあれど、これを裏づける研究も数百とあるらしい。赤ワインがとくに評価されているのは、植物性化学物質であるレスベラトロールが豊富に含まれているためだ。これはストレスや栄養失調の影響から動物を守ってくれる。また、赤ワインには強力な抗炎症作用と抗酸化作用があり、（おもに動物実験だが、初期の臨床試験数例でも）関節炎を予防する兆候が示されている。人間では、レスベラトロールを含む錠剤が、認知症の症状を遅らせるのではないかと期待されている。問題は、赤ワインで錠剤と同等のレスベラトロールを摂取しようと思ったら、赤ワインを１日１０００本飲まねばならないという点だ。

もしあなたが、1〜2杯のお酒を飲んでリラックスし、そのおかげでストレスの溜《た》まる出来事に対処できていると思っているなら、そう考えているのはあなただけではない。だが、残念ながらこれを裏づける証拠はあまりない。適度な飲酒がストレス関連の病気を予防するおもな要因だとしたら、現時点ですでに疫学調査で取り上げられているだろう。

この種の研究の大きな問題は、適度な飲酒をしている人は、全般的に——タバコをあまり吸わず、比較的裕福で、健康的な食事や運動を取り入れているなど——健全な生活を送っている傾向があるという点だ。週に数杯のワインより、むしろこれらのことが心筋梗塞や脳卒中を予防している可能性があるのだ。その他の交絡因子は、大半の研究が、これまでお酒を一滴も飲んだことのない人と、飲みすぎによって問題が生じたためにいまはやめている人とを区別せずに対照群としてまとめてしまっていることで、後者の健康問題が、アルコールを摂取しない生活の利点を覆い隠してしまっている可能性がある。アルコール摂取の利点に関する具体的な科学的コンセンサスがほとんど得られていないのは、おそらく、こうしたことが理由ではないかと思う。

イギリスにおける現行の指針では、週に14ユニット（ラガービール6杯分相当）以下を、少なくとも3日に分けて飲むよう推奨している。アルコールの影響には男女差があるものの、この基準に男女の区別はない。同量のアルコールを摂取した場合、女性は男性よりも血中アルコール濃度が高くなるが、代謝が早いため、体外へ排出されるのも早い。また、女性のほうが飲酒関連のがんに罹患するリスクは高いものの、男性のほうが酒量が多く、危険な行動や暴力行為に及ぶ可能性が高いために有害であるという点で、両者のバランスは取れているらしい。

リスクに関して冷静な分析がしたいなら、19カ国60万人近くを対象にした調査の報告を紹介する。この調査によると、週にグラスワイン（１杯１７５ミリリットル）５杯、またはパイントビール（１杯５６８ミリリットル）５杯以上飲む人は、早期死亡のリスクが増加することがわかった。が、もう少し詳しくその内容を説明すると、１日あたり、これよりさらに10グラムのアルコール（通常のラガービール半パイント強か、スピリッツをショットで１杯分）を摂取した２万５０００人のうちのひとりが、毎年飲酒関連の病気を発症するということらしい。ケーキを食べるにも、車を運転するにも、何をするにもリスクはつきものだと考えれば、飲酒にもリスクを冒すだけの価値はあると思うかもしれない。

また、断酒ではなく、節酒のほうが恩恵と害のバランスが取れると判断する場合もある。

この章で学んできたことは、脳がお酒を強く連想する合図や環境を特定し、回避するのにとりわけ有効だ。

「１月の禁酒月間（Dry January）」や「しらふの10月（Sober for October）」への参加熱

も高まってきている。この期間はお酒を控え、身体を休ませ、アルコールとの関係を見直そうという取り組みだ。

だが、一時的な禁酒に効果はあるのだろうか？　これは比較的新しい社会現象であるため、研究はまだはじまったばかりだ。『ニュー・サイエンティスト』の同僚たちは、この問題を提起し、数年前、最初の実験のひとつに参加した。結果は、期待がもてそうだった。短期的には、1カ月お酒を飲まないことで、血圧、コレステロール値が下がり、がんに関連するふたつの成長因子が減少。また、インスリン抵抗性も低下し、2型糖尿病の発症リスクが下がることが示唆された。

1カ月の禁酒が、長期的に違いをもたらすかどうかはまだわからない。1カ月間禁酒しても、結果的に、年間の酒量は増えるかもしれないからだ。**禁酒より、節酒のほうが有効な可能性もある――毎年1カ月だけお酒を断って、あとは好きなだけ飲むよりも、1年を通して週に2回は休肝日をつくるようにするのだ。**

アルコールの摂取量やその他の悪癖を制御するのに私が役に立つと思ったのは、「マイクロライフ」について考えることだ。これは、今日の選択が将来の自分にどう影響するかを考える際に、誰もが覚える心理的抵抗を克服するための独創的な方法だ。私たちは、肝臓疾患やがんのリスクの増加といった長期的な影響より、今日の1杯のお酒のような、目先の楽しみを重視する傾向がある。１マイクロライフは、人生の１００万分の１で、およそ30分に相当する。今日あなたが飲むお酒は、あなたの人生の半マイクロライフを奪い去る。タバコを１本吸っても、テレビの前に１時間座っても同様だ。

マイクロライフを逆に利用することもできる。たとえば、20分の運動で１マイクロライフを獲得できる。お酒２杯に加えて、余分にもう１杯飲もうと思っているなら、20分余分に運動して帳尻を合わせる価値があるかどうかを考えてほしい。

過食をやめる

この１年、新型コロナウイルスによるロックダウンで、いつもの食品を探すのに苦労したり、（過食のリスク要因である）ストレスや退屈を感じたりしながら、すっかり食生活が乱れてしまったと思っているなら、それはあなただけではない。少なくともイギリスでは、多くの人々がこれまで以上にコンフォート・フードを我慢できなくなっているという証拠が挙がってきている。体重増加とその悪影響は、パンデミックによる予期せぬ結果かもしれない。

不健康な食生活は、選択のまずさや意志の弱さのせいにされることが多い。すでに第６

章で、健康的な食品を選ぶよう、脳を訓練する方法を紹介した。しかし新たな調査によって、とくに、いつも食べすぎてしまうという人に対して、別の角度から攻める方法が明らかになった。**過食は、あなたが複数の異なる食欲をもっていることが原因かもしれない。それぞれの相互作用を理解することが、食べすぎを抑えるカギになる。**

説明しよう。それは、ステラの調査からはじまった。彼女は南アフリカのケープタウン郊外、ワイン用のブドウ畑や森、手つかずの原野に囲まれた、美しい地域で暮らしている。2010年、ニューヨーク市立大学の研究員がステラの食生活を追い、30日間、何をどれだけ食べたかを正確に記録した。

ステラの食生活は極めて多様で、その期間中、90種類もの食材を摂取し、炭水化物と脂質の比率は日によって大きく異なった。しかし研究チームが、毎日の炭水化物と脂質のカロリーと、タンパク質のカロリーの比率を計算すると、何を食べてもほぼ5対1であることがわかった。驚いたことに、この比率はステラの体格の女性にとって理想的な栄養バランスだった。この意味では、彼女は食に細心の注意を払っていたと言える。不思議なのは、プロの栄養士でさえコンピュータープログラムに助けを求めるほど複雑な計算を、なぜ彼女はこれほど正確に見極めることができたのか、ということだ。ステラはそうしたテクノロジーに触れていない。彼女は野生のヒヒなのだ。

これは、食欲に関する私たちの理解を変えた、30年にわたる数々の研究のひとつである。食欲について考える際、私たちはひとつのことだけを検討する傾向にある。空腹か否か。特定のものを食べたいか、食べたくないか。人は空腹時にどんな食べ物を選ぶか、という研究がはじまったのは、ステラの調査から遡ること十数年前、１９９１年のことだ。

当時はイナゴを使い、数百匹のそれらを各箱に入れ、それぞれ比率の違うタンパク質と炭水化物（昆虫のおもな栄養素）を含む、25種類のエサを用意した。エサは、高タンパク質・低炭水化物から、高炭水化物・低タンパク質までさまざまだ。イナゴは成虫になるまで、25種類の配合のうち、１種類だけを無制限に与えられた。研究チームは、それぞれのイナゴが、１日にどれだけの量を食べたか、体重、脂肪、除脂肪組織の増減を克明に記録した。

イナゴが成長するための理想的な食事は、１日あたり炭水化物３００ミリグラム、タンパク質２１０ミリグラム程度であることが判明したが、目を引いたのは、たとえ炭水化物の量が目標値からかけ離れていても、どのイナゴも、タンパク質は理想に近い量を摂取していた点だ。だから低タンパク質の食事を与えられたイナゴは、大量の炭水化物を摂取することになり、その結果、太った騎士が小さな鎧《よろい》を身に着けているような肥満体型になってしまった。一方で、高タンパク質の食事を与えられたイナゴは、炭水化物の摂取量が少なすぎて不健康に痩せてしまった。彼らは成虫まで生きるのが難しく、成虫になっても体脂肪が少なすぎて野生では生きられなかった。

それは、タンパク質と炭水化物の戦いだった。イナゴはバランスの取れた食事を得られないと、成長と生存に対する多大な犠牲を払い、炭水化物よりもタンパク質を優先する。いや、栄養素同士の競合というより、タンパク質と炭水化物、ふたつの異なる食欲の戦いだった。ステラと同じように、イナゴも豊富な種類の食べ物を与えられれば、このふたつの食欲が協力して最適な栄養の摂り方をする。しかし、バランスの悪い食事を与えられると、タンパク質と炭水化物がせめぎ合い、タンパク質が勝つ。これは炭水化物以上に、タンパク質の摂り方に注意を払う必要があることを示唆しているが、その理由はおそらく、タンパク質が動物の成長や繁殖を助けるからだと思われる。現在では、粘菌類、クモ、猫、犬といった生物についても同様であることがわかっている。

では、人間の場合は？　予備研究で、10人の友人や家族をスイスのアルプスへ連れていき、2日間、バラエティ豊かなビュッフェから好きなものを選んで食べてもらった。そして3日目と4日目は、半数に高タンパク質のビュッフェを、残りの半数に低タンパク質・高炭水化物・高脂質のビュッフェを用意した。最後の2日間はもとの食事に戻した。

実験の第1段階では、人間の被験者たちは確実に総カロリーの約18％をタンパク質から摂取したが、これは、人間に必要なタンパク質は総カロリーの15〜20％であるという研究結果と一致する。第2段階では、全員がタンパク質の絶対摂取量を維持し——つまり、低タンパク質の食事を与えられた人は、総カロリーを35％増やし、高タンパク質の食事を与えられた人は、総カロリーを38％減らした。人間もイナゴと同じで、タンパク質を求める傾向が圧倒的に強く、それをもとに食料の消費量を決定したのだった。

オーストラリアのシドニーとジャマイカで行われた、もう少し精巧なシャーレの実験でも同じ結果が確認された。さらに最近の研究では、人間には5つの栄養素への欲があり、それぞれが特定の成分を追い求めながら、バランスの取れた食生活を目指していることが示唆されている。タンパク質、炭水化物、脂質、ナトリウム、カルシウム、これら5つの栄養素が進化の過程で選ばれたのは、確実に絶対量が必要とされるからだろう。ナトリウムのように、祖先の時代にはめずらしいものもあったため、それらを探すには専用の装置が必要だった。この5大栄養素に着目することで、私たちはその他の必須ビタミンやミネラルも適度に摂取する傾向がある。

この5つの栄養素への欲求のダンスから得られる驚くべき結論は、**タンパク質が少なく、エネルギーが豊富な環境では、人々はタンパク質の消費目標値をクリアしようと、炭水化物や脂質を摂りすぎてしまう**、ということだ。これはまさに、経済的に豊かな世界に住む私たちがさらされている環境そのものである。国連食糧農業機関によると、1961年から2000年のあいだに、アメリカ人の平均的な食事に占めるタンパク質の割合は14%から12・5%に低下し、脂質と炭水化物が差分を埋めている。この変化を考えると、人々がタンパク質の消費目標値を維持する唯一の方法は、総摂取カロリーを13%増やすことしかないが、これは肥満が蔓延《まんえん》するのに十分な値である。

面白いことに、これらの実験で、低タンパク質の食事を与えられた人が余分に摂ったカロリーは、タンパク質の特徴である「旨味《うまみ》」を含むスナック菓子から摂取していることがわかった。タンパク質が不足した被験者は、それがたとえ炭水化物であっても、タンパク質の味のするものを求めたのだ。私たちの食環境には、チップス、インスタントラーメン、クラッカーなど、この種のタンパク質もどきが溢《あふ》れている。これらは超加工食品とも呼ばれる。

ついつい食べたくなるように業界がつくった超加工食品が身体に悪いのは、驚くことではない。超加工食品には、ピザ、お菓子、パン、ケーキ、マヨネーズ、ケチャップ、アイスクリームなど、一般的に「おいしいもの」が含まれる。しかし食べすぎの問題は、よく言われるように、これらの食品に脂質や炭水化物が多いことより、タンパク質が少ないことに関係しているのかもしれない。

タンパク質は高価なため、あまり使われない。だが、タンパク質が脂質や炭水化物で希釈されると、タンパク質への欲が、脂質や炭水化物の摂取をやめるよう告げるメカニズムを圧倒する。また、超加工食品には、腹もちのいい食物繊維がほとんど含まれておらず、私たちのタンパク質欲を刺激する旨味が使われているものが多いのも問題だ。その結果、私たちは必要以上に食べてしまう。

いい知らせは、こうした仕組みを利用して、５つの（栄養素に対する）食欲を敵ではなく味方にできるということだ。最初のステップは、目標とするタンパク質の量を算出すること。そのためには、年齢、性別、活動レベルに応じた１日の基礎代謝量を調べる必要があるが、これにはハリス・ベネディクトの計算式を用いるといい。この計算式はインターネットで検索すればすぐに見つかる。私の場合、身長５フィート10インチ（約１７８センチ）、36歳で、適度な運動をするので、１日の基礎代謝量は約２２００キロカロリーだ。

つぎに、この基礎代謝量に、タンパク質から摂取すべきエネルギーの割合を掛ける。乗数は年齢によって異なる。18歳から30歳は０・１８（つまりエネルギー全体の18％をタンパク質から摂取する必要がある）、30代は０・１７、40歳から65歳は０・１５、65歳以上は０・２。

得られた数字を４で割ると、１日に摂取すべきタンパク質のグラム数がわかる。（タンパク質1グラムは4キロカロリー）。私の場合、1週間の運動量にもよるが、84～94グラムになる。

最後に、肉、魚、卵、乳製品、豆類、ナッツ、種子類など、タンパク質を多く含む食品を摂取する方法を考えていこう。少々複雑だが、こうした食品のタンパク質含有量は、インターネットや食品ラベルで確認できる。たとえば私は、大きな卵1個（タンパク質6グラム）を朝食に摂り、おやつにクルミひとつかみ（同4・5グラム）、ランチにサーモンフィレ（同40グラム）のサラダのアボカド（同4グラム）とレンズ豆（同9グラム）添え、夕食にフィレステーキ（同24グラム）を摂れば、目標量を達成できる。

もちろん、タンパク質の摂り方によって健康状態も変わってくる。たとえば赤身の肉はタンパク質が豊富かもしれないが、飽和脂肪酸も多いので、心筋梗塞やがんのリスクを高める可能性がある。それでも、タンパク質の摂取に重点を置けば、ここがすべての起点になる。タンパク質への欲求を満たすことで、おのずと炭水化物や脂質の摂りすぎを防げるのだ。理論的には、タンパク質への欲求がそれらを管理してくれるので、炭水化物や脂質を管理する必要はない。**高タンパク質食品の補給にはホールフード、つまり豆類、果物、野菜、米、全粒粉シリアルなど、できるだけ加工、精製されていない植物性の食品を選ぶようにしてほしい。**

なにより重要なのは、超加工食品を避けることだ。くれぐれも家にもちこんではいけない。近くにあったら絶対に食べてしまうし、あれには抗えないようになっているのだ。このステップをクリアすれば、あとは簡単だ。自分の食欲に耳を傾けること。そうすれば健康で満足のいく食生活へと導いてくれるだろう。こうした機能が進化したのは、食品会社のためではなく、あなたの健康のためなのだ。

デジタルデトックスをする

「（テレビ／スマホ）画面ばっかり見て！」。先日娘に言ったこの言葉は、私自身、昔母によく言われたものだ。現代は、スクリーンを避けることが難しい。携帯電話を見ていなくても、キッチンテーブル、ソファ、ベッド脇など、どこにでもスクリーンがある。私の母が数十年前には思いもしなかった形で、常に触れることができるのだ。スクリーンは、私たちの骨格を歪《ゆが》め、精神に悪影響を及ぼし、家族から孤立させると言われている。だが、本当だろうか？　もし本当なら、どうすればいいのだろう？

かつて依存症といえば、タバコやアルコールなどが大半だった。しかし、技術が発展した現在では、フェイスブックやインスタグラムへの投稿、ネットフリックスの視聴、執拗《しつよう》なメールチェックなど、ポケットに入る小さなガジェット、つまり、スマートフォンででき る行動に依存しているようだ。スマートフォンの使用に関して言えば、続々と届く通知に対してポジティブな感情を抱く傾向があり、脳の快楽中枢が刺激される引き金となる。

それでも一般的な定義に従えば、スマートフォンの使用は、ほとんどの人にとって依存症のうちに入らない。ツイッターに夢中になって人生を台無しにする人は少ないし、インスタグラムのために犯罪に手を染める人もまれだろう。とはいえ、薬物依存症やギャンブル依存症ほど報酬は強くないにしても、あなたが世界20億人のスマホユーザーのひとりで、振動や着信音をキャッチするたびに何度も携帯電話をチェックしているのなら、それは恐ろしい習慣かもしれない。**あなたはおそらく、1日平均2600回ほど携帯電話に触れている。1年に換算したら、それがどれほどの時間になるか想像してみてほしい。**

スマートフォンを使う習慣は、(ついついやめられなくなる)「テトリス」や「キャンディークラッシュ」の登場以来顕著になった。とくに「キャンディークラッシュ」は瞬く間に広がり、社会現象を引き起こした。トイレで4時間プレイして出ようとしたら足がしびれて立てなかった、という匿名の投稿もあったほどだ。

これらのゲームの多くには、私たちを夢中にさせる心理的テクニックが使われている。形を並べ変えることで、人は深い満足感を覚えるが、これにはどうやら「ルーディック・

ループ」というものが発動しているらしい。これは、強迫観念まではいかないが、反復的な行動を刺激する、タイトで心地よいフィードバック・ループのことである。スロットマシンは、この概念を完璧に体現している。光や音、たまに現金を与えることで、行動を反復するよう私たちを誘惑し、まんまとくり返させるのだ。しかも、何度でも。私たちがこの種の行動を好むのは、ドーパミンが原因だ。ドーパミンは単なる報酬や快楽の化学物質と思われがちだが、快楽の有無にかかわらず、ある活動をくり返さなければという衝動にも関連がある。

だからこそ、長期的に見て実体のある報酬を得られる可能性がほとんどないスロットマシンが、いまなお魅力的なのだ。そこにゴールはなく、このゾーンにいる――ルーディック・ループが脳に独自の報酬を与える――という喜びがあるだけだ。「キャンディークラッシュ」のようなゲームもまた、純粋な偶然性と、ときおり得られる報酬によって（自分が）制御しているという幻想の絶妙なバランスを利用している。ランダムな報酬は、予測可能なものより、はるかに強く特定の行動をくり返させる。携帯電話の着信があるとすぐに確認したくなるのも――たとえそれが新たな恋人からのメッセージではなく、クレジットカードでの支払いを促すメッセージだったとしても――このためだ。

これらのゲームは最盛期を過ぎたかもしれないが、ほかにも私たちを画面に釘《くぎ》づけにするものはたくさんある。YouTubeで動画を視聴していて、気づくと2時間経っていた、などということも多いだろう。YouTubeの視聴時間の70％以上は、自分が意図的に選んだものではなく、プラットフォームからの提案によるものだ。これは人工知能アルゴリズムの賜物《たまもの》だが、彼らはオンライン上に私たちが残したデータから、こちらの脳が喜ぶコンテンツが何かを学習する。フェイスブック、ツイッター、インスタグラムなどのアプリには、私たちの注意を引きつけるテクニックが使われている。画面を下に引っ張って更新するときの満足感を思い出してほしい。あの仕組みは、スロットマシンと同様の特徴と中毒性を有している。

デジタル機器から得られるドーパミンの量を考えると、歩きスマホで車にぶつかるのも不思議ではない。しかし、歩きスマホや、猫の動画、TikTokのダンスの動画を視聴することで時間を浪費する危険性はさておき、この習慣は本当に有害なものなのだろうか？私の娘は本当にスクリーンから目が離せなくなるのだろうか？

こうした問いに対する答えがはっきりしない理由のひとつは、「スクリーンタイム」にはさまざまな目的があるからだ。銀行で利用したり、フォトアルバムをつくるのに活用したり、同僚とおしゃべりするのに使ったり。スクリーンは仕事でもプライベートでも使うし、身体活動の記録にも、睡眠のモニターにも使う。査読つき論文を調べたり、友人とチャットをしたりもする。「スクリーンタイム」という言葉には、もはや明確な定義はない。そのため、多くの研究がなされているにもかかわらず、有害かどうかの科学的コンセンサスは得られていない。ＷＨＯは、肥満対策としてスクリーンを見る時間を制限しているが、これは怠惰な生活によって体重が増加し、複数の病気を引き起こすリスクがあるからだ。とくにスクリーン関連の健康問題ではない。

ここ数年、イギリスで眼鏡をかけた子どもが増えたのはたしかだが、これに関しては、既存の病気に対する積極的な対応の結果と見ることもできる。テレビアニメ「ペッパピッグ」の観すぎと、子どもの視力低下の因果関係を示す十分な証拠は示されていない。

確実に影響を受けているのは、睡眠だ。ベッドで本を読む場合、紙ではなくスクリーンで読むと寝つきが悪くなる。理由は、大半のスクリーンが発するブルーライトが、私たちのサーカディアンリズムを狂わせるためだ（読み飛ばした人は、第７章の睡眠の章を参照）。寝る前に携帯電話で本を読む人は少ないかもしれないが、（私のように）ツイッターをスクロールしながら無知な意見に憤ったり、インスタグラムを見ながら夢のマイホームの計画を練ったりしている人は多いと思う。しかし何をするにしろ、睡眠不足はあらゆる健康問題に関連している。スクリーンタイムに関する推奨事項があるとすれば、寝る直前はスクリーンをオフにするか、少なくとも時間を制限する、というのがもっとも支持を得られるところだろう。

では、ＳＮＳ仲間が私たちの承認欲求を利用して、「いいね！」やリツイートやフォロワー数でつながろうとする事実はどうだろう？　２０１９年、元グーグルのデザイン倫理担当者で「センター・フォー・ヒューメイン・テクノロジー（Center for Humane Technology）」の共同創設者トリスタン・ハリスは、アメリカ上院で「インターネットは、集団ナルシシズムの文化をつくりだした」と発言した。本当だろうか？　私たちは若い世代をダメにして、精神疾患、うつ病、拒食症、自殺のリスクを増加させるきっかけをつくってしまったのだろうか？

何十という論文がそれを示唆している。ハリスは証言のなかで、10歳から14歳の少女におけるメンタルヘルスの問題は、20年ほど減少傾向にあったが、この8年で１７０％急増したと指摘している。こうした指摘の問題点は、基礎となるデータが、まったく別件で使われたものかもしれないという点だ。ソーシャルメディアは、私たちのウェルビーイングに影響を及ぼす可能性のある多くのもののなかのひとつに過ぎないし、対照実験を行わないことには、意味のある結論を導き出すのは難しい。

数年前、スクリーンの使用に関する調査を行ったオックスフォード大学のエイミー・オルベンは、研究者による極端な主張（ソーシャルメディアの使用と、10代のうつ病や自殺を結びつけるなど）について調べた。この問題を把握するために、彼女とその同僚は、思春期の子どもたちがデバイスを使用することで受ける影響と、ほかのものから受ける影響を比較した。たとえば、眼鏡をかけることとの影響を調べると、幸福度との負の相関関係はスクリーンの使用よりも大きいことがわかった。また、思春期の子どもたちがポテトを食べる頻度を調べたところ、幸福度との負の相関関係は、スクリーンの使用と同じ程度であることがわかった。かといって、必ずしも学校でポテトを禁止したほうがいいということにはならない。

この議論は、オルベンの統計法の欠陥を検討した研究者たちによって、今後もつづけられるかもしれない。実際に言えることは、おそらく個人にとってのソーシャルメディアの良し悪しを、私たちが語ることはできないということだ。一般論では、証拠にならない。では、結局どうすればいいのか。もちろん、アメリカ小児科学会（ＡＡＰ）などの組織を参考にしてもいい。この組織は２歳未満の子どもにはスクリーンに触らせないよう、２歳から５歳の子どもには、１日１時間を限度にするよう推奨している。しかし、ここでもメッセージが混在する。ＷＨＯは、３歳未満のスクリーン使用を推奨せず、３歳から４歳の子どもは１日１時間までとしているが、ＷＨＯの焦点は子どもの肥満を抑制することにある。

子どもにテレビやスマートフォンを見せているあいだに用事をすませることがあって、だからこの話にぞっとしたという人がいたら、それはあなたひとりではない。私のように、イギリス王立小児科小児保健学会（ＲＣＰＣＨ）の見解に従ってはどうだろう。彼らは時間制限をまったく推奨していない。スクリーンタイムのメリットとデメリットについて、ガイドラインを出すには十分な証拠がないという結論に達したのだ。

エビデンスに基づいた方針を作成するという点では、これは誠実で清々《すがすが》しいやり方だと思う。学会の見解では、アドバイスは効果的であるかぎり有効なのだ。2歳未満の子どものスクリーン使用の完全禁止を支持する親たちは、さまざまな年齢の子どもたちと同じ部屋で1日過ごしたり、病気の子どもと1週間過ごして自分も病気になったりすれば、わかるだろう。それが不可能だということを。

それに、悪いことばかりではない。２０１６年、研究者たちは、動き回ったり、ほかの人間と交流したりせずにスクリーンの前で過ごしても、歩く、話すなど、特定の発達が遅れるという証拠はないことを発見した。一方で、スクリーンの使用と（ブロックを積み上げる能力など）細かい運動スキルのあいだには、相関関係があることがわかった。

しかし、これもまた、確実な因果関係があるわけではない。スクリーンを操作するために必要な指の動きが、こうしたスキルの訓練になる可能性はあるものの、たまたま微細運動機能を早い段階で発達させた幼児が、スクリーンを手に取って遊ぶ確率が高いだけかもしれないのだ。年長の子どもたちのスクリーンの使用も軽視してはいけない。彼らは、かつてないほど多様な形で、多くの情報や娯楽にアクセスできるようになっただけではない。インターネット上の危険について子どもたちに教えるには、子どもたち自身がある程度そうした危険を承知している必要がある。

私たちの生活を支配するこれらのデバイスは、腹立たしいものであると同時に、大切なものでもある。**恣意的な制約を気にするよりも、自分のスクリーンの使い方に目を向け、個人や家族の一員として、その活動や生活スタイルに合った使い方をするにはどうするべきかを自問する、というのがおそらく最善のアドバイスだろう。**もう少し制御したいという人は、携帯電話を何回見たかを表示するアプリあたりから取り入れてみるといいだろう。アラートや通知機能を解除するというのもいいアイディアだ。仕事や生活の妨げになっていると思ったら、デバイスの使いどころを意識して、いい結果を得られるようにしてほしい。本書を執筆中、私はこのアドバイスを実行し、画面に通知が表示されないようにした。もちろん、これは私の個人的な話に過ぎないが、これを実践したことで、予想以上に自分のウェルビーイングは改善されたと思う。いままでは、メールを見るのは勤務時間内だけだ。「WhatsApp」［訳注：日本のLINEのようなメッセンジャーアプリ］でやり取りをする必要はあるものの、自分でそうしようと思わないかぎり、YouTube の動画に夢中になることはない。

このやり方は自分と違うなと思ったら、「心のスピード・バンプ」を紹介したい。リマインダーとしてロック画面上にメモしたり、単純に携帯電話に輪ゴムを巻きつけたりして電話を確認する習慣を制限するのだ。または「夜間モード」を使用して、白黒の味気ない画面へと移行するのもいいだろう。ただし、これが健康やライフスタイルにポジティブな影響をもたらすか否かはまだ明らかになっていない。新しい技術が生まれるたびに、新しい恐怖も生まれてきた。１９４１年の記事では、アメリカの若者がラジオ番組に夢中になっていることを嘆いている。

本書でここまで紹介してきた情報から、何を食べ、どの程度運動し、どんな社会活動をすればいいのか、といった知識が多少は増えたのではないだろうか。そうした理想と、スクリーンの使用方法を照らし合わせてみてほしい。そして使いすぎている自分に気づいても慌てなくていい。どれくらいの使用レベルが自分と周囲の人間にとって健全で幸せかを考え、それを忘れないようにすればいいのだ。

悪習を断ち切るためのヒント

- 意志力は時間が経っても衰えない—これは、あなたが信じるかぎり、無限の可能性を秘めた資源なのだ。この事実を知っているだけで、長期間いいパフォーマンスを行うのに役に立つ。
- たまに失敗しても、あなたの進歩には影響しないので落ち込む必要はない。習慣を断ち切るには、18日から１年弱かかることを覚えておこう。
- 毎年１カ月間禁酒するよりも、週に２回の休肝日を設けて、お酒を控えたほうがいいかもしれない。節酒の手段として、マイクロライフ（1マイクロライフは30分に相当）について考えてみよう。お酒を１杯飲むごとに、半マイクロライフが奪われる。そして20分の運動で１マイクロライフが得られる。計算してみよう。
- 必要なタンパク質量を計算し、その量を確実に摂取することで過食をやめる。必要なタンパク質量を摂取できれば、タンパク質の味を模倣しただけで、大量の脂質や炭水化物を含む食品でバランスを取ろうとはしなくなるはずだ。
- 通知機能を解除し、寝る前にスクリーンを見る時間を制限することで、スマートフォンへの欲求をセーブする。

第9章 知能を高めるためには

私の子どものころの話で、母が気に入ってくり返し聞かせるものがある。ある火曜日の朝、私は体調が悪く、ぐったりしていた。保育園は休むべきだったが、消防車が来る日だったため、どうしても見に行きたかった。当時3歳くらいだった私は、年長の子どもたちが運転席に座ろうと列をつくるなか、母の脚にしがみついていたのをかすかに覚えている。消防士長が、これからする大切な質問に最初に答えられた人は、サイレンを鳴らしていいと言った。大切な質問？　私は耳をそばだてた。

「火事になったら何番に通報すればいい？」。消防士長は尋ねた。周りの友人たちが手を挙げ「100番！」「123番！」「444番！」と、いろんな数字を口々に叫んでいく。やがて静かになると、私は耐えられなくなって、ため息をつきながら「999」と言った。その口調は（母によると）友人たちの馬鹿さ加減にあきれた調子だったという。

なぜ、母がこの話を何度もするのかわからない。しかしこれは私の子ども時代を端的に表している。私は正しい答えを知っていること、テストでトップになること、人より賢くあることが好きだったのだ。先生から渡された算数の問題集は、どれも友だちと競い合うように解いた。そしてお小遣いでギネス世界記録の本や詩集を買っては、記録やリズムを覚えて、つぎの家族パーティーで披露した（さぞ楽しかったことだろう）。7歳のとき、目の見えない祖母が、点字で文字を読めることを知り、私は何時間もかけて同じスキルを身につけ、すぐにひとりでおとぎ話を読めるようになった。数年後、ノンバーバル・リーズニングテスト（非言語能力を測る知能テスト）で100点を取り、超難関のグラマースクール（中等学校）に入学した。私は頭がよかったのだ。自分でもそれをわかっていた。

　しかし私は、それがどういうことか——何を意味するのかはわかっていなかった。この章と次章がセットになっているのは、そのためだ。本章ではIQテストで測れる種類の知能について説明し、この機能的な知能と記憶力の両方を高めることはできるのか、歳《とし》を重ねてからもこれらを維持する方法はあるのかといった点について見ていきたい。

　そして次章では、「賢さ」の範囲をもう少し広げていく。ここでは、私が子どものころに存分に示したような知能、つまりIQテストで測定された知能が、知恵、感情認識、自己認識といった、より「ソフト」な側面を包括した、全体像の一部に過ぎないことを説明したい。本章を読み進める際は、ぜひともこのことを頭に入れておいてほしい。だがまずは、基本に立ち返ろう。

知能を理解する

知能によって、私たちは月に降り立ち、病気を治し、この小さな青い点のような惑星を支配している。しかし、知能の定義については、まだ決まっていない。それに、私たちはこのテーマについてあまり議論したがらない。というのも多くの場合、知能は生まれもったものであり、それ以上どうにもできないと考えられているからだ。これは社会的平等を損ない、知能検査と優生学のつながりを意識させるもので、多くの人にとって、いまなお大きな問題となっている。

私たちは知能を大きくつぎのように定義しているのではないだろうか。**周囲の状況を見極め、物事を把握し、やるべきことの意味を理解し、あるいはそれを実践する能力。つまり、経験から理解・学習し、それに応じて行動を変える能力だ。**では、ひとまずこれを定義とすると、これを測定するにはどうしたらいいだろう？　もっとも有名な（あるいは悪名高い）測定法は、「知能指数」――IQだ。これは言語的推論と、私の得意だった、非言語的推論のパターンを探すテストに重点が置かれている。

よってＩＱは、知恵、社会的感受性、実際的感覚など、知的な行動を支える豊かで複雑な属性を包含していない。ＩＱはその狭小な着眼点のせいでよく批判を受けるが、やはり私たちが知能と呼ぶものに基づく予測テストのうち、もっとも信頼できる測定法であることは間違いない（テストを受ける際は、フェイスブックで宣伝されているようなＩＱテストもどきには騙《だま》されないように。本物のＩＱテストは、少なくとも1時間を要し、言語、非言語、記憶、数学、画像ベースの問題などが含まれ、訓練を受けた専門家が採点することが多い）。このテストは、学力試験の成績に関連したメンタルスキルの比重が大きいため、学校の試験の点数に見られるばらつきと3分の2ほどの相関関係を見出《みいだ》せるようだ[1]。

またＩＱは、車の整備士や大工など、アカデミックでない職業であっても、あなたの職場研修に対する反応や、仕事の成果を予測することができる。さらに、社会的流動性も予測するが、これは私たちの煩雑な日常業務を処理する能力を反映した結果だろう[2]。食料品の買い出しから、スケジュールの管理まで、多くの仕事では予期せぬ状況に対処し、推論して判断を下し、問題を特定して解決することが求められる。そして、ＩＱテストはこうした側面を数多く精査する。これには、社会的な交流も当てはまる。

また、**ＩＱテストの点数が高い人は、健康で長生きだ。**理由のひとつは、ＩＱが高いといい教育を受ける可能性が高く、その結果いい給料の仕事に就いて、ジムの会員になったり、健康的な食品を摂取したりする余裕が生まれるからだと思われる。もうひとつの理由は、学習、推論、問題解決の能力が、事故を避けたり、慢性的な病気を予防したり、病気になっても複雑な治療方針に根気よく取り組んだりするよう助けてくれるからだろう。逆にＩＱが低いと、乳幼児期の発達過程で、頭を打つなど、健康と長寿に影響するような出来事を引き起こす可能性がある。以上のことから、ＩＱは知能を測るのに最善な方法だと言える。ここで、ふたたび最初の疑問が浮かぶ——はたして知能は高めることができるのだろうか？

知能がある程度遺伝するという事実から逃れることはできない。昔からある一卵性双生児の研究では、双子が実の親から引き離され、まったく異なる家族に別々に育てられても、大人になったふたりのＩＱは酷似し、生物学的な親と強い相関関係があることが示された。以来、何百という研究が、各自の知能の違いの50％は遺伝のせいだと指摘してきた。

たしかに遺伝子は重要だが、運命づけられたものではない。双子のデータが有効である一方、ＩＱは定まったものだという解釈は必ずしも正しくない。この考えの根底にあるのは、人間は自分の遺伝子にふさわしい環境に引きつけられる、というものだ。つまり、遺伝子は環境を選ぶということだ。たとえば背が高ければ、バスケットボールのチームに入って、いい指導を受け、試合に出て、背の低い友人よりも先にバスケットのスキルを開花させる可能性が高い。新たな環境に身を置いたことで、小さな遺伝的違いが増幅する。

知能も同じように考えることができる。もともと認知能力が高い子どもは、より認知的に困難な仕事を楽しみ、同じような価値観の人たちと友人になる可能性がある。脳は、「遺伝子が私たちを私たちたらしめる」というシンプルな見解よりも、トレーニングで鍛えることのできる筋肉に似ている。あるいは、世界でもっとも有名な知能研究者のひとり、ジェームズ・フリンの言うように「個人間の遺伝的差異は、強力な環境要因を各自の星回りに結びつけてきたがために支配的に見える」[3]。要するに、**遺伝子は、私たちの行動に影響を与え、知能を制限する可能性のある見取り図を提供するということだ。一方、環境は、その制限のなかで私たちがどう成長するかを決定する。**これが私たちの知能の発達にどんな意味をもつかは、つぎの項で述べていく。

ＩＱを上げる

環境の変化が知能に良くも悪くも影響を与えるという、さまざまな証拠がある。たとえば、幼少期のヨウ素欠乏症はＩＱの低さに関連しており、発展途上国がこれに対処したところ、子どもたちの認知能力は向上した。寄生虫症の治療や、世界中の石油から鉛を取りのぞくことも同様だ。一方、要求の厳しい仕事でＩＱが向上し、早期退職によってＩＱが低下する可能性もある。つまり、**私たちは、一生にわたって脳力を向上させることも、低下させることもあるということだ。**

おそらく、もっともよく知られた知能向上策は、教育の強化だろう。その効果は何度となく証明されている。たしかに、知能の高い子どもは学校に長く在籍していることが多いが、それがすべてではない。１９６０年代、ノルウェー政府は義務教育の期間を2年延長し、その制度を少しずつ広めていきながら、地域ごとの差異を比較した。そして、徴兵制の一環としてノルウェー人男性全員が受けるＩＱテストについて調査した際、研究者たちは、追加の学校教育によって年間3・7ポイントＩＱが上昇したと結論づけた。同様のパターンはほかでも見られる。あるメタ分析者は、学校教育が1年増えるごとに、ＩＱが1～5ポイント上昇するという結論を発表した[4]。

その理由には、議論の余地がある。単純に、読んだり、算数の勉強をしたり、一般的な知識を身につけたりすることが、ＩＱテストに必要な抽象的思考のいい訓練になるのかもしれないし、学校教育は集中力の保ち方や、あるいはまったく別の何かを教えてくれるのかもしれない。それが何であれ、子ども時代に適切な教育を受けるというのは、知能にとっていいことだし、人生にとってもいいことだ。

成人教育が同様の効果をもたらすかは、はっきりしない。直接的に検証されてはいないものの、ありそうな仮説である。いずれにしても、すべての学びが教室だけで行われるわけではないことを覚えておくといいだろう。ある研究で、被験者の11歳のときと70歳のときのＩＱを比較したところ、（もともとの頭のよさを考慮してもなお）複雑な仕事に就くほど、その後の人生で知能が高くなることがわかった。[5]複雑な仕事に就いたグループは、年齢にともなう衰えは見られるものの、ほかの人よりもその傾向は顕著ではなかった。この結果は「使うか失うか」という仮設（灰色の脳細胞を活性化させることが、良好な状態を保つ最善策であるとする仮説）に一致する。つまり、正式な教育を受けたのがはるか昔でも、ＩＱを高めるためにあなたにできることを示している。

ここで強い警鐘を鳴らすのが賢明だろう。１９９０年代初頭、『ネイチャー』誌に、モーツァルトの楽曲を聴きながら知能テストを受けると、空間的推論などに関する結果が向上した、という論文が発表された。[6]ここから、脳トレ産業が誕生した。

残念ながら、ほかの研究者はモーツァルト効果やその他の関連効果をいまなお再現できていない。２００７年、ドイツの研究省は、音楽と知能に関するあらゆる科学文献の分析を依頼し、受動的に音楽を聴いても知能は上がらないという結論に達した。精神的なパフォーマンスを向上させると言われているコンピューターゲームの研究でも、結果はまちまちだ。脳トレ、知育玩具のベイビー・アインシュタインなどは、IQを高めるという点では、かなり期待外れの状況にある。

最近の研究によると、脳トレの効果は、実践中の脳トレ訓練そのものに関する記憶や言語スキルといった小さな改善にかぎられるという。ただしこうした効果が及ぶのは、脳トレの仕様と類似したタスクだけで、一般的な知能の改善には至らない。また、認知機能をほんの少し向上させるだけでも、数週間や数カ月ではなく、どうやら1年以上の訓練が必要になる。(7)

近年、知能向上に関する人々の関心は、まったく異なる領域に注がれている。2008年、神経科学者たちは、脳を活性化させる薬の需要が高まっていることを認め、『ネイチャー』誌に(脳の)「強化」という考え方は、もはやタブーではないという趣旨の論文を発表した。(8) 議論の中心は、睡眠障害の治療薬として処方される、モダフィニルという薬で、健康な人の場合、意思決定や学習、記憶といった知能の側面のほか、問題解決や創造的思考に必要な「流動的な知能」も向上させるという。

モダフィニルの治験は大成功を収め、売上は急増した。具体的な作用は定かではないが、脳内に分泌されたドーパミンをニューロンが再度取り込むのを阻害することに関係しているらしい。この薬の特徴は、ほかの覚醒剤に見られるような中毒性の高い高揚感や、つらい禁断症状をともなうことなく、脳を活性化させられるという点だ。また、特定の認知機能に関連した脳領域の血流を促進するとも言われている。

当然のことながらイギリスでは、処方箋医薬品を処方箋なしで提供すれば処罰の対象となる。だが、個人で使用する目的でモダフィニルを海外から購入、輸入するのは違法ではない。最近の統計を入手するのは困難だが、２０１１年に『ニュー・サイエンティスト』とＢＢＣの主要時事番組「ニュースナイト」が実施した世論調査では、38％の人が、少なくとも一度はこの認知機能を高める薬を使用したことがあると示唆された。

自分の限界に挑戦したくなるのは人間の性《さが》だ。しかしリスクについてはどうなのだろう？　モダフィニルを製造しているセファロン社は、あくまでこの薬は睡眠障害の治療薬だと主張している。だが、モダフィニルが多くの人にとって（病気の治療を目的としない）生活改善薬になっているのは明らかだろう。これには副作用もあり、その大半は頭痛である。また先天性奇形を引き起こす可能性があるため、妊娠中は使用を控えてほしい。

それでも２０１５年、アメリカのハーバード大学と、イギリスのオックスフォード大学の研究者たちは包括的な検証を行い、これを世界初の安全な「頭のよくなる薬（smart drug）」と結論づけた（ただし、長期的な使用による影響については限定的な情報しかないことを認めている）。

認知機能を高める薬はおそらくこれからも出てくるだろう。しかし、くれぐれも慎重を期す必要がある。このような薬の使用についてはさまざまな分野から批判が寄せられている。たとえば同級生が、試験に備えてそうした薬を服用していると聞かされたらどうだろう？　ライバルがつぎの仕事でほかに差をつけようとそのような薬を使用するのはフェアだろうか？　そして自分が手を出した場合、やめたあとの影響は？　薬で脳力を向上させた自分と、そうでない自分、どちらが本当の自分だろう？　こうした数々の疑問は、脳を活性化させるために薬を服用しようとしているなら、考慮すべき問いである。簡単に答えられるものではないが、数％の強化どころではない脳の薬が登場する前に、まずはこうした一連の疑問について考えるべきだろう。

記憶を理解する

映画『エターナル・サンシャイン』は、ある重大なミスを犯した。医師たちがイライジャ・ウッドの脳をスキャンしている。特定の記憶を探し出し、それを一気に消去するためだ。本当にそれほど簡単ならいいのだが……。現在進行形で機能している記憶は、先ほど話したような一種の機能的知能を支えるのに不可欠なものだ。だが個々の記憶は、取りつけや取り外しが可能な、小さな部品のようには並んでいない。実際、私たちは記憶がどういうものかをよくわかっていない。

ハリー・ポッターの映画では、杖《つえ》の先を頭に当てると出現する銀色の流体であり、ピクサーの映画『インサイド・ヘッド』では、心のなかにある広大な棚に保存されている小さな光る玉だ。しかし実際には、記憶は神経接続の混沌《こんとん》とした網目で形成され、さまざまな要因によって強化されたり取りのぞかれたりする。

私たちは、情報ごとにいくつかの異なるタイプの記憶をもっている。本項の最初に言及した映画のタイトルを覚えているだろうか？　昨夜の夕食は？　１００から７ずつ逆に数えられる？　最初に飼ったペットの名前は？　これらの記憶は、最近遭遇したか、あるいはあなたにとって大切な情報であることから、覚えているはずのものだ――私が子どものころに飼っていた、垂れ耳ウサギのハービーのように。

正確に言うのは難しいが、平均的な記憶力は、一度に４つほどの数字や単語を、最大30秒間保持することができる。(9) そして個人的な侮辱や恥ずかしい失敗などを含めて、本当に意味のある出来事だけが長期記憶として残る。感情を揺さぶられるような出来事に対しては、選択的に強い記憶を抱く。こうした長期記憶は、サンドイッチの概念といった、事実としての意味記憶と、波止場でいちばんおいしそうなサンドイッチをカモメに奪われたといった、経験に関するエピソード記憶に分類される傾向にある。

特定の事柄に関する記憶力がいいからといって、ほかの事柄に関する記憶力もいいとはかぎらない。極端な話、エピソード記憶をまったく保持できない人もいる。「重度のエピソード記憶障害（健忘症）」の人は、いま、自分が夕食を摂《と》っていることは認識していても、再体験するという感覚はない。どちらかというと、事実としての記憶なのだ。

別の極端な例を挙げると、これまでの自分の人生を細部にわたって思い出せることで知られる、50人ほどの人たちがいる。彼らは、１９８３年11月７日のランチに何を食べたかを尋ねられても答えることができるし、その日の天気や、夜に観《み》たテレビ番組、当時の仕事に対する感情なども覚えている。

人の顔を覚えるのがとんでもなく得意な人もいれば、反対に、相貌失認（失顔症）といって、よく知っている人の顔さえ見分けがつかない人もいる。大半の人は、この中間にいるが、ストレスや疲労など、単純なことが記憶に重大な影響を及ぼすこともあり、私たちの記憶力は常に一定というわけではない。

暇を持て余しているときなどに、ふと何かの記憶が思い浮かぶことも多いだろう。これもまた、ごく自然のことである。誰もが経験することで、個人差はあるものの、平均して１日に20回程度、無意識に記憶がよみがえってくる。これはエピソード記憶の典型的な特徴で、頭に浮かんでもすぐ消える。夢と同じで、書き留めておかないとすぐに忘れてしまう。不随意記憶は、私たちが置かれている環境に関連していることが多く、その瞬間に起こっていることと関係している可能性が高い。あるいは以前、その状況に陥ったときのことを思い出させる、ある種の更新や後押しのようなものかもしれない。歳を重ねるにつれ、私たちは不意に思い出すことが多くなり、意識して取り出す記憶が少なくなる傾向にあるが、これはおそらく、歳を取ると思考を抑制するのが難しくなるせいだろう。

私たちの記憶する能力（またはその欠如）は、積み重ねてきた人生経験によるところが大きいようだ。最初は、だいたいみんな同じ記憶力をもっているものの、人生の初期における微妙な違いが、経験や興味によって増幅されていく。よく言われるとおり、女性はエピソード記憶をしっかりと保っている人が多い[10]。男性は、空間情報の記憶が得意な人が多いため、ものや場所のメンタルマップをつくることに長《た》けている[11]。総じて女性は、単語のリストを思い出すなど、言語に関するタスクに強い。また、性格によっても異なるらしく、新しい経験を恐れない人は、エピソード記憶の保持に優れている。

共通しているのは、加齢が記憶に影響を及ぼすという点だ。40歳になって、新たな名前が覚えられないことに気づいても、脳が過負荷状態になっているわけではない——実質的に私たちの記憶のキャパシティには制限がないのだ。むしろ、ニューロン同士を結合する樹状突起の密度の低下など、脳の構造の漸進的な変化によって、記憶の生成や回復がうまく行えなくなっていく。つまり記憶は、年齢とともにどうしても老朽化していくものなのだ。

認知症を心配するのは普通のことだが、しかし奇妙な「ど忘れ」の瞬間があっても警戒する必要はない。本章の後半で、脳の衰えを防ぐ方法について説明するが、このプロセスは完全に正常である。脳の衰えだけでなく、ほかの記憶スキルも年齢とともに低下し、たとえばマルチタスクは難しくなる。正常でないことを示すサインのひとつは、促されても記憶を呼び起こせない場合である。通常の加齢では、思い出すのに時間がかかるだけかもしれないが、初期のアルツハイマー型認知症では、情報自体が劣化しているため、時間をかけても思い出すことができない。こうした症状が見られたら、あるいは日常生活に支障が出るようであれば、医師に相談してほしい。

記憶の達人になる

嘘《うそ》みたいな話だが、思い出す力は、生まれつきの才能ではなく、訓練された戦略や記憶のトリックによるものだという研究結果が続々と示されている。ニーモニスト、つまり記憶の達人は、一見すると私たちと同じに思える。彼らが使う、数分で数百もの言葉や数字を覚えるテクニックは、誰でも習得できる。ニーモニストになるのは意外と簡単なのだ。

一流の記憶術師たちが頼りにしているのは、「座の方法」と呼ばれる記憶術だ。これは通勤ルートや家のなかの動線など、自分のよく知るルートを想像し、そのルート上の目印と、新たに学ぶ情報を関連づけるというものだ。あとから脳内で同じルートをめぐり、それぞれの目印に関連する対象物をイメージすることで情報を取り出していく。

ある研究で、この方法が記憶力向上に役立つかどうかを確認するために、51人の被験者を募り、３つのグループに分けた。ひとつ目のグループは、１日30分、６週にわたって「座の方法」を実践するよう指示された。ふたつ目のグループは、短期間で情報を覚える訓練をするよう指示されたが、特定の戦略は与えられなかった。３つ目のグループは何の訓練もしなかった。

実験開始時には、被験者は72個の単語リストから、平均26〜30個の単語を覚えることができた。６週間後、「座の方法」を実践したグループは、そこからさらに35個の単語を記憶した。ほかのグループでもわずかな改善が見られ、２番目のグループでは11個、３番目のグループでは９個増加した。うれしいことに、これは長期的な効果をもたらし、４カ月後も「座の方法」のグループはほかのふたつのグループより格段にいい成績を収めた[12]。

このトリックの秘密は、（とくにそれらのイメージを整然とした場所に配置する場合）脳が文脈のない言葉や数字より、イメージを記憶することを好む点にある。このイメージが豊かであるほど、情報を思い出しやすくなる。わずか1年の訓練で全米記憶力チャンピオンになったジョシュア・フォアによると、このテクニックはすべて、脈絡のない情報、たとえば適当な数字の羅列などを、何か意味のあるものに関連づけることに帰結するという。そのための方法のひとつは、覚えようとしているものを視覚化し、その記憶をできるだけ印象的なものにすることだ。

この方法を身につけることで、買い物リストを簡単に覚えられるようになったり、家族の集まりでみんなを驚かせたりすることはできるかもしれないが、残念ながら、日常生活で使う能力は向上しないだろう。世界的な記憶術師のなかには、記憶の輪のなかで驚異的な偉業を成し遂げる人も少なくないが、私たち同様、普段の生活では忘れっぽくなることもある。

デジタルメモリー汚染を防ぐ

記憶といえば、現代社会には大きな懸念がある。テクノロジーが及ぼす影響だ。これはいまにはじまったことではない。ソクラテスが文字の台頭を批判し「記憶を侵食し、現実ではなく知識の幻想を与える」と述べたのは有名だ。１９７０年代、学校での電卓使用が大きな問題となった。現在では、私たちと深く結びついている電子機器の使用によって、心的能力が低下するのではないかと懸念されている。手のなかにあるスマートフォンがすべての連絡先、友人の誕生日、アポイント、行き先の経路を把握しているなら、私たち自身の記憶力が失われるのは必然ではないだろうか？

答えはイエスでもあり、ノーでもある。エビデンスによると、テクノロジーが私たちの記憶をひどく歪《ゆが》める心配をする必要はないとする一方で、注意すべき点もいくつかあるという。たとえば、**学びに関して、スクリーンを使用すると、本よりも効率が若干下がるが、これはウェブサイトを見たい、メールや最新の口コミ動画をチェックしたいという衝動に駆られるためだろう。そうした誘惑がなくても、スクリーンの読書から得られるものは（紙の読書より）少ないようだ。**被験者にKindleか紙の本でミステリー小説を読むよう指示したところ、紙で読んだ人たちは、Kindle組よりあらすじの再構築がうまく、14の出来事を正しい順序で並べる作業も2倍近く正確だった。(13)

これは、紙の本のほうが脳にとってあらすじを思い出す物理的手がかりが多く、ここまで見てきたように、視覚的な関連の多いほうが記憶した内容は容易に思い出せるためだと考えられる。たとえば、ある人物が突然の死を迎えたのは、本の半分を過ぎたあたりの左ページ、または3分の1を過ぎたところだった、というふうに。

また、デジタルサービスを使って、特定の記憶をあえて外部に委託したりもする。おそらく最大のデータダンプは、ソーシャルメディアに投稿された何千もの写真や、私たちの生活の記録を更新していくスナップショットだろう。写真を撮ったり、ストーリーを共有したりすることは、その出来事の記憶を残すのに役立つと思うかもしれないが、実際は逆である。プリンストン大学の研究者が企画したツアーで、写真を撮るよう勧められた人たちは、後日、ツアーに関する記憶が曖昧だったという。デジタル写真という形であっても、体験の「ハード」コピーを作成すると、頭のなかには縮小された「ソフト」コピーしか残らない。

情報が手元にあるというだけで、記憶の保持力に影響を及ぼすようだ。テストされるか否かにかかわらず、あとからその情報にアクセスできると思うと、情報そのものを思い出す能力が低下し、代わりに（情報が保存されている）アクセス先の記憶が強化される[14]。

こうした研究は、中身を覚えなくても、保存先を覚えておけばいいという事実を反映しながら、テクノロジーが記憶力の低下ではなく、変化をもたらしていることを示唆している。これは場合によってはいいことなのかもしれない。被験者にふたつの単語リストを渡し、20秒でそれらを記憶してもらったところ、最初のリストを削除せずに、コンピューターに保存してからつぎのリストに移るよう言われた人は、後日、2番目のリストの情報をより多く記憶することができた。それはまるで、新たな情報を記憶できるよう、認知的オフローディングが、脳の重要な資源を解放したかのようだった。[15]

とはいえ、デバイスに頼りすぎると、実際の記憶力の程度がわからなくなってしまう可能性がある。ある出来事を覚えておくべきか否かについて、私たちは常に判断を下している。明日まで覚えておいたほうがいい情報だろうか？　書き留めておいたほうがいいだろうか？　リマインダーを設定する？　これはメタ記憶と呼ばれ、どうやらテクノロジーがこのメタ記憶を台無しにしているようなのだ。たとえば、「zip の機能は何か？」という一般的な質問に、インターネットの力を借りて答えた人は、インターネットに接続せずに答えた人に比べて、覚えていると思っている情報量や、その他の無関係な話題に関する自分の知識を過大評価していた。自分のもっている知識と、機械から得た知識の区別がつかなくなってしまうのだ。

ただし、この問題は、デジタル機器が使えない環境に置かれないと実感できないのかもしれない。人里離れた田舎、試験開始時、緊急時、あるいは技術的惨事など、テクノロジーが消えたときに生じる困難を、おそらく私たちは過小評価している。

私たちは記憶の変化を自覚していないかもしれないが、私たちとデバイスのあいだのインターフェースは、確実に微調整が行われている。脳は適応しはじめるだろう。これほど効率的なのに、何かのために使われていない貴重な領域を、そのまま使用しないのは馬鹿げているからだ。**最大の防御は、ときどき紙とペンを用意したり、カメラをもたずに心の目で記録したり、スクリーンではなく教科書を見直したりして、記憶力を維持することだ。**

復習の話はしただろうか？　誰もが人生のある段階で遭遇する状況がある。心を鋭く研ぎ澄ませておけば、将来に間違いなく前向きな影響を与える状況だ。では、つぎにそれを見ていこう。

試験で好成績を収める

私の友人（ここではかりにフランと呼ぶ）は、私の知るなかでもっとも賢い人間のひとりだ。試験はすべてトップクラスで合格し、オックスフォード大学で第1級の優等学位を取得、法律事務所ではイギリス最年少のパートナーのひとりになった。私はこの章を執筆しながら、試験でいい点を取ることにかけては右に出る者がいない彼女のエピソードを思い出していた。「何か秘密があるの？」と私は訊《き》いた。彼女は笑って、試験前にウォッカのショットを飲むことが関係あるのかも、と言った。本当に面白いのは、彼女が実際に何かつかんでいたのかもしれない、ということだ。

お酒はさておき、試験でいい点を取るためのほかのテクニックを見てみよう。みんなそれぞれ、お気に入りの復習方法というものがある。色つきのマインドマップを愛用する人もいれば、単語帳を使う人もいるだろう。もっとも一般的なのは、ノートを読み返して関連箇所にマーカーで線を引く、というものだ。しかしここで難問だ――長時間の努力に対して、最大の見返りが得られる方法は？

科学的には、特定の、短期的な目的のための記憶に関して、ずば抜けて優れた手法があることが示唆されている。シンプルに、思い出すことだ。アリストテレスが「物事をくり返し思い出すことで、記憶は強化される」と書き残してから２０００年以上が経《た》つが、認知科学者が、このいわゆる「検索練習（retrieval practice）」の有効性を認めるようになったのは、最近になってからだ。

２００８年に行われた画期的な研究では、インディアナ州の研究者が、40人の学生に40個のスワヒリ語を覚えるよう指示した。正解か不正解かのフィードバックは与えられないが、勉強中に何度も「この単語は？」と尋ねられた学生たちは、１週間後に行われた試験で、平均正解率80％という高得点を獲得した。一方、積極的に自分の記憶をテストすることなく、ただ単語をくり返し勉強した学生たちは、平均正解率がわずか36％だった[16]。

その後の実験でも、テキストの一部の情報を表すために、不可思議できれいなバブルダイアグラムを描くといったより積極的な勉強方法よりも、検索練習のほうが優れていることが示された。しかも、有効なのは言語を勉強する学生に対してだけではない。児童、医学生、認知リハビリテーションを行っている神経疾患患者の全員、定期的に記憶をテストすることで、うまくタスクをこなせるようになる。

いつ勉強するかも重要だ。余分な労力をかけずにより多くのことを記憶するには、きちんと時間を決めて取り組むのが最善だ。仮眠の効果についてはすでに第7章で説明したが、多くの実験によって、新しいことを学んだ直後の睡眠は――それが夜の長い睡眠であれ、午後の適切な仮眠であれ――脳が直近の記憶を強化するのに有効であることがわかっている。

さらに、**休憩のタイミングも考えたほうがいいだろう。一度に集中的に覚えようとするよりも、休憩を挟んで教材を見直すと、はるかに効率よく学習できる。**驚いたことに、この休憩時間（インターバル）が記憶力に影響するらしく、適切に休憩を取ることができれば、容易に1〜2段階成績を上げることができるのだ。具体的には、試験勉強から試験本番までの、10〜20％に相当する間隔で、教材を見直すのが最適らしい。つまり、24時間後のテストに向けてなら、最初の見直しから約2～5時間後にもう一度復習する。まったく同じ復習時間でも、この間隔で復習したほうが、10％は高い点が取れるという。[17]

さて、はたして友人のフランは正しかったのだろうか？　ほんの少しの強いお酒は助けになるのだろうか？　それは各自の目的しだいだろう。シングルのルシアン・コーク（ウォッカのコーラ割り）程度のお酒なら、たしかに創造的な解決策や、既成概念にとらわれない思考をもたらす助けになる。理論的には、アルコールはワーキングメモリの容量、言い換えれば、周辺情報を遮断しながらひとつのことに集中する能力を低下させる。こうした壁が下がることで、意識がさまよい、普段なら見逃すような新奇なつながりが形成されるのだが、これが脳の創造性の基礎だと考えられている。

ただし、注意事項がある。よく知られているように、アルコールは、詳細な計画や意思決定をともなうタスクに必要な実行機能、または専門的な質問や、本能的な反応を制御しなければならない質問に答えるために必要な実行機能を損なう恐れがある。それに現実問題として、玄関ホールや面接室の外で千鳥足になっている姿は、やはりいただけないだろう。

脳の衰えを防ぐ

いますぐどうこうする必要はないかもしれないが、歳を取っても、頭ははっきりさせておきたいし、老後に備えて、いまのうちからいい習慣を身につけておくに越したことはない。脳がよく筋肉にたとえられるのには理由がある。きちんと鍛えれば、強さを維持できるからだ。しかし先の項で述べたように、脳トレアプリは大半が虚偽である。**認知機能を鍛えるには、「認知予備力」と言われるものを向上させる活動を見つけることが重要だ。**

これは、認知機能の低下が起こる前に、脳が損傷に耐えられるようにする、メンタルの水増し、予備の神経能力と考えてもらうといいだろう。脳に同程度の損傷があっても、人によって日常生活で受ける影響が異なるのは、このためだ。認知予備力は、ＩＱや教育水準の高さに関連している。（高齢者の絶対数が増えているにもかかわらず）先進国でここ何年も認知症の発症率が低下している理由は、ここにあるのかもしれない。

有効だと思われる選択肢のひとつは、活発な社会活動だ。結婚が認知機能と認知症のリスクの低下に強く関係しているという複数のエビデンスがあるが、理論的に言えば、これは良好な関係を維持するための定期的な会話や精神的努力のおかげだろう[18]。しかし、社会的接触で、これがいちばん、というものはない。できるだけ友情を大切にしてほしいのはここにも理由がある（詳しくは第4章参照）。

ほかにも、言語や楽器演奏の習得に挑戦してみるのもいい考えだ。**バイリンガルの人は1カ国語しか話せない人より認知症の発症が遅いし、楽器の練習は晩年に衰えはじめる脳の領域を守ってくれると考えられている。**目的意識もまた、脳の衰えを防ぐのに役立つらしい。これに関する最大規模の調査では、3500人に、人生における目的意識について尋ねている。自分の人生には進むべき方向性があり、目標があることで行動が促進されていると感じている人々は、記憶や認知の課題を与えられると好成績を収める傾向にあった。これは、目的意識がモチベーションとなり、認知予備力の形成に役立つ行動に駆り立てられるからと考えられる。また目的意識があると、より活発で社交的になりやすい。

第6章で、心臓、筋肉、肺を動かすと認知症を予防する脳内物質が増加すること、適切な食事で認知機能の低下を何年も遅らせられること、（第7章で）睡眠が脳に損傷を与える可能性のある脳のゴミを夜間に取りのぞいてくれることを見てきた。しかし、脳の衰えを防ぐもっとも効果的な方法のひとつは、意外なところにあるのかもしれない。科学は新しく、完全には確立されていない。それでも、歯磨きの仕方について少し考えてみたい。

2017年、ニューヨーク大学のベイ・ウーは、奇妙な研究結果を発表した。中国に住む約8000人の人々の生活を13年間追跡調査し、認知機能と歯の数を記録しつづけた彼女は、やがて、（年齢とともに起こる双方の自然な変化を考慮してもなお）歯の喪失と認知機能の低下に強い相関関係があることを発見したのだ。この研究結果はあまり注目されなかったが、注目されるべきだったと思う。数年後、ある画期的な論文で、**「アルツハイマー病は歯周病に関係するバクテリアによって引き起こされる可能性がある」**という有力な証拠が提示されたのだ。

何十年ものあいだ、アルツハイマー病の研究者たちは「アミロイド」と「タウ」という、2種類のタンパク質の脳への蓄積に注目してきた。これらのタンパク質は、ニューロンを破壊する、粘着性のプラークやタングルを形成する。だが、このタンパク質の除去は困難であることが明らかとなり、アルツハイマー病の薬の開発は、99％の確率で失敗してきた。さらに、優れた記憶力をもつ90代の人々を含め、プラークやタングルがあっても認知症を発症しない人々がいることも、失敗に拍車をかけていた。

だがやがて、粘着性のアミロイドがバクテリアに対する防御として機能することが明らかになった。アルツハイマー病のタンパク質をつくるよう操作したマウスの脳にバクテリアを注入すると、ひと晩でバクテリア細胞の周囲にプラークが繁殖したのだ。歯周病とアルツハイマー病の関連はすでに知られていたが、それは単なる症状だと思われていた。しかしこの結果は、ポルフィロモナス・ジンジバリスという、歯周病に関与する主要なバクテリアにスポットライトを当てた。研究によると、このバクテリアは、アルツハイマー病にかかわる脳領域に侵入して炎症を起こすことが判明しており、また、歯周病はアルツハイマー病のマウスの症状を悪化させると同時に、健康なマウスにもアルツハイマー病に似た脳の炎症、神経損傷、老人斑を引き起こす可能性があるという。

２０１９年、研究者たちは、記憶にとって重要な脳領域、海馬から採取した人間のアルツハイマー病の脳サンプル54個から、96〜99％の割合で、ポルフィロモナス・ジンジバリスがヒト組織を摂取するのに使用する、ふたつの酵素を発見したと報告した。これらのタンパク質分解酵素はジンジパインと呼ばれ、脳組織でより多く見つかるが、タウのかけらも多く含まれているため、認知機能が低下する。

さらに研究者たちが、健康な人の脳でポルフィロモナス・ジンジバリスによる徴候を探したところ、いくつかは見つかったものの、低水準だった。これはアルツハイマー病を発症した結果、ポルフィロモナス・ジンジバリスが脳に侵入したわけではない、という説を支持することになるが、やはり原因である可能性は否めない。

十分な知識があるみなさんなら、相関関係は因果関係をほのめかしている、と述べる際は注意が必要なことはご存じだろう。ふたつの要因のあいだにあるつながりが、必ずしもいずれかを引き起こす原因であるとはかぎらず、両者にはまったく別の原因が存在する可能性もあるからだ。アルツハイマー病の研究や薬の開発の失敗に関する歴史は、おそらく注意を払うべき、さらなる理由となる。しかしこのケースでは、複数の実験が収束し、アルツハイマー病の背後には、実際に歯周病の存在がある可能性が示唆されている。たとえば、ポルフィロモナス・ジンジバリスを与えられたマウスは、認知症を発症した。そしてこのバクテリアを殺す薬を投与されると、認知症の症状は緩和したのだ。

同様のことが人間にも当てはまるかもしれないというヒントがある。**（タンパク質分解酵素）ジンジパインを多くもつ人ほど、アルツハイマー病の症状が重いのだ。もちろん、これだけが症状悪化の原因とはかぎらないが、いまのところ、万一に備えて歯周病を予防するのが賢明かもしれない。**少なくとも、電動歯ブラシで磨いたり、フロスを使ったり、定期的に歯医者に行ったりすれば、明るい笑顔になれるだろう。

いつか、新しいニューロンを移植し、失われたニューロンを物理的に置き換えることができる日が来るかもしれない。現在、胎児のニューロンを用いた（胎児のニューロンを成長させ、代わりのニューロンとして置き換えることを目的とした）パーキンソン病の治験が進行中だ。また、電気で脳を刺激し、記憶力、想像力、数学的能力などの認知機能を改善できるようになるかもしれない。あるいは、若者の血液を注入することになるかもしれないが、このプロセスは、動物を使った実験である程度有望な結果が示されており、現在はアルツハイマー病の治療法として研究が行われている。しかし私は、こうしたものが今後数十年は実現しないと思っている。だからそれまでは、友人と多くの時間を過ごし、歯を磨き、人生の目的に取り組んだほうがずっと楽しいのではないかと思う。

知能を高めるためのヒント

- 教育期間を延ばす。1年ごとにＩＱが１～５ポイント上昇する可能性がある。
- 脳は言葉よりイメージでの記憶を好むので、次回大切なことを覚える際は、概念や事実ではなく、印象的な、または面白いイメージと結びつけるといい。卵を買うことを覚えておく必要があるなら、買い物リストを口にするより、頭のなかで卵をひとつ割ってみよう。店に着いたらすぐに思い出せるはずだ。
- たまにはデジタルの助けを手放して、昔ながらの方法で記憶力を維持しよう。紙とペンをもつ、カメラはもたず心の目で記録する、スクリーンではなく教科書で復習する。
- 試験勉強の見直しをするなら、勉強してから試験を受けるまでの時間の10～20％に相当する間隔で見直すと、テストの点数を少なくとも10％は上げることができる。
- 社交的になる。良好な人間関係を維持するための定期的な会話や精神的努力は、脳をいい状態に保つのに役立つ。

第10章　賢くなるためには

前章の冒頭で、この章は前章のつづきになると述べた。本章は、ＩＱテストで測定される知能そのものを超えた、知的な行動の要素を検証していくための、ある種のカウンターパートとしての役割を果たす。

したがって本章は、前章で書いた早熟な私の子ども時代の話と反対の話からはじめるのが正しいだろう。それは、その後何年も私に重くのしかかる出来事だった。10代のはじめのことだ。両親が出かけていたある日の夕方、電話が鳴った。電話をかけてきた男性は気さくな人だった。自分は保険会社の従業員で、少し確認してほしいことがあるのだけれど時間はあるかと尋ね、私が両親の留守を告げると、大丈夫、たぶん君でも答えられることだからと言った。

私は力になりたいと思った。質問は家族の人数、部屋の数、車の所有台数からはじまり、警報やドアの鍵についても尋ねられた。20分後、どんな宝飾品がどの部屋に置かれているかといった具体的な情報に質問が及んだところで、ようやく私は事態を飲みこみ、パニックになった。私は心臓をバクバクさせながら、受話器を乱暴に置いた。そしてこの話は、母にも父にもしなかった。

たしかに、私は子どもだったとはいえ、頭はかなりよかったはずだ。なのに、なぜ、あれほど簡単に引っかかってしまったのか？　答えは、おそらく明白だろう。テストで1番を取るような賢さは、知性の一部でしかないのだ。ＩＱが高いからといって、愚かな間違いを犯さないとはかぎらない。

これは、自分を知的だと思っている人にぜひ覚えておいてほしい事実だが、人間は思考が苦手だ。おかしな決断を下したり、ひどい判断ミスをしたりする。絶望的に偏っているし、特定の思考に依存している。一貫して自分の能力を過大評価する一方で、状況を明確に理解、分析するための認知ツールが不足していることもある。

人間の欠陥だらけの思考に関する多くの科学に触れたことで、私は自分の実際の知性について再度考えるようになった。みなさんもぜひ、自分の知性についていま一度考えてみてほしい。知能や記憶力など、測定可能な要素を超えた「知恵」と呼ばれるものは、生活全般において役に立つし、その影響は、学力テストから、社会的・道徳的義務、新車の選択、詐欺の回避まで、あらゆる領域に及ぶだろう。

知恵を理解する

あやしげな保険屋との一件を思えば、ポール・フランプトンに多少の同情は寄せてしかるべきかもしれない。68歳、バツイチの彼は、グラマラスなチェコ人モデル、デニス・ミラーニと名乗る人物と出会い系サイトで知り合い、嬉々《きき》として親交を深めた。フランプトンは美しい彼女にぞっこんだったようで、ふたりは、彼女が南米でモデルの仕事をしているあいだに会う約束をした。しかし彼がボリビアのラパスに着くと、ミラーニはすでに別の撮影のためにボリビアをあとにしていた。彼女はスーツケースを置いてきてしまったので、もってきてほしいという。スーツケースを手にしたフランプトンは、しかしアルゼンチンのブエノスアイレス空港で逮捕され、2キログラムのコカインを密輸した罪で起訴されてしまう。

あからさまなハニートラップのように思えるが、フランプトンはけっして知性のない人間ではなかった。ひも理論や場の量子論に関する論文を執筆するような、著名な物理学者だったのだ。では、なぜそれほど知的な人物が、こんな愚かな真似《まね》をしでかしたのか？心理学研究によると、フランプトンの行動はそれほど奇妙なことではないらしい。これまで見てきたように、ＩＱは日常生活における多くの重大事と相関しているが、知性と専門性のおかげで、ときとして愚かな過ちを犯しやすくなるという。

知恵も、知能同様定義が難しいところだが、大まかに言えば、愚かな過ちを犯さないための能力、つまり、思考の失敗を回避し、「よい」決断をするための一連の心的能力である。これは批判的思考能力、リスクと不確実性を評価する能力、矛盾する証拠を比較検討する能力を意味し、それらによって、知識と経験を、自己認識と他者の動機を理解する能力に結びつける。これは、長所だけでなく限界を、知っていることだけでなく知らないことを、あなたや他者が抱きやすい、判断を曇らせる偏見を認識しながら、外の視点で自分の知性を眺めることに似ている。つまり、いろいろな要素が絡み合っているのだ。**心理学者たちは、一般的に知恵は、経験から得られるという説に同意しているが、それだけでは十分でない。経験を積めば自動的に賢くなるわけではないのである。**

知能と知恵が折り合わない原因については、さまざまな説明がなされている。近年よく登場するのは、決断がまずい人は、熟慮型の「システム2」ではなく、直感型の「システム1」に頼りすぎているという説だ。簡単に言えば、抽象的な推論をする能力はあっても、人生の問題をじっくり考える能力はないということだ。本章の後半で、このふたつの思考モデルと、その違いについて詳しく説明する。

幸いにも科学は、私たちが賢明な思考能力を低下させるような、大きな罠《わな》にはまらないよう助けてくれる。それは、人間の思考法に共通する、いくつかの欠点を認識することからはじまる。

認知バイアスを回避する

まず、人間の思考の一般的な偏り――いかに現実を見ていないか――について考えていきたい。さて、ここで質問だ。あなたが偏った判断を下す可能性は、平均的な人より低いだろうか？

この質問に答える前に、つぎの商品のうち、どちらが好ましいかを考えてほしい。「95％脂質オフ」と書かれているものと「脂質5％」と謳《うた》っているもの。前者を選ぶなら、多くの人同様、あなたは騙《だま》されている。これはフレーミング効果と呼ばれるよくある罠で、言い回しによって特定の文章や統計を実際より好意的にとらえるという私たちの傾向を利用したものだ（ちなみにこの方法は、のちほど第11章で詳しく説明するが、議論で自分の主張を通したい場合にも有効だ）。

また、サンクコスト効果もある。これは、途中でやめるより、結局多くのコストがかかるにもかかわらず、初期投資を無駄にしたくないがために、うまくいっていないプロジェクトにリソースをつぎこんでしまう傾向だ。あるいは、ランダムな確率がいずれ均等になると信じる、ギャンブラーの誤謬《ごびゅう》。ルーレットで3回つづけて赤が出たら、つぎは黒に賭けようと思う人はどのくらいいるだろう？

ここまでで、もし自分はバイアス思考に陥りにくいと思った人がいるなら、それは自己高揚バイアス、いわゆる「平均以上効果」である。これは、少なくとも西洋人の多くが抱いているもので、運転から仕事まで、誰もが自分は平均以上だと考える傾向だ。ある古典的な研究では、アメリカのドライバーの93％が、自分の運転技術を平均以上だと評価している。最初にこの平均以上効果を明らかにしたのは、これ以前に行われた少人数を対象にした研究だったが、その調査では、直近に事故で入院していたにもかかわらず、全員が自分の運転を平均以上だと評価した。

このほか、多くの類似したバイアスの影響で、私たちは（自分ではかなり知的だと思っていても）しょっちゅう馬鹿なことをやらかしてしまう。この現象は「理性障害」と名づけられている。これが起こる根本的な原因のひとつは、感情を調整、分析、説明するスキルが足りないからかもしれない。たとえばサンクコスト効果を回避するには、初期投資の損失に対する後悔を乗り越える必要がある。

一連の証拠によると、バイアスを克服するいい方法のひとつは、自分の専門性を疑うことだという。試験でいい点数を取るような賢い学生は、バイアスの盲点が大きくなり、ほかの学生よりも、バイアスの力を過小評価する傾向があることがわかっている。

マサチューセッツ州ウィリアム大学のネイト・コーネルは、数学者、歴史家、スポーツ選手のグループに、各分野の著名人の名前を示し、その人物がわかるかどうかを尋ねた。被験者たちは、自分の専門分野で活躍したと思われる人物については、知っていると答える確率が格段に高かった——彼らが偽の著名人にもかかわらず。

当時イェール大学にいたマシュー・フィッシャーも、専門分野のテーマについて大学院生に尋ねた際、同様の光景を目にしている。学位の核となるテーマについての知識を確認したかったフィッシャーは、学生たちにまず、自分の専門分野の基本原理をどの程度理解しているか評価してもらった。たとえば、物理学であれば熱力学をどの程度理解しているか、生物学であればクレブス回路の説明をどの程度できるかなど。

それから抜き打ちテストを行い、学生たちに、自分が知っていると主張した原理の詳細を記述するよう求めた。主張とは裏腹に、多くの学生が書きあぐね、筋の通った説明をするのに苦労した。一方で、専門外のトピック、もっと一般的な日常生活に関する話題などでは、彼らは自分の知識をより現実的に評価した。

これが心配なのは、さらなる調査で、専門性の認識は「既得教条主義（earned dogmatism）」と呼ばれるものをもたらす可能性が示唆されているからだ。これは、異論を唱える意見を拒否しながら、あるテーマについて心を閉ざしつづける権利があると考えることだ。たとえば、かつて自分が学んだ経済学に基づいた古い理論をもっている政治家は、既得教条主義のせいで、新たな情報を無視するかもしれない。

ノーベル賞受賞者が後年、奇妙な理論を展開する「ノーベル病」にも、既得教条主義が垣間見《かいまみ》える。悪名高い例が、いまや遺伝学研究に欠かせないポリメラーゼ連鎖反応研究の先駆者でありながら、のちに気候変動懐疑論者、エイズ否定論者となったキャリー・マリスだ。また、DNAの発見者のひとり、ジェームズ・ワトソンは、人種による知能の違いについて、優秀な同僚からたびたび批判を受けているにもかかわらず、いまだに時代遅れの偏見をもっている。ノーベル賞受賞という確固たる地位を得たことで、極めて基本的なエビデンスでさえも、自分の意見と異なれば否定できてしまうのだ。

さらに知恵が鈍る可能性があるのは、自分のことを判断するときだ。これはソロモンのパラドックスと呼ばれ、約3000年前にイスラエルを統治し、他人の問題に対して賢明な判断を下すことで有名だったソロモン王がその由来となっている。ソロモンは、（他人への助言は的確なのに）自分のことになると、あまり賢明ではなかったという。宗教の教えに反して何百人もの異教徒の妻や妾《めかけ》をもち、ひとり息子の教育に失敗し、その結果、息子は無能な暴君へと成長し、最終的に王国の滅亡を招いてしまう。

この問題には誰もが陥りやすいらしい。ソロモン同様、**私たちもまた、他人の窮地を救うほうが得意であり、言い換えれば、自分のこととなるとまったく思考が働かなくなることが多い。**これに関する先駆的なテストを作成したのは、カナダのウォータールー大学の心理学者、イゴール・グロスマンで、このテストでは、政治的および個人的なさまざまなジレンマが提示される。スコアは、独断的で、絶対的な言葉で考えるのではなく、相反する視点を探求する意欲や、ある状況に内在する不確実性を認識する能力などの基準に従ってつけられる。自分の無知を認め、情報を求める姿勢を示すことができるか否かの知的謙虚さも判断基準のひとつだ。グロスマンは、この「賢い推論（wise reasoning）」テストの総合得点と従来のＩＱとの関連はごく薄く、このテストの点数は、ＩＱよりも全般的な健康やウェルビーイングを予測する傾向があることを発見した(1)。

この「自分のことはうまく考えられない」事象について考え出すと、あなたにも思い当たることが多々あるのではないかと思う。私はこの章を執筆中に、新型コロナウイルスによるロックダウンのさなか、いかに仕事とホームスクールのバランスを取るべきかという問題について、多くの時間を割いて友人たちに助言した。ゲーム、アクティビティ、アニメはすべて幼児期の子どもが言葉、色、概念を学ぶ助けになることが科学で証明されているから心配ない、とみんなに伝えるのは簡単だった。が、その理屈を自分の日常に当てはめようとすると難しかった。

幸いにも、シンプルなステップをいくつか踏めば、バイアスをなるべくもたずに賢く考えることができる。まず（政治的なことから個人的なことまで）問題を考える際には、自分の問題ではなく、他人の問題を議論しているのだと想定する。自分と距離を取ることで、バイアスを減らし、心を開いて臨むという姿勢を取り戻すことができるだろう。

つぎに、状況に対する自分の判断をくり返し問う。先の章で紹介したマインドフルネスの訓練がここでも役に立つ――より賢く、合理的なスタンスで、サンクコスト効果による誤りなどの失敗を減らすよう促してくれるはずだ[2]。

最後に、訓練を重ねることで、自分のバイアスや論理的な誤りを認識し、過ちを犯す前に理性障害の可能性に気づくことができるようになるという有力な証拠がある。**もっとも効果的なのは、一旦立ち止まって逆のことを考えてみることだ。自分の思い込みや直感に積極的に挑み、別の仮説を探してみてほしい。**

自分で実践するのもいいが、子どもや職場の人たちに教えてあげるのもいいだろう。あなたも同僚も自分には才能があると思っているかもしれないし、知的な人に囲まれていると考えているかもしれない。しかし、真剣に努力をしなければ、誰でも過ちを犯す可能性がある。くれぐれも注意してほしい。

本当の自分を知る

いま話した認知バイアスの認識には、自己認識の能力が暗に含まれている。自己啓発の多くは、自分自身について正確な判断ができるかが肝になるが、これは非常に困難なことである。私たちの思考の欠陥は、自分を評価しようとすることからはじまるのだ。

たとえば先ほど触れた、自己高揚バイアス。この現象に関する研究によると、私たちはもっとも関心のある特性――非常に望ましい、あるいは極めて望ましくない特性――を判断する段になると、とりわけ錯覚を起こすことがわかっている。[3]例を挙げると、知能に関する生徒の自己申告は、IQテストの結果とほとんど無関係であるが、自尊心の高い人は自分の知能を過大評価し（私は子どものころ、クラスで1番だった！）、自尊心の低い人は自分の知能を過小評価する。

これは、もっとも自己価値と結びつけて考えやすい資質、たとえば知性だけでなく身体的な魅力に関しても、私たちの判断は客観性よりも自信に基づいている可能性を示唆している（自信がないから自信をつけたいという人は、第3章を再読してほしい）。自分をよく見ようとする傾向は、一見するといいことのように思える。それに、この精神的戦略にはたしかに利点がある。自分が平均より優れていると思えば、気分がいいし、精神の健康も守られるのだ。また、自分を過信することで社会的地位が上がることもある。[4]一方で、自分の能力を過小評価すれば、自分を試す機会が減るので、失敗から身を守れるかもしれない。

ただし、慎重になるべき理由もある。自己誤認は、そのコストと比較するとメリットが薄い。人生や社会で前進するために、私たちはどこで努力し、どんな結果に自尊心を賭けるかを選択しなければならないが、自己認識が不正確だと、誤った選択をし、他者との対立が助長され、最終的に努力が無駄になってしまう。

では、自分が優越感に浸っているかどうかを見極め、さらにそれを避けるにはどうしたらいいだろう？　これにはいくつかのポイントがある。もしあなたが自分には専門性や経験があると思っているなら、あなたの自己認識力はおそらく高い。たとえば医師は、一般人より自分の医学知識の範囲を正確に把握しているし、プロのスポーツ選手は素人より自分のスポーツ技術をよくわかっている。反対に、若くて経験が浅い人ほど、まだ経験を積んでいない事柄に関して、粗雑な洞察力を露呈することが多い。

もちろん、あなたは本当に平均より賢いのかもしれない。だが、**自分の得意なことを考える際は、専門分野の話をする場合は別として、謙虚さの側で間違うほうがいいだろう。もしくは、自分の判断を信頼する代わりに、テストをして確認する。また、自分が実際どうであるかだけでなく、他人からどう見えるかということを覚えておくのも重要だ。**あなたが接する相手はあなたを映す鏡をもっている。私たちはどの程度明確に、そこに映る自分の姿を認識しているだろう？

いい知らせは、私たちはたいてい、人からどう見られているかということに対して、合理的な見識をもっているということだ。一方悪い知らせは、特定の個人の考えを知るのが得意ではないという点だが、理由のひとつは、相手が実際よりも自分のことをよくわかっていると思い込んでいるからだろう。たとえば誰かに、あなたのダーツの腕前を赤の他人がどう判断するかを尋ねると、あなたは赤の他人が知るよしもない過去の記憶を用いて結論を出す傾向があるという。自分のことをよく知っているせいで、自分に対する他者の視点を知るのが難しいのだ。

もっと不思議なこともある。コンコルディア縦断リスク計画（Concordia Longitudinal Risk Project）として知られるある長期的な研究では、6歳から14歳の子どもたちに、自分とクラスメートの攻撃性、好感度、社会的引きこもり度を測定するよう依頼した。20年後、自己評価よりも仲間からの評価のほうが、大人になってからの特性とはるかに密接に関連していた。

さらに詳しく見てみると、自分の思考や感情に四六時中浸っていると、神経症的傾向や誠実性といった、私的な資質に関する洞察は深まる一方で、比較的容易に観察できる性格の側面の評価は妨げてしまうらしい。たとえば、誰かに「あなたはどの程度親切で思いやりがあるか」と尋ねられたら、あなたは自分の実際の親切心や思いやりより、自分がこうだと思っている自分の親切心や思いやりを伝えようとするだろう。

他人はあなたの行動に基づいて評価するため、その判断はあなた自身のものより正確な場合がある。これは、技術や能力に関してとくに当てはまる。学力、職業技能、スポーツの能力において、私たちは中程度の自己認識しかもっていない。

ただし、例外がひとつある。外国語の能力だ。これに関しては、私たちは優れた自己認識を発揮する。理由はおそらく、第二言語で話すことで、常にフィードバックを得られるからだ。たとえば私は自分のフランス語がまったく役に立たないことを自覚している。というのも、フランス語圏の人がしょっちゅういぶかしげな顔をして、英語で答えを返してくるからだ。残念ながら、人生においてこうした有益なフィードバックを得られる機会は多くない。上司からのフィードバックはあっても、仕事以外ではなかなか得られないだろう。

要するに、**他人の知恵を借りて自己認識を高めたいなら、積極的にそうしたほうがいい、ということだ。ただこれを実践する場合、他人が自分を見る目は、彼らが彼ら自身をどう見ているかにもよるということを覚えておいてほしい。**たとえば、自分の生活、自分自身、人間関係など、さまざまな側面を積極的に観察している人は、そうでない人より、他者に対する評価が正確だ。

研究によると、正確な印象をもつよう人々に求めることが、これら全般に対するシンプルな答えであるというが、これはおそらく、自分の（ときとして信頼できない）直感に頼るのをやめ、他者により注意を払うようになるからだろう。

最後に、自分に近しい人ほど多くの情報をもっているかもしれないが、そのなかには大きなバイアスを抱いている人がいる。とくに両親がそうだ。彼らがあなたのことを言うときは、話半分に聞いておいたほうがいい。

無意識のバイアスを避ける

2020年5月、ミネアポリス。警察官に首をひざで押さえつけられて亡くなったジョージ・フロイドの一件は、世界中の注目を集め、ＢＬＭ（Black Lives Matter）運動の新たな推進力となったが、こうした事件はこれがはじめてではなかった。日常生活のなかで、肌の色に基づいて疑いをかけられる（あるいはもっとひどい目に遭う）という話をしょっちゅう耳にする。

ここ40年間、アメリカやイギリスをはじめとする国々の世論調査で、人種差別的見解は着実に減少していることが示されているにもかかわらず、だ。この結果から、一部の研究者は、あからさまな人種差別は地下に追いやられ、無意識の、あるいは「暗黙の」偏見が重要な役割を果たしているのではないかと疑いはじめている。

心理学研究において、「暗黙」というラベルは、直接的、意図的、故意の自己評価ではないプロセスを指す。明らかに意識していない場合でも、たとえば過去の経験や、根深い文化的ステレオタイプによって形成された意識をもとに行動することがある。意識は、意図的な行動、合理的な思考、能動的な学びを支配するが、無意識は、自動的に発生するプロセスや、内省できないプロセスを継続する。無意識は忙しい場所だ。脳は毎秒約１１００万ビットの情報処理が可能だが、意識的に処理できるのは、そのうち40～50ビット程度である。

こうした情報が入ってくると、脳はとくに意識することなくそれらを分類する。急いでいたり、疲れていたり、気が散っていたりして、情報を表面的に処理する場合は、既存のひな形に依存する可能性が高くなる。素早く何かを決断しなければならないときなどは、こうした認知的近道が有効な場合もある。しかしこれらの近道が、とくに間違いや誤解、固定観念やその他偏った情報に基づいていると問題を引き起こしかねないし、それらを利用することで、間違いや偏見に依存し、増幅してしまう恐れがある。権力者たちがこれを行うと、差別的な雇用慣行、劣悪な医療ケア、法制度における偏見など、広範囲に影響を及ぼす可能性がある。[5]

私たちは、バイアスを特定し、対処する最適な方法をまだ把握できていない。わかっているのは、それが一貫した団結を必要とする困難なタスクだということだ。だが、変化を生む戦略もいくつかある。

最初のステップは、バイアスを可視化することだ。これには、ハーバード大学の潜在連合テスト（IAT）などのツールを使って、異なる概念や言葉のあいだに脳が見出《みいだ》す暗黙のつながりの強さを測ることも含まれる。たとえば、人種的偏見のテストでは、参加者は黒人と白人の顔写真を見て、怒り、賢い、いい、悪いなどの形容詞を組み合わせるよう指示される。

ただしIATは、元来の意図とは異なり、再現性がないこと、しばしば偏見を「診断」

するための一回かぎりのツールとして使われる、という批判があることは覚えておいたほうがいいだろう。こうしたツールの使用は、偏見のきっかけを認識したり、自分の人生経験がどのように偏見を形成してきたかを検証したりするなど、積極的な内省によって補完される必要がある。

調査によると、匿名採用の実施は、女性やマイノリティーグループの機会を制限するバイアスを弱める効果があるという。ある研究では、匿名のオーディションによって、女性の演奏家がオーケストラに雇われる確率が最大46％上昇したことがわかった。[6] フランス、ドイツ、スウェーデン、オランダでの調査によると、応募用紙から名前を削除すると、マイノリティーグループの候補者が面接に呼ばれる確率が高くなるという。[7]

特定の性質が、所属するグループ全体ではなく、個人に関連づけられていることを明確にすると、ステレオタイプに対処することができる。たとえば、「この男の子は数学が得意だ」というアプローチは、固定観念とそれに準拠するプレッシャーを軽減するのに役立つ。

重要な決定に時間をかけるのは、偏見を永続させる認知的近道を回避するのにも有効だ。これができない場合、警察を対象にした調査によると、ストレスの大きい状況への模擬訓練が、偏った即断を防ぐのに役に立つという。

自分の感覚でつながりを築き、異なるグループのメンバーと自分を同一視できるようになると、偏見を減らせるだろう。ある研究では、さまざまな民族の看護師たちに、痛みに苦しむ白人や黒人の患者のビデオを見せたところ、最初に患者の気持ちを想像するよう求められてはじめて、人種に関係なく、同じ量の痛み止めを勧めた[8]。患者の気持ちを想像するよう促される前は、看護師たちは白人患者のほうにより多くの痛み止めを処方するよう提案した。相手の立場に立つことで、視点が大きく変わる可能性がある。

素早く、そしてじっくり考える

心の鋭敏さを測るための別の質問がある。バットとボール、合わせて1・1ポンド（約165円）。バットはボールより1ポンド高い。では、ボールの値段は？　はい、すぐに答えて！

直感で10ペンスと答えた人は、賢い人の仲間である。ハーバード大学やマサチューセッツ工科大学の学生の半数以上が同じ結論を出したのだ。しかし、この問題をよくよく考えると、答えは5ペンスであることがわかる。

この問題は、ふたつのタイプの思考に私たちが支配される好例として何年も前から取り上げられている。**素早く直感的な思考と、時間をかけた分析的な思考だ。**じっくり考える前に間違った答えに達してしてしまったら、それは直感的な思考が、時間をかけた合理的な思考が働く前に、即座に判断してしまったせいだと思うかもしれない。これは、先ほど見たばかりの偏見やバイアス思考のせいにするのと同様のプロセスだ。

思考をふたつに分けることができるということの考えは、いまや日常生活の多くの分野に影響を与えるほど一般的になった。ビジネスタイプなら、感情に訴える広告や特典で私たちの衝動を刺激しようとするし、行政寄りなら、メニューにカロリー表示を義務づけるなどして、私たちの熟慮的側面に訴えようとする。

こうした「ナッジ」はたいてい、素早く直感的な思考を用いるとトラブルに巻きこまれる可能性が高いので、熟慮型の思考を養う必要がある、という前提に基づいている。全米科学、工学、医学アカデミー、世界銀行は、いずれも意思決定者に、衝動型の思考による手痛い、致命的な結果を避けるために、熟慮型の思考を用いることを促す報告書を発表している。

しかし、思考の速い遅いばかりを論じた書籍や助言は、もう一度見直したほうがいいだろう。より複雑な精神プロセスの全体像が明かされようとしており、思考をすべてこのふたつに分類してしまうと、あらゆる方針や実践で迷いが生じることになりかねない。

もう一度、はじめから考えてみよう。ノーベル賞受賞者ダニエル・カーネマンは、2011年のベストセラー『ファスト&スロー　あなたの意思はどのように決まるか？』のなかで、本能と意識的推論という二項対立を一般化した。そのなかで彼は、私たちの精神的プロセスは、たいていシステム1かシステム2に属すると説明している。この違いは、ジョークとなぞなぞの違いだと思ってほしい。うまいジョークは理由を考えなくても面白い。これはシステム1だ。一方うまいなぞなぞは、システム2を必要とし、謎が解けたときの満足感を得るには、眉間にしわを寄せて時間をかける必要がある。

この本が世に出て以来、心の二重過程モデルは、心理学でもっとも広く受け入れられる考え方のひとつとなり、私たちの行動や信念の源を調査するためのフレームワークとして用いられるようになった。たとえば、暴飲に関する研究では、この衝動的な行動は、システム1の過活動によって引き起こされることが示唆されている。また、面接官が就職希望者に誤った印象をもつ原因としても認識されており、このモデルは、インターネットやソーシャルメディアの広告の暗黙の効果についても、政策立案者が注視するエビデンスになっている。

システム1が悪くて、システム2がいい、という単純化されたエビデンスは、いくつかの方向からきている。たとえば、医学。数年前、診断ミスはおもにシステム1の推論によって引き起こされるということで意見が一致し、臨床医はもっとじっくり考えるよう忠告された。しかし最近のレビューでは、専門家が体系的かつ分析的であろうとすると、同様にミスを犯す可能性の高いことがわかっている。

それに、思考回路の分類化には好ましくない影響が及ぶ可能性がある。自分の意思決定プロセスが、単純にふたつのうちのいずれかだと考えると、「白馬の王子様」効果――自動思考と、意識的、意図的思考を分離し、自分のミスやバイアスを許す（あるいは自分を助け出す）心理効果――に陥る可能性がある。たとえば先ほどのバットとボールの問題。10ペンスと答えたのは、制御できない無意識の反応だったと考えるほうが、私たちは気分がよくなる。

個人レベルでは些細《ささい》なことに思えるかもしれないが、誤った行動や意思決定のせいで制御不能な反応をしてしまった、ということを許せば、社会全体として深刻な問題が浮上する。罪を犯した人が法廷で、あれは意図的な行為ではなく、自動的に反応してしまったのだと言えば、陪審員はそれを認め、罪を軽くするかもしれないのだ。

また、意識的にアクセスできないシステム1という思考プロセスの存在自体が、少々間違っているという証拠がいくつかある。無意識のバイアスを調べるのに広く使われる、前述したハーバード大学のＩＡＴを例に挙げる。これには、ターゲットとなるふたつの概念をなるべく早くマッチングさせるというテストが含まれており、通常、被験者の心のなかでふたつの概念が強く結びついているほど早くつながり、暗黙の態度や固定観念を反映する。しかし2014年、テスト前に自分のバイアスの度合いを予想するよう被験者に求めると、その予測がかなり正確であることが判明した。バイアスは、思っているほど無意識に形成されているわけではなかったのだ。

こうした発見から、科学者のなかには心の二項モデルに疑問を呈する人もいる。ふたつのカテゴリーに適合しない意思決定の実例は山のようにある。たとえば、言語。私たちは意図的にコミュニケーションを取るが、会話の流れのなかで、自分の言おうとしていることや文法のルールなどを意識的に唱えているわけではない。これは意図的であると同時に、無意識的でもある。慣れ親しんだルートを運転したり、タイプしたり、よく練習した曲を楽器で演奏したりするのも同様だ。

その他の研究でも、意識と無意識のメンタルプロセスの境界はさらに曖昧だ。被験者に、ブドウ糖またはカロリーゼロの甘味料が入った、同じ味の飲み物を与えた実験では、砂糖を消費した人は、丘の傾斜を予測するよう求められた際に、それほど急ではないと感じていた。これは、無意識のレベルで、あなたの身体《からだ》がその瞬間の自分の能力に応じて、世界をどう見ているかを伝えている。無意識の要因は、私たちがある疑問についてじっくり考えても、私たちの知覚に影響を及ぼす場合がある。

少なくとも、私たちが速い、遅いの思考——システム1は自動かつ無意識だからエラーを発生しやすい、そしてシステム2は分析だから正しいといった推測——に関連させがちな「いい／悪いの誤謬」は払拭したほうがいいだろう。システム1はしばしば素晴らしい働きをし、そのおかげで私たちは熟練のスキルをなんなくこなすことができる。ゴルフのスウィング、テニスのサーブ、ダンスの動きについて考えてもらうとすぐにわかると思うが、思考を働かせると動きが悪くなることはよくある。

要するに、たいてい「考えすぎ」てしまうのだ。たとえば熟考に関するある研究で、4台の車について、それぞれいいところと悪いところを説明した。最初の車は75％いい点を挙げ、つぎの2台は50％、最後の車は25％いい点を挙げた。説明を読み終わったあと、ある人たちには好きな車を選ぶ前に4分間考えるよう伝え、別の人たちにはそのあいだにアナグラムを解くよう伝えた。特徴のリストが長い場合（4つではなく12個ある場合）、アナグラムの「無意識の思考」グループは、情報をじっくり考えたグループに比べて、常にいい決断を下した。類似のテストでも——就職活動からイチゴジャムの選択まで——同じ結果が示されており、こうした複雑な事柄は、無意識にゆだねたほうがしばしば有益であることが示唆されている。いわゆる「直感」だ。

だが、直感を必ずしも信用できず、意識的思考も万能でないとしたら、いったい思考についてどう考えればいいのだろう？　実は、とても簡単なことだ。**どんな種類の推論もゴミ箱に捨てず、直感であろうと意図的なものであろうと、自分の思考全般にもっと批判的になればいいのだ。**手にした情報をどれだけ精査し、決定を下すモチベーションがどの程度あって、そしてその動機とは何か。「なぜそう思うのか？」と問うだけでも、あるいは反対の立場にいる自分をイメージするだけでも、いい決断を下す助けになる。または、それが適切で、あなたに時間があれば、ほかの人に「あなたならどうする？」と尋ねてもいい。

もちろん、日常的な選択の大半は、ここまでできないことも多い。だからもし、バットとボールの問題にはまっても、答えを間違えた自分を責めないでほしい。次回はきっとうまくできるはずだ。

心の知能を高める

ライリーは不機嫌そうに夕食を摂《と》っている。何かがおかしいことに気づいた父親が、学校でのようすを尋ねる。ライリーの脳内では、「ムカムカ」と呼ばれる小さな緑色の少女がスイッチを入れ、ライリーが目をぐるりと回す。「学校は楽しいよ。問題ない」。皮肉っぽい口調でライリーが答える。父親の頭のなかのコントロールパネルに座っている痩せた男「ビビリ」が、責任者っぽい人物「イカリ」に、ライリーが目を回したことを報告する。「威厳を示せ」とイカリが命じる。「ライリー、その態度は何だ」と父親が応じる。事態はエスカレートし、やがてライリーが「うるさい！」と叫ぶ。父親の脳内で大きな赤いボタンが押される。「もういい。部屋へ行きなさい！」

夕飯のお皿を床に投げ、癇癪《かんしゃく》を起こした子どもに腹を立てると、私はいつもこのピクサーの映画『インサイド・ヘッド』の脳内にいる感情たちの視点について考える。自分自身についても、他者についても理解に苦しむ、強烈な原動力であるこれらの感情に、自分が支配されていると思うことがよくある。こう感じる人は多いかもしれないが、これは心理学者が払拭したい考えだ。ほかの動物が感情の奴隷だとしても、人間の感情的生活はもっと複雑で知的なはずだと彼らは言う。さらに感情を制御することは、心理的なウェルビーイングのためだけでなく、人生の多くの場面で成功するためにも重要だ。いい知らせは、自分が感情に関して劣等生だと思っているなら、改善法があるということだ。

「心の知能指数」という概念は、1980年代後半、アメリカのふたりの心理学者、イェール大学のピーター・サロベイと、ニューハンプシャー大学のジョン・メイヤーが、共感や自己認識、感情制御など、人間の資質を要約する簡潔な方法を模索しているときに浮上した。彼らが思いついた「心の知能指数」という言葉は、作家のダニエル・ゴールマンが1995年のベストセラー『EQ　こころの知能指数』で使用するまで、ほとんど忘れられていた。

このコンセプトはすぐにヒットした。人はIQに対してEQをもち、それを測定できるという話に誰もが魅了された（心の知能指数という考え方は、実は何千年も前にアリストテレスが指摘していたもので、彼は「怒るのは簡単だ。しかし適切な目的に対して、適切な人物が、適切な度合い、適切なタイミング、そして適切な方法で怒るのは簡単ではない」と記している）。

人々は自分のEQを知ろうと殺到した。今日でも、心の賢さを測るテストがオンライン上に何百とある。しかしこのアイディアは、とくに心の知能指数の低い人がそれを気にしてしまうことが示唆されると、すぐに壁にぶつかった。それに、当初の約束（雇用主が仕事に最適な感情の持ち主を見つけられるなど）も、果たせないことが多かった。その結果、心理学者は心の知能指数に愛想を尽かした。とはいえ、私たちを見捨てたわけではない。

彼らは、私たちが感情的に成熟し、恩恵にあずかれるよう、3つのスキルを特定した。

最初のスキルは知覚に関するもので、残りふたつのスキルの基盤になるものだ。人間が生み出す複雑な感情の幅を知覚することは、口で言うほど簡単ではない。このスキルの初期のテストでは、さまざまな感情を示す顔写真が使用されていたが、いまでもインターネット上に見られる多くのテストでは、どの程度感情を知覚できるかを判断するために、この基本的な方法が用いられている。だがこれでは、あなたの正確な心の知能指数はわからない。感情の表現は顔だけでなく、身ぶり、動き、声のトーン、これらすべてが合わさってなされるのだ。

2010年代、スイスのジュネーブ大学の博士課程にいたカチャ・シュリーゲルは、日常生活で私たちがどのように心の機微を判断しているかを評価するいい方法を開発した。ジュネーブ感情認識テスト（GERT）と名づけられたこの評価法には、俳優たちが無意味な音節を発しながら感情を表現する、一連の短いビデオが使用される。被験者のスコアは0から1で、予備調査によると、このスコアには意味があることが示唆されている。シュリーゲルは被験者をペアにして招き、仕事の契約交渉をしたところ、スコアの高い人のほうが、低い人に比べて交渉がうまく、感じもよくて協力的な印象を残したという。感情認識が重要だと思われるのは、相手のニーズや興味に関心を向けなければ、自分の考えをわかってもらうことが難しいからだ。

もちろん、これはあらゆる人付き合いで重宝されるスキルだ。しかもありがたいことに、実践でフィードバックを受ける前に、表情、声、身体で適切な合図を探すよう教えてくれる動画で練習すれば、この知覚スキルは改善できる。ある研究によると、この方法で訓練を積んだ学生は、対照群のGERTの平均点が0・6だったのに対し、平均0・75を獲得したという。

音楽の練習もいいかもしれない。成人のミュージシャンは、そうでない人より、声のトーンで感情を判断する能力が高い。脳画像研究によると、これは音の基本的な側面に対する一般的な感性以上のものを反映しているという。音楽の演奏のされ方から感情を「聴き取る」訓練は、私たちの（感情や他人の気持ちを推し量る能力に関連する）脳の反応も調整してくれるらしい。

しかし、感情を知覚するだけでは十分ではない。**自分と他人、双方の感情の使い方を理解する必要もある。これがあなたの武器庫にある2番目のスキルだ。**うれしいときに誰もが笑顔を見せるわけではないし、怒ったときにしかめ面をするわけでもない。感情豊かな人は、感情の概念が極めて柔軟で、幅広いボキャブラリーをもっている。彼らは笑顔やしかめ面、口調に意味をもたせる方法を知っている。また、外部や自分の身体からの感情のシグナルを受け取り、それを理解することもできる。

この能力は生来のものではない。生まれてすぐ、誰かの落ち込みや、不安、高揚、興奮を感じ取ったり、その違いを見極めたりすることができるわけではない。だが、これを可能にするために、ＲＵＬＥＲというプログラムがアメリカで開発された。これは、感情の Recognizing（認識）、Understanding（理解）、Labeling（ラベルづけ）、Expressing（表現）、Regulating（調整）の頭文字を取ったもので、子どもと大人の両方に、感情と結びついた身体の生理学的変化を説明し、名前をつけ、それらを適切に用いる戦略を身につける方法を伝える取り組みだ。

このプログラムは、子どもの能力に大きな影響を及ぼし、先生と生徒の関係を改善するようで、ある研究によると、ＲＵＬＥＲを導入してからわずか1年で、学業成績が10％向上し、クラスの環境が12％改善されたという。現在アメリカの２０００以上の学校をはじめ、イギリス、オーストラリア、イタリア、スペイン、メキシコ、中国でもこのプログラムが導入されている。子どもと大人、双方に対するこのプログラムの影響はいまも評価中だが、家庭で試してみたいと考えている人は、まずはこのプログラムが開発されたイェール大学の研究センター、Yale Center for Emotional Intelligence（ＹＣＥＩ）の情報をチェックしてみるといいだろう。

あなたが磨くべき3番目にして最後のスキルは、自分の感情を理解したうえで、それを制御する能力だ。この能力があれば、状況を適切に分析、評価することができ、特定の社

会的基準から外れることがなくなる。くり返しになるが、これは生まれもった能力ではない。なかには、感情的な状況を避ける、自分の感情を完全にシャットダウンしようとするなど、成長の過程でよくない戦略を身につけてしまう人もいる。

ちなみに、私にはこの3つ目の柱がとても響いた。私は間違いなく争いごとを避けたいタイプだし、これまでも、仕事でそうした難しい会話に巻きこまれないよう身を縮めて過ごしてきた。何事もなく物事をやり過ごしたい私にとって、これはいいことだと思っていた。だが調査によると、こうした態度はよくないというのだ。**感情的な状況を避けるより向き合う人のほうが、ウェルビーイングのレベルが高く、ストレスにもうまく対処できる。**

この話を知った私は、人に対してもっと素直になろうと努力し、それからほどなく、この取り組みが不安を減らすのに非常に有効であることに気づいた。ある状況に正面から取り組めばメンタルヘルスが改善する、というのは当たり前に聞こえるかもしれないが、この一件は、そこに意識を向けなければ、人はやみくもに行動してしまうことがあるという事実を思い出させてくれる。

自分の気持ちを調整するというのは、困難な状況に向き合うことだけではない。このスキルを向上させる方法がいくつかある。心理学者が好む手法のひとつ「再評価」は、相手の立場に立つことで客観的になり、それに見合った情動反応を示すというものだ。オランダのマーストリヒト大学のウテ・ヒュールスエガー率いる研究チームが、美容師、ウェイター、タクシー運転手にこの戦略を教えたところ、彼らは多くのチップをもらうことに成功した。ヒュールスエガーらは、「再評価」の実践が、本心からのポジティブな感情を示すことにつながり、それが顧客に評価されたと考えている。

マインドフルネスは、ここでも有効なアプローチだ。マインドフルネスについては本書ですでに何度も言及しているが、ある別の研究で、ヒュールスエガーは、ランダムに選んだ64人の従業員にマインドフルネスのトレーニングを受けてもらい、そのようすを10日間にわたって観察した。トレーニングを受けた人は、仕事の満足度が高く、精神的疲労が少ないと報告した。これは、感情をそのまま思考や感覚として眺めたことで、冷静さがもたらされ、感情の「熱い」側面が溶解したためだと考えられる。

言語の習得と同じく、感情の制御には時間と訓練が必要だが、それだけの価値はある。というのも、心の知能指数の提唱者は、ある点については正しかったからだ——感情がよどみなく流れるようになると、大きな恩恵がもたらされるのだ。

賢くなるためのヒント

- 文章の構造をよく考え、誤解を招く言い回しになっていないかどうかを見極める。
- 自分の能力を知りたければ、専門外のスキルに対して謙虚になり、専門的なテストを受けたり、近しい友人にフィードバックを求めたりするといい。大半の場合、相手はあなたの自己認識より正しい。
- 相手の立場になって客観的視点を手に入れ、それに応じた情動反応を示す「再評価」の訓練を実践して、感情的に賢くなろう。
- 難しい会話を避けないこと。感情的な状況に向き合える人は、ウェルビーイングのレベルが高く、ストレスにもうまく対処できる。
- 悪い決断を下しかねない無意識のバイアスを特定し、「なぜそう思うか？」とシンプルに自問することで、バイアスを理解することを学ぶ。定期的に自分の考えとは逆のことも考え、思い込みや直感に挑み、別の仮説を模索してみてほしい。

第11章 人生で成功するためには

仕事で成功したい、その成果を味わいたいと思うのは、人間の自然な欲求だ。仕事の世界で成功したいと望む多くの人々の欲望のおかげで流行《はや》っている自己啓発書は、自分の可能性を最大限に生かし、前へ前へと進むために必要な行動に関する、ありとあらゆる助言を提供する。

このジャンルには、著名人への崇拝がともなうことが多い。私たちは成功した人が大好きで、イーロン・マスク、リチャード・ブランソン、シェリル・サンドバーグといった人たちに、その秘訣《ひけつ》を求めることもしばしばだ。たしかに、偉業を達成するには、性格や働き方など、見習うべき何らかのルールがあるはずだ、と私たちは思う。だが、本書がそういう類の本でないことはすでにおわかりだろう。個人の成功体験や、成功に導いた彼らの性格を論じた自己啓発書に、なぜ欠陥があるのか、私の意見をすぐにでも説明しようと思う。

私の議論は科学、今回の場合は統計に基づいている。承知のように、科学は私の専門だ。科学ができることを誇張するつもりはない。私たちは、ときとしてあるべきルールが適用されない、厄介な人間界に暮らしている。この章では、他者と交わり、この世界で新たな道を切り開こうとする際に、成功へ導いてくれる特性をどのように養えばいいのか、科学的エビデンスに基づいて説明する。その方法自体、複雑かつ不完全だが、あなたの目標が面接をうまく切り抜けることであっても、仕事の生産性を上げることであっても、創造的思考を養うことであっても、その途中で目標を見失わないようにすることであっても、著名人の履歴書などよりはるかに有益だ。

成功の秘訣を理解する

有名人やビジネスで成功した人の話を聞いたり、彼らが頂点に立った理由について書かれた記事を読んだりすると、決まってイギリスの奇術師、ダレン・ブラウンを思い出す。2008年、ブラウンはテレビ番組「ザ・システム（The System）」で、競馬の予測を当てる絶対確実な方法を披露した。

自分の要点を証明するために、ダレンはシングルマザーのカディーシャに、あるレースで勝つと予測した馬の名前をメールする。結果は的中、その馬が勝つ。数日後、カディーシャは別の馬の名前が書かれたメールを受け取る。彼女はさらに多くの金額を賭け、ふたたび勝つ。何度もくり返し彼女は勝ち、そのつど賭け金も増えていく。5度目のレースで、テレビクルーが彼女を実際の競馬場に連れていくと、そこでも彼女の賭けた馬が後方から追い上げ、ファイナルフェンスで騎手を振り落とした2頭を追い越し、勝利を収める。この時点で彼女は、そして誰もが、ダレンは勝ち馬を予測する秘訣を知っていると確信する。カディーシャはダレンとじかに会い、6度目のレースで、自分の全貯金4000ポンド（約61万円）をつぎこむ。

そのときダレンは、驚くべき秘密を打ち明ける。ダレンからメールを受け取っていたのは、彼女だけではなかったのだ。最初のレースで、6頭のうち、それぞれ1頭の名前を7776人にメールし、1296人が勝ち残った。そして2度目のレースで、ふたたび6頭のうち1頭の名前を勝ち残った人たちに割り振る。これをくり返し、4連続で勝利したカディーシャを含む、6人になるまでつづけた。それから各人にカメラクルーと馬が割り当てられ、最後の6度目のレースまで追いかけた。ほかの5人は負けている。カディーシャは、運だけですべてのレースに勝ってきたのだ。

これは、カディーシャが6分の1の確率で勝てる最後のレースで、全財産をすったことで証明された（ちなみに、ダレンは実際の勝ち馬に自分のお金を賭けており、賞金1万3000ポンド〔約2000万円〕をカディーシャにプレゼントしている）。

ダレンのトリックは、科学者が「生存バイアス」と呼ぶもの、または「忘れられた失敗談」として知られる事象を雄弁に語っている。成功した人に焦点を当て、その人だけの特徴（スティーブ・ジョブズの短気や、サンドバーグの高いIQなど）を特定しようとすると、私たちはそうした特徴こそが、彼らを成功に導いたに違いないと結論づける。短気や高いIQで成功しなかった何千という人々のことを忘れてしまうのだ。

生存バイアスは、自己啓発のアキレス腱《けん》である（ちなみに、ギリシャ神話のアキレスにも生存バイアスは悲劇をもたらした）。個人の物語や、聞く価値があると思える物語も、それがその物語のすべてではない。別の有名な逸話として、エイブラハム・ウォルドの話がある。第二次世界大戦中、飛行機の装甲の強化について助言した統計学者だ。彼ははじめ、生還した戦闘機を調べ、とくに損傷の激しい箇所を強化しようと考えた。

しかしウォルドは、弱点を教えてくれる飛行機は、戻ってこなかった飛行機のほうだと気がついた。被弾して戻ってきた飛行機は、その箇所に被弾しても大丈夫だったということで、被弾箇所を補強する必要はない。むしろ、被弾していない箇所こそが生還できた理由であり、つまり無傷のエリアを強化する必要があったのだ。

先に言っておくと、科学の世界でもときとして同様のバイアスが生じ、これが大きな問題になることがある。ネガティブな効果を示す研究や失敗した実験は、有名な科学雑誌に掲載されることはほとんどない。科学もまた、人間の努力の賜物《たまもの》である。人間という種と同じく、少数の肯定的な結果に着目し、つぎの科学の進歩や方向性を促すかもしれない、多数の否定的な結果は無視することに慣れている。

目に見えないものについて考えるのは難しい。私は、ムラのある気性や高いＩＱがキャリアの役に立たないと言っているわけではない。ただ、実際のところは、そうした行動や特徴の研究が、成功した人もしていない人も含めて大々的に行われるまで、誰にもわからないということだ。**個々の偶像より、情報に基づいた研究を用いたほうが、自分なりの成功を目指すには有効だろう。**

残業したり、ランチを抜いたり、上司の機嫌を取ったり――昔から職場で美徳とされている多くの勤勉の特性が不利に働く場合もあるし、勤務時間、握手の仕方、あるいは夢の描き方を変えるだけで昇進につながる場合もある。また、経験があるにもかかわらず、口調や頬骨の位置といった些細《ささい》なことで昇進が流れてしまうこともある。

そう、成功とは気まぐれで不公平なものなのだ。お金持ちだったり、運がよかったり、美しかったりすれば有利かもしれないが、それらは必要不可欠ではない。ただ、ちょっとした社会心理学は有効なので、まずはそこからはじめてみよう。

面接を乗り切る

面接に臨むにあたって、ひとつたしかなことは、あなたはそこへ自分の知識を試されるためだけに行くのではないということだ。目の前に座っている面接官はおそらく、技術や資格に関してあなたが条件を満たしていることはすでに承知している。彼らが知りたいのは、あなたの人柄だ。職場に馴染《なじ》めそうか、信頼に足るか、会社のパーティーでの振る舞い方はどうか。ここからは化学反応、厳密には心理学の話になる。

面接官の質問に対する答えを教えてあげることはできないが、成功の可能性を最大限に高めるためのコツをいくつか伝授する。自分らしくいればいい、と思うかもしれない。しかしそれが確実に通じるのは、あなたがＣＥＯの親族である場合だけだ。**もっと効果的な戦略は、面接官が候補者に対する印象を決める際、無意識に使っている経験則を利用することだ。**これは、はじめて人に会ったら誰もが使うし、面接官も、候補者を評価する際は合理的な分析よりもこれに頼っているという調査結果がある。なにも、私はごまかしを勧めているわけではない。ただ、あなたに有利になるよう微調整したいだけだ。

すべてを制御するのは不可能だ。人間である私たちは、無意識や暗黙のバイアスに陥りやすい（まだこの話を知らない人は、第10章で、人間の思考にとりついている一般的なバイアスについて論じているので、読んでほしい）。暗黙のバイアスは、人種、性別、その他多くの特性に基づいている。どのような状況であっても、不合理かつ不公平だが、面接時はその不公平さが倍増する。昨今では、従業員の多様性を促し、面接官に無意識のバイアスを認識させるトレーニングプログラムを提供する企業も増えてきているが、これは企業にとってもいいことだ。

こうしたトレーニングが生かされることを期待する一方、これ以外にも、少なくとも異論を唱えることのできる不公平なバイアスがある。面接時に一般的なのは、魅力に関するものだ。原因のひとつはハロー効果にある。これは、ある特性における評価が高いと、ほかの特性も高く評価されるというものだ。社会心理学者のリチャード・ニスベットは、ハロー効果の背後にある思考が、ほとんど無意識であることを示してみせた。私たちの美に対するバイアスには、おそらく深い進化的起源があると考えられる。

イスラエルのアリエル大学のゼーブ・シュトゥダイナーと、カナダのオンタリオ州ウィルフリッド・ローリエ大学のブラッドリー・ラッフルは、金融、エンジニアリング、コンピュータープログラミング、営業など10の分野、２６５６件の求人に対し、５３１２枚の架空の履歴書を2枚ひと組にして送った。ひと組の履歴書のうち、1枚には魅力的な男性、または女性、地味な外見の男性、または女性のいずれかの写真を貼り、もう1枚には写真を貼らなかった。

魅力的な男性グループは、写真なしの男性と比較して50％以上、地味な外見の男性に比べて2倍のコールバックを受けた。魅力的な男性は、明らかにその見た目で得をしていたが、女性のほうはそうではなかった。女性の応募者は、写真を貼っていないグループがもっとも連絡のくる確率が高く、地味な外見の女性のほうが魅力的な女性よりも好まれた[1]。研究チームは、人事部の大半が女性で構成されていることに関連している可能性を考慮し、見た目のいい女性候補者に何らかの脅威を感じたのではないかと考えている。したがって、**仕事で求められないかぎり、あるいはあなたがたまたま魅力的な男性でないかぎり、履歴書に写真を貼るのはやめたほうがいいだろう。**

理想は、全員、衝立《ついたて》越しに面接をすることだ。しかしすぐには実現しそうもないので、自分の強みと見た目を最大限に生かしてほしい。大半の面接官も、ほかの人同様、社会心理学のちょっとした仕かけに騙《だま》されやすい。

金銭的余裕があれば、オーダーメイドのスーツも助けになる。こうしたスーツを着ている男性は、同じ生地でも既製品のスーツを着ている男性より、自信があり、成功していて、稼ぎがよく、柔軟性があるように見られやすい。オーダーメイドのスーツが買えない人は、少なくとも自分の体形に合ったスーツを選ぶこと。女性のほうは、スカートの丈や、留めるボタンの数を考慮するといいだろう。ある研究で、ひざ上のスカートをはき、ブラウスのボタンをひとつ余分に外している女性は、たとえほかの部分が保守的でも、雇用にふさわしくない、自信がないとみなされた。(2) ほかの研究では、タトゥーやボディーピアスは、その業界と関係ないかぎり、嫌悪されやすいことがわかっている。

とはいえ、面接の成功は、けっして見た目の魅力だけで決まるものではない。愛想よく振る舞うこと。当然のように聞こえるかもしれないが、**調査によると、人はわずか10分の1秒で相手の魅力、好感度、信頼度、能力、感じのよさを判断するという。じっくり考えたところでその印象は変わらず、確信を増すだけらしい。**

残念ながら、こうした瞬時の判断がどれだけ正確かはわかっていないため、とにかく入室したら明るく親しみやすい雰囲気を心がけ、少なくとも30秒はその状態を保ってほしい。ある研究によると、訓練を受けていない第三者が、面接ビデオの最初の20〜30秒を見たところ、その候補者が採用されるか否かを驚くほど正確に予測したという。これは、この第三者に特別見る目があったわけではなく、たとえ訓練を受けた面接官でも、最初の直感で判断してしまうということだ。

現在、ソーシャルディスタンスが必要な状況でなければ、面接官との握手は、おそらく自分を印象づける2度目のチャンスだ。強くなりすぎないよう、しっかりと握ること。いくつかの研究によると、人は無意識のうちに、固い握手を社交性と同一視するといい、これは内気な性質よりも、面接官を喜ばす可能性が高い。さらに、候補者の人柄を最初に伝える非言語的手がかりである握手は、面接全体の雰囲気も左右する。しっかりと握手をする人は、弱々しい握手をする人よりも採用される可能性が高いことが多くの研究で示されている。

手を温めておくのもいいだろう。温かいコーヒーカップをもっている人は、冷たいカップをもっている人より他人に親切で、より好意的な見方をするという。温度と共感は脳内で密接に結びついているので、これはあながち間違いではないかもしれない。実際の面接で確認されたことはないものの、握手した手が温かければ、面接官が候補者をより好意的に見る可能性はある。

では、ここからいよいよ面接の中身に入る。友人をつくる方法を述べた第4章で、周囲の人に共感を示すには模倣が有効であることを学んだ。相手の表情、ボディーランゲージ、マナーを真似《まね》すると、相手に好意を抱いてもらえる可能性がある。たとえばある調査によると、新しい清涼飲料の営業で、担当者が学生の身ぶりや口調を真似したところ、その商品に対する学生の評価が上がったという。

ただし、模倣には面接だとリスクがともなう。面接は、さまざまな方向に注意を向ける必要があるため、模倣しすぎると（模倣で得られるどんなポジティブなフィードバックより重要な）流れや同調性を阻害してしまうのだ。しかも、模倣していることを相手に気づかれたら、間違いなく相手の印象には残るものの、好印象ではないだろう。

こうしたルールをどれほどうまく守れても、面接官はあなたを採用すべきか否かを決めるために、ありとあらゆる質問をしかけてくる。だが、あなたのほうが上手《うわて》だ。**彼らはあなたの答えより振る舞いに注目している。思い出してほしい。私たちは自分に似た人だけでなく、自分と共通点がある人を好きになりやすいのだ。**

だから、面接官に同意できるチャンスがあれば同意し、うなずいて笑顔を見せること。面接官に対する印象がよくなかったり、異常に緊張していたりすると難しいかもしれないが、自分の印象をよくすることで、採用される可能性は格段に上がる（理由はおそらく、あなたの感じがいいと、面接官は自分の信念や態度をあなたが理解していると考えるため）。そして、ここでもハロー効果が登場する。雇用主があなたを好ましいと思えば、（もちろん実際にそうなのだが）あなたのことを知的で勤勉で有能だと思ってくれる可能性がある。

もうひとつ、助言したい。**もし面接時間を選べるなら、始業してすぐの時間か、昼休みが終わってすぐの時間を指定してほしい。これらの時間帯は概して人々の気分がよく、好ましい判断が下される可能性が高い。**これは、極めて特殊なタイプの面接に影響を与えることで知られている、信頼できるデータが存在する数少ない事例だ。ある調査によると、始業時か昼食後すぐに仮釈放の要請を受けた判事は、65％の確率でその要求を承諾したという。(3) 時間が経《た》ち、おそらくは空腹や疲労が増すにつれ、彼らが許可する案件は着実に減っていく。かりにあなたが判事の職に就いても、それが終身刑だと感じないことを願おう。

説得力を身につける

これであなたは一歩踏み出した。つぎは、ほしいものを手に入れよう。どんな欲望にしても、人生のどの段階にいるにしても、説得の技術はもっていれば便利である。甘い言葉で上司をおだてて昇給したり、やり方を変えるよう同僚たちを説得したり。残念ながら、説得の技術とはこういうものだ。巧妙で、たちが悪いものほど習得が難しい。ただしうまくやれば、まず抗《あらが》えない。

はじめる前に、説得に対する相手の抵抗をどう打ち破るかを考えておく必要がある。実際、自分のメッセージを伝えることより、こちらのほうが重要かもしれない。説得してこようとするものに対して、私たちは自然に疑念を抱く。自分が騙されるのではないかと思えばなおさらだ。自分がいかに騙されやすいかを自覚するだけでも（たとえば、インスタグラムの広告で商品を宣伝している有名人が、実はその商品について何も知らないことが判明するなどして）、説得するのは難しくなる。

当たり前かもしれないが、ここに重要なポイントがある。相手の抵抗によって、説得力のある主張が逆効果になりうるのだ。説得に抗った人は、たいてい自分の誤った意見に固執し、説得されるほど頑固になって、自分の考えにますます確信を抱くようになる。専門家の真っ当な意見を受け入れない人などは、おそらく自分の主張のほうが強いと思っている。[4] ここが難しいところだ。確固たる主張があるのはいいことだが、あなたの言い分を聞かない相手は、説得を試みるほど、あなたが変えたいと思っている、まさにその態度をますます硬化させる可能性があるのだ。

説得や変化への抵抗に関する無意識の要因を研究するオハイオ州立大学のリチャード・ペティは、この膠着《こうちゃく》状態を克服する方法として、最初はターゲットの意見に近い立場を表明し、そこからじょじょに自分の言い分へと誘導していくよう提言している。**相手の自尊心をくすぐるのもいい。人は気分がよくなると、反対意見にも耳を傾けるようになる。**

バランスが取れたら、スピンドクター〔訳注：情報を操作して人々の心理を操る者〕が好んで使う「フレーミング効果」を用いてもいいだろう。フレーミング効果とは、ある問題について、自分の有利になるよう人々を誘導することだ。たとえば、いつも相手が買っている「カリフラップ」の代わりに、新しい野菜「ブロッコルル」を売り込みたいとする。その際、ブロッコルルが心臓にいいという話をしてもいいが、カリフラップがコレステロールに悪影響を与えるという話をしたほうが効果的だ。多くの研究から、ポジティブな情報より、ネガティブな情報のほうが、影響力は強いことがわかっている。

つぎは、自分の主張の裏づけだ。自分の主張が正しい理由を考える際、直感的に、その理由が多いほど、説得力が増すと思える。が、そうではない。複数の研究によると、自分の主張を裏づける理由を思いつくほど、それぞれのもつ価値が下がるという。なぜその主張が正しいのか、思いつく理由をすべて挙げることは、しばしば逆効果となり、もともとの見解を硬化させてしまう可能性がある。

たとえばある研究で、（おそらく歓迎されない）新たな試験を導入する計画があると学生に伝え、半数の学生には、これが歓迎されない理由をふたつ、残りの半数には8つの理由を挙げるよう求めた。平均すると、ふたつの反論を挙げた学生は、8つの反論を挙げた学生より、新たな試験方針に強く反対した。一般的に、何かの理由を8つ覚えておくより、ふたつ覚えておくほうが簡単で、簡単に思い出せるか否かは、自分の主張に対する自信に影響する。つまりあなたの主張に対し、わずかでも同意できる部分を見出《みいだ》させることが、相手を説得するうえで最善の方法なのかもしれない。

最後に、自分の主張を伝える際は、それがどう伝わるかを考えてほしい。説得するには、あなたの発言内容と同じくらい、言い方が重要らしいのだ。しかも、相手の発言内容を考える時間が少ないほど、伝え方は重要になってくる。

スキャナーの説明書を渡され、「えーと」や「うーん」などと言葉につまりながらの説明を受けた人々は、たとえスキャナーが高性能で価格が安くても、なかなか購入に踏み切らなかった。説明書を読む時間が満足に与えられなかった人々は、頼りないセールストークのせいで、さらに二の足を踏んだ。発言内容に注意を払えない場合、人はその伝え方のほうに注意を払う。

つまり、**説得力をもたせたければ、自分の主張を正しく組み立て、ポイントを決め、強引になりすぎず、急ぎすぎず、つっかえないように話すことだ。そしてくれぐれも、あなたの主張を考える時間を相手に与えないこと。**これをクリアすれば、つぎの段階にスムーズに移行できる。

話の邪魔をさせない

誰もが経験したことがあると思う。重要な会議の大事な場面で、あるいは面白い話の途中で、誰かが割り込んでくる。あなたは邪魔者の登場に腹を立てながらもすぐに話を戻そうとするが、すでにタイミングは失われ、雄弁な主張は要領を得ないものと化す。これはよくあることだが、仕事や社会生活においてはとりわけ厄介だ。おそらくあなた自身、ときどき誰かの邪魔をしていることに気づいているかもしれない（認識しているのは立派なことだ！）。あるいは自分はしていないと思っていても、そういう人物に心当たりはあるだろう。

これについてよく非難されるのは男性で、国によってそういう傾向があるとも考えられている。実際にそうかもしれないが、妨害についてよくよく考えると、邪魔をした相手にもう少し寛大になったほうがいい理由が見えてくる。もちろん、頻繁に邪魔をされないためのヒントも紹介する。

まず、本当に男性が非難されるべきなのか？　これが言われるようになったのは、1970年代の研究がきっかけらしい。それによると、アメリカで男女の会話をこっそり録音したところ、男性は48回中、46回会話を遮ったという。[5] また、2014年の研究では、男女ともに、男性より女性の話を多く遮ることが示された。

だが、家父長制の話をする前に、ひとつ注意をしておきたい。こうした結果の解釈は難しい。研究では、話をかぶせた回数を数える傾向にあったが、話をかぶせることが必ずしも邪魔になるとはかぎらない。またこうした研究では、被験者となった男性の地位のほうが高いことが多かったが、男性が話を遮る理由が、性別や地位のせいだと結論づけるのも難しい。

この微妙な点を明らかにするために、シカゴのノースウェスタン大学プリツカー法科大学院の研究者たちは、合衆国最高裁判所に向かった。ここでは、判決を下す9人の判事の、議場を制する能力が裁判の命運を握っている。数年にわたるヒアリングを記録した結果、研究者たちは、序列に関係なく、男性より女性のほうが著しく高い割合で遮られることを明確に立証した。女性判事が男性判事の話を遮るより、男性判事が女性判事の話を遮る割合のほうが3倍高かったのだ。さらに、明確に禁止されているにもかかわらず、被告人の男性弁護士が議場で話を遮る割合も、男性判事より女性判事に対してのほうが3倍高かった。[6]

割り込みは、性別に関係なく行われる。イタリア人がわれがちに話すのは有名だし、日本人は会話と会話の間が長いと言われている。スウェーデン人にいたっては、こちらがお茶を勧めると、ゆうに1分経ってから返事をするという冗談がある。イギリス人は、会話の途切れるタイミングではなく、文法やイントネーションで流れを見極め、相手の邪魔をしないスキルを磨いているはずだという。

当然ながら、こうしたいささか不愉快な固定観念が誤りであることはわかっている。オーストラリアの研究者が5大陸、10の言語で交わされる会話を分析したところ、英語話者は、話す順番を交代するまでに240秒かかり、デンマーク人は30秒近く待ち、日本人は最速のわずか7秒で会話に飛びこんできたという(7)。話し合ったり、長い間を置いたりせず、自然に会話を交代する能力は、言語、地理、文化を超えた普遍的なもののように思える。各国に対するステレオタイプは、私たちが会話のタイミングにこだわるあまり、できあがったものかもしれない。私たちは些細な違いを、長いとか短いとか、実際よりも大げさに感じる。そして、これが会話を遮ることへとつながっていく。

文化はまた、割り込みの内容にも違いをもたらす。中国語、タイ語、日本語話者は、話題をさらったり、変えたりするというより、相槌《あいづち》や補足など、相手に協力的な形で会話に割り込むことが多い(8)。

加えて、男女ともに、同性の友人と話すときは割り込み方が異なる。女性のほうが男性よりも割り込む回数が多いが、これは議論や話題を変えるためではなく、同意や話を広げるきっかけづくりのためである。

では、どうすれば会話の調和を図ることができるだろう？　まず、前述の調査結果はすべて話半分に聞いておくことだ。言語の科学は非常に複雑で、話し方にはそれぞれ微妙な差異が多数あり、それを掘り下げた大規模研究はほとんどない。**解決策は、おそらく、会話の仕組みをもっとよく理解し、他者の意図についてすぐにこうだと決めつけようとする本能を押しとどめることだろう。**反応の早い人が必ずしも押しが強いわけではないし、反応の遅い人がおとなしいわけでもない。また、誰かが会話に飛び込んできても、話題をかっさらおうとしているとはかぎらない。それに、誰かが順番を無視して話し出しても、言語的タイムワープに陥っただけかもしれないことを覚えておいてほしい。

もちろん、意見を言いたいときには、声を上げて会話に飛び込む必要もあるだろう。これは、私たちのコミュニケーション方法のひとつである。ある研究によると、この戦略を女性が用いると、男性よりも否定的に見られるという。が、これは女性が実践すべき取引なのかもしれない。**自分の順番を確保したら、自分が自然だと思うスピードより少し早口で話すと、その後の割り込みを防ぐ助けになる。**１９８３年の古い研究によると、女性が物理的に身を乗り出して話すと、会話を妨げられる可能性が低く、割り込んできた相手の目を見ていないと、邪魔をされる可能性が高いことが示唆されている(9)。

最後に、いつも会話を邪魔してくる男性、あるいは女性がいたら、それを本人に指摘してほしい。前述した最高裁判所の調査結果が発表されて以来、最高裁判所長官ジョン・ロバーツは、(正式にはわからないものの)以前よりも女性の発言の機会を増やしたと言われている。

先延ばしにしない

ダグラス・アダムスは、自分のデスクに向かい、自著『The Salmon of Doubt』を執筆するという苦行を避けるため、人間にできるありとあらゆることをした。この風変わりのイギリス人作家は、何時間も湯船につかり、一日中ベッドで無為に過ごし、いらだつ編集者のために、かつてないほど奇想天外な言い訳を夢想した。2001年に亡くなったとき、10年間取り組んでいたはずのその作品は、草案すら完成していなかった。『銀河ヒッチハイク・ガイド』などの作品で知られるアダムスは、先延ばしのお手本みたいな人物で、「私は締め切りが好きだ。あれが通り過ぎる瞬間のビュンという音がいい」などとうそぶいていた。

プレッシャーがあってこそ、最高の仕事ができると思うかもしれない。私自身、さまざまな場面で何度もそう主張してきたが、研究によると、私たちは自分を騙しているらしい。**すぐにやらなければいけないとわかっているのに、毎回仕事を後回しにしてしまうことは、単にあなたの潜在能力の発動を妨げるだけではない。経済的に高くつき、健康を害し、自分や他人の生命を危険にさらす可能性さえある。**

たとえば自営業者を対象にした調査では、確定申告をぎりぎりまで先延ばしにした人は、1件平均約400ポンド(約6万円)の損失を出していることがわかった。また、決められた時間までに提出しなければいけないさまざまな課題を学生に与えたところ、先延ばしの傾向を測る質問票でスコアが低く、一定のペースで作業を行った学生は、平均成績が4点満点中3・6点だったのに対し、質問票のスコアが高かった学生は、それほど成績はよくなく、平均2・9点にとどまった。[10]

そしてこれはどこを見ても同じである。ヨーロッパ、アメリカ、オーストラリアの国々で実施された、先延ばしに関する国際的な研究によると、先延ばしをしがちな人は、毎年の健康診断や歯科検診を受診する確率が低く、定期的な運動もあまりしないという。ストレスや病気、消化器系のトラブルが多く、先延ばしの傾向が深刻な人ほど、消火器の装備や電化製品の安全確認など、家庭内事故を防ぐための行動を取らないことがわかっている。[11]

これを詳細に調べているのが、カナダのアルバータ州にあるカルガリー大学の心理学者、ピアーズ・スティールだ。彼は、先延ばしする人に関する何百もの研究結果の分析に数えきれないほどの時間を費やし、先延ばしと密接に関連する４つの要因を導き出した。それは「そのタスクを無事にやり遂げる自信がどの程度あるか」「どの程度気が散りやすいか」「その作業がどの程度退屈、あるいは不愉快か」「その作業を完了したらどの程度迅速に報酬が得られるか」というもので、成功の確信が低いほど、あるいは脱線しやすいほど、課題や雑用を後回しにする可能性が高くなる。逆に、楽しい仕事や、すぐに見返りが得られる仕事ほど、すぐに取りかかる可能性が高い。また、女性より男性のほうが先延ばしにする傾向がやや高く、年配者より若者のほうが、はるかに漫然と作業をする傾向があるという。

では、重たい腰を上げるにはどうしたらいいだろう？　まず、作業が不快ではない、すぐに見返りがある、というのが理想的だ。たとえば、１０００文字書いたらご褒美をもらうとか、大きなプロジェクトが終わったら休暇を取るとか。つぎに、携帯電話の電源を切る、パソコンの通知機能を解除するなど、気が散るものを最小限にして、よく眠ること。承知のとおり、疲れはやる気の大敵だ。そして、できない約束はしないこと。そうでなければ、少なくとも恥をかくし、職を失う可能性も高くなる。さらにその作業が、すべていい結果につながるはずだと――それがいい成績であれ、的確な文章であれ――自分に言い聞かせること。

最後に、ダグラス・アダムスのように、自分のモチベーションを他者にゆだねてもいい。彼の編集者は、彼をホテルに宿泊させ、約束の原稿を書き終えるまで見張っていたという。監視ほど圧力がかかることはないだろう。

生産性を上げる

ダグラス・アダムスは例外として、現代社会でうまくやっていくには、昼食を抜き、年中無休でメールに対応しながら生産性を最適化し、全力で取り組む必要があると思われているのではないだろうか。多忙であることは、権力と野心のステータスシンボルになっている。アメリカのボランティアに、簡単な説明を添えて架空の人物について評価をしてもらったところ、その人物が極めて忙しいことを示すものは何であれ、その人物の重要性と業績に加味された(12)。

だが、本当にそうだろうか？　忙しさが成功につながるのだろうか？　興味深いことに、イタリアで同じ実験を行うと、結果は逆転した。忙しいと紹介された人物は、業績を低く見積もられたのだ。いったいどちらが本当なのか？

　ひょっとしたらアダムスは、イタリアの「dolce far niente」という概念に共感していたのかもしれない。簡単に言うと「何もしない喜び」という意味だ（英語ではもう少し硬い表現になることが多い）。そして驚くなかれ、これはどうやら勝者の公式らしいのだ。2018年、ヨーロッパで約5万2000人の労働者のデータを調査したところ、長時間集中し、迅速に、あるいは厳しい期限に間に合わせようと働く人々は、心身の幸福度が低いことがわかった。

　いや、でも、その見返りに仕事で評価されたのでは？　と思うかもしれない。残念ながら、これらの従業員が昇進する確率は低く、職場での満足度や安心感も低かった。これは直感に反すると思うかもしれないが、ハードワークと成功に関する知識を総動員すると、生産性に必要な認知能力を維持するには、仕事からの脱出が不可欠なのだ。休憩を取らずにいると、簡単にエネルギーを使い果たし、ストレスを増加させ、生産性を低下させる。

ラトビアに本拠地を置くIT企業ドラジエム・グループ（Draugiem Group）が従業員の行動を追跡調査したところ、生産性の高い上位10％の従業員は、ほかの従業員と労働時間は同じだったが、休憩時間が多く、平均すると、52分働くごとに17分の休憩を取っていることがわかった。**少なくとも、20分か30分ごとに席を立ち、30秒～1分程度動き回って、**

6メートル以上遠くを見て目を休ませるといいだろう。私たちが集中できる時間はかぎられているので、必ず1時間程度働いたら最低10分は休憩を取るようにしてほしい。

休息は認知機能だけでなく、身体《からだ》全般にいい。第6章で見たように、長時間身体を動かさないでいると、あらゆる病気のリスクが増加する。いつも1〜2時間座りっぱなしの成人は、同じ時間座っていても30分ごとに立ち上がって動く人より、早期死亡のリスクが格段に高い。[13]

最大限の効果を得るには、休憩を取っていい時間と悪い時間がある。なるべくなら午後に集中させたほうがいい。84カ国5億人のツイートを分析したところ、私たちの気分の変動は予測可能であることがわかった。1日のはじまりはポジティブで、その後、しだいに悪くなっていく。[14] **ポジティブな気分は、創造性、意思決定能力、ワーキングメモリを高めるため、こうしたスキルが必要な仕事（会議、戦略の考案、買収計画の構想、新規プロジェクトの立ち上げなど）は、早い時間に行うほうがいいだろう。**

認知能力もまた、類似のパターンをたどる。大半の人は1日の前半がベストな状態で、正午ごろにピークを迎える。[15] その後いち段落し、2度目のピークを迎えるが、あとは下降の一途をたどる。午後の不調は都市伝説ではなく、体内時計による自然の流れである。第7章の睡眠の話で紹介したアデノシンは、私たちがどれだけ起きていられるかの目安となる化学物質だ。これが脳内に蓄積されると「睡眠圧」が高まっていく。だから、メールチェックや経費の申請など、たいてい朝いちばんで行う雑務は、午後に回したほうがいいだろう。

当然のことながら、複雑な要因となっているのは、各人がもつクロノタイプと呼ばれる時間的特性だ。これは勤務時間と必ずしも一致していない。約20％の人は「フクロウ」、つまり夜型で、時間が遅いほど頭がさえてくるのだが、私は間違いなくこのタイプだ。別の20％は「ヒバリ」と呼ばれる朝型で、残りはそのあいだのどこかに属する。眠気に襲われる時間帯に仕事をするのはかなり非生産的だ。研究によると、問題がない人は45％だけで、約10％の人は、活動しなければならない時間と、活動したい時間の差が2時間以上あるという。[16] これはおそらくフクロウタイプの人たちで、体内時計が眠りたいと叫んでいる最中も、働かざるをえないのだ。

フクロウであれヒバリであれ、スランプに陥ったら、短い仮眠をとってみてほしい。わずか20分で認知能力と即応力が向上するはずだ（第7章でも、あなたに最適な仮眠について説明している）。もしそれが無理なら、自然光を浴びるか、コーヒーを飲むといい。そうすることでアデノシンをブロックし、睡眠圧を下げ、仮眠の効果を模倣することができる。

とりわけ、期限が迫っていて、押しの強い上司に監視されている状態では仮眠をとるのは難しい。が、勤務時間と同じく休憩時間も厳しく管理することで、より充実した、生産的な日々を過ごせるようになるだろう。なにより、夜にぐっすり眠るようにしてほしい。完璧な1日は完璧な夜からはじまるのだ。

集中する、あるいはあえてしない

ほら、起きて！　重要な会議に出席中のあなたは、この1時間、どうやら何を言われているのかよくわかっていないようだ。確定申告の期限が迫っているのに、どれだけ集中しようとしても難しい。試験まであと1週間もないのに、ノートの文字がぼやけて見える。時間は刻一刻と過ぎていく。太陽はさんさんと輝き、ん？　これはバーベキューの匂い？

昨晩、よく眠れなかったという方には気の毒だが、集中力の欠如は誰もが日常的に経験する。しかし、深刻な問題になることもある。普段の生活で、私たちは50％もの時間を費やして、やるべきこと以外のことを考えているという。多くの研究が、集中力の欠如を不幸せ、ストレス、失敗と結びつけている。

だが近年、心理学者は考えを新たにした。私たちがそれほど夢想状態にいるのなら、それは間違ってはいないのではないか。**実際、思考がさまようこと（マインドワンダリング）を悪い癖だと思っているかもしれないが、マインドワンダリングにもいくつかの種類があり、なかには認知能力の重要な武器になるものが存在する可能性があることがわかってきたのだ。**

マインドワンダリングを使いこなすには、まず、集中時に脳内で起きていることを少し考えてみる必要がある。大まかに言えば、私たちは、大きな音、肩を叩《たた》かれる感触、SNSの通知など、突如五感を刺激するものに対して警告を発する、注意システムを備えている。こうした警告は気が散るかもしれないが、これも意味があって進化してきた能力だ。集中して完璧に槍《やり》を削ったとしても、それを使う前にライオンに食べられてしまえば元も子もない。

そのため、この警報システムは容易に無視できないほどしっかりと私たちに備わっている。また、第8章の習慣の話で見たように、これらをどうにかしようとすると、強迫観念にとらわれかねない。解決策は明らかだ。携帯電話の電源を切り、Wi-Fiをオフにし、予測不能なノイズを遮断すること。

だが、こうした手段を講じても、あなたを惑わせる第二の脳システムを止めることは不可能だ。作業に集中する際、私たちは、目標志向の思考や衝動の制御を司《つかさど》る一連の脳領域

「実行制御ネットワーク」を用いている。しかしこのネットワークは、とくに何も考えていないときに活動する「デフォルト・モード・ネットワーク」と常に綱引き状態にある。デフォルト・モード・ネットワークは、記憶をたどり、計画を立て、少しずつ情報を整理するなど心の整理整頓を行うが、空想にふける際にもっとも活発になるのもこの領域だ。作業に集中するには、このおしゃべりの音量を最小限にしておく必要がある。

問題は、脳は集中するより、思考をさまよわせるほうがずっと簡単そうだということだ。神経科学者たちは、この理由について長らく議論してきた。理由のひとつは、デフォルト・モード・ネットワークが脳の多くの部分と密接につながっているため、少ないエネルギーで異なる思考のあいだを行き来できるからだと考えられる。一方、実行制御ネットワークの接続はまばらで、雑音のなかで大声を出すには多くのエネルギーを必要とする。

かりに、マインドワンダリングが失敗を導くとすれば、この状態を進化的に説明するのは困難だ。私たちが長年、夢想状態はよくないと思っていたのは「ラボで退屈な作業を頼まれた被験者は、集中力が切れるとマインドワンダリングをはじめる」と専門の研究者たちが仮定したからだ。研究者たちは、とくにメインの作業が退屈だったり無意味だったりすると、私たちの心は意図的に魅力的な話題を探し求めることがあるという点を考慮しなかった。

科学者たちが作業中の人々のもとへ行き、思考がさまよっているかどうか、もしそうならそれは意図的か否かを尋ねたところ、3分の1以上の人々が、意図的にそうしていることがわかった[17]。ある研究によると、人は半日以上、意図的に白昼夢を見ているらしい[18]。

これは、脳内の状態についてかなり異なる説をもたらす。多くの場合、思考がさまよっていても、実行制御ネットワークはデフォルト・モード・ネットワークの手綱を握ったままで、実際には、経験全体を司っている。この区別は重要だ。過去には、マインドワンダリングは注意欠如・多動症（ＡＤＨＤ）や強迫性障害（ＯＣＤ）と関連づけられていたが、いずれの症状においても、特定の行動が制御できないことで、物事をやり遂げられない状況が生じることがある。しかし最近の研究では、これは意図的ではない、無意識のマインドワンダリングにのみ当てはまることが示されている[19]。

また、状況も重要だ。要求の厳しい作業中に思考をさまよわせると、記憶の欠落、パフォーマンスの低下、リスクテイキングの可能性が高くなる。だが、それほど大変でない仕事の最中であれば、マインドワンダリングは、取り組んでいる作業に対する記憶力の改善や、創造性の向上（のちほど詳述）、衝動的な選択とは対照的な、忍耐強い、優れた意思決定に関連しているという研究結果がある[20]。これはすべて、私たちがひとつのことに集中している最中も、リンクしていない情報同士を脳がつなげられるおかげだろう。つまり、

目の前の仕事から意識を離していいタイミングと、悪いタイミングがあるということだ。

では、ここであなたの白昼夢について考えてみよう。白昼夢もまた重要だ。過去に関する思考は、未来に関するものより、気分やモチベーションの低下につながる可能性がはるかに高い。実際、未来に関するマインドワンダリングは、たとえそれが大学を退学することになったり、昇進できなかったりといった内容でも、私たちの気分やモチベーションを高めてくれるらしい[21]。

なかなか集中できないときに、自分の考えをまとめるのは難しいかもしれない。しかし、自分の気持ちをもっとも有用なマインドワンダリングに向ける方法がいくつかある。この習慣に専念する時間があるようなら、もう一度マインドフルネス瞑想《めいそう》について考えてみよう。いくつかの小規模研究では、マインドフルな人ほど、意図的に思考をさまよわせる能力が高いことが示されている。ハーバード大学の心理学者ポール・セリは、前述したマインドフルネス瞑想を学ぶことで、意図的でないマインドワンダリングを有用かつ意図的なものへと転換し、私たち全員が何かを学び取れるようになると信じている。

もう少し簡単な方法もある。集中が必要な場面を待たずとも、リラックスした状態でマインドワンダリングをやってみることだ。これを行うと、実際に集中力が求められたときに集中しやすくなるという[22]。もうひとつのコツは、ご褒美で釣ることだ。絶えず小さな報酬を自分に与えるのではなく、本当にいいものを用意して、作業終了後に手にするようにしてほしい。退屈な作業中に小さな報酬を与えても、失われた集中力を取り戻すことはできなかったが、最後に大きな報酬がもらえることを約束すると、最後まで集中することができたという。

　また、落書きも助けになるかもしれない。つまらない話を無理矢理に聞かされた人々のうち、話を聞きながら落書きをしていた人のほうが、あとで話をよく覚えていたのだ。ただし、これが有効なのは、落書きの内容が覚えたいことと関連しているときだ。これは意図的なマインドワンダリングにあたり、目の前のタスクに集中するのに役に立つ。とはいえ、落書きを入念にしすぎると、逆効果になるようだ。

　最後の助言は、すでに述べたように、少し眠ること。眠りが足りないと、集中力の欠如を防ぐ内外の能力が低下する。試験の前に1時間の余裕がある場合、すでに学んだ記憶を統合する重要性を考えると、その時間で復習するより、仮眠をとったほうが時間を有効活用できる可能性があるという[23]。日中にうとうとした際、これ以上の言い訳があるだろうか。とりわけ、つぎの話には役立つだろう。

創造性を高める

15年ほど前、机に向かっていると、どこからともなく素晴らしいアイディアが降ってきた。私はそのアイディアを同僚に伝えた。「大きすぎたり小さすぎたり形がいびつだったりして、スーパーで扱ってもらえない食品を誰かが引き取って、そういうことにこだわらない人に売ったらいいと思わない？」。私はそう言い、それ以上は何もしなかった。10年後、ウォンキー・フード・カンパニー（Wonky Food Company）、オッドボックス（Oddbox）、アグリー・カンパニー（Ugly Company）は、いずれもそのアイディアで大成功を収めた。なんということだ。私も同じことを思いついていたのに。これはよくあることだが、アイディアはどこからともなくやってくる。本当に必要なときではなく、とびきり変なタイミングで。また何か思いつくと（そして実際に行動に移せると）いいのだが。

私たちの創造力――既成概念にとらわれない発想や、新しいアイディアを生み出す能力――は、いわゆる知能テストにはあまり反映されない。事実、一般的な知能と創造性が関連しているかどうかは意見の一致を見ていない。だが、創造的潜在能力に必要なＩＱの閾《いき》値《ち》は低いと考えられている。

実際、これは朗報だろう。**ひらめきの瞬間をもう少し簡単に、そして頻繁に手に入れたいと思っている私たちを邪魔するものは何もないのだ。**そして、無意識がひらめきを得るために、私たちにできることがある。まず、ライフスタイルの観点から言うと、よく眠ることだ。とくに夢を見るレム睡眠は、創造性と相関関係があると考えられている（睡眠については第7章参照）。だからおそらく、昼まで眠る怠惰な天才の常套句《じょうとうく》にはそれなりに考慮すべき点があるのだろう。

ただし、いつも怠惰でいていいわけではない。すぐにでも創造性の爆発のようなものを求めているのなら、散歩や同種の運動がいいきっかけになる。ある研究者が散歩中にひらめいた調査によると、人は座っているときよりも、散歩したりトレッドミルで歩いたりしているときのほうが日用品の用途を思いつきやすいという。そして運動後もしばらく創造力が持続したため、ブレインストーミングをする前には、散歩をしたほうがいいことが示された。

創造性のプロセスに関して言えば、ひらめきの瞬間は、「関連した情報が無意識のなかに蓄積し、意識がそれに気づいたときに起こる」ということを、２０１７年、ニューヨークのコロンビア大学の研究者たちが明らかにした。これが起こる臨界点は作業によって異なるが、ほかの人より、この状態に達しやすい人もいる。これにはいくつか理由が考えられる。研究によると、創造的洞察は、集中と空想という、ふたつのまったく異なる心の状態によって推進されるという。カリフォルニア大学サンタバーバラ校のジョナサン・スクーラーは、こうした矛盾に興味を惹《ひ》かれ、それらを直接テストすることにした。そして、問題解決に対する明確な分析的アプローチを用いないかぎり、集中している最中の思考は、ひらめきを損なうことを発見した。対照的に、先ほど示唆したように、情報を吸収したあとで思考をさまよわせると、さまざまなタスクで創造的洞察が養われる。

ひらめきの瞬間を増やしたければ、まずは何らかの関連情報を探し出し、それを無意識に与えることだ。その後、集中しない時間をもつといい、とジョナサン・スクーラーは言う。散歩や庭いじりや家事など、精神的負担の少ない時間がいいだろう。そのあいだは、心配事や今後の予定、いつも考えていることなど、日常的な思考を切り離す。創造的洞察ができる人は、マインドワンダリングの最中に人一倍奇妙な想像をする傾向があるという。あなたもぜひ、いつもとは違う、風変わりな想像をしてみてほしい。そしてその空想を最後までつづけるか、「もし○○が異なっていたら?」「もし○○が逆だったら?」と、想像をふくらませてみよう。

無意識のひらめきを引き出すもうひとつの方法は、気分を変えることだ。ヴィヴァルディの「春」(「四季」より)など、前向きな音楽を聴くと、創造的なアイディアを思いつきやすくなるが、これは、創造的思考と関連のあるドーパミンの分泌が誘発されるためだと考えられている。ペンシルベニア州のカーネギーメロン大学のクリスティーナ・フォンは、通常は同時に感じることのないふたつの感情（イライラとワクワクなど）を一緒に味わうと、創造的洞察が促されることを発見した。理由は、彼女いわく、いつもと違う環境に置かれることで、通常とは異なる関係性に警戒するためだという。もしそれが本当なら、変化や目新しさを受け入れれば、人生はもっと刺激的になる。

グラスの底に答えはない、と言われるが、グラスに注がれた小さなさざ波が、答えをもたらすかもしれない。アルコールが創造的な問題解決に及ぼす影響について調べた研究によると、少量のお酒は、答えを見つけるのに役立つという。40人の男性に、体重を基準に調整したウォッカ&クランベリー、またはそのノンアルコールバージョンを飲んでもらい、その後、複数の単語のグループをひとつの意味に結びつけるテストを受けてもらった。お酒を飲んでいた人は、しらふの人より38％多く問題を解き、正解にたどり着くのも早かった。加えて、答えが急にひらめいたという人も多かった[24]。

このプロセスは、ワーキングメモリの容量（特定のタスクに集中する能力を示す尺度）の減少をともなったが、これは、アルコールでぼうっとなった思考が創造性を刺激し、異なるアイディアを結びつけるという説を裏づけている。もちろん、集中力を失いすぎてしまうので、限度以上のアルコールを摂取すると効果は消える。また、これは小規模研究で、再現も小さな規模でしか行われていないため、話半分で聞いておくのがベストだろう。

最後に、創造性の高まりに関して言えば「フロー」という状態がある。これはつかみどころのない概念で、たとえば、あなたが書いている小説そのものが、勝手に物語を紡いでいくような、自動性に特徴づけられる深い没入感のようなものだ。研究によると、「フロー」は意識的な思考を「オフ」にしたときに訪れるという。気が散ると、このプロセスは中断され、白昼夢も破られる。そのため、フローにせよ、マインドワンダリングにせよ、問題解決を期待するなら、携帯電話はサイレントモードにして、Ｗｉ-Ｆｉを切っておくことだ。今回ばかりは、グーグルに答えを求めても無駄である。

迷子にならない

ニューヨーク市の秋、冬を越すため、メキシコ中部の山腹に群生するもみの木を目指して４０００キロの旅に出発するオオカバマダラは、正確に目指す場所に到着する。

ニューヨーク市の秋、カフェを出て、それほど離れていないホテルに帰ろうとした私は、曲がる場所を間違え、携帯電話の充電もなかったため、完全に迷子になった。私のナビゲーション能力と伝説の蝶々《ちょうちょう》オオカバマダラのそれとを比較するのはおこがましいかもしれないが、どう考えても私たちの方向感覚は彼らにはかなわない。人通りの多い道に面した店を出て、駅へ向かおうと左に曲がったけれど、実は右に曲がったところに駅があった、という経験が何度あるだろう？　あるいは森を歩いていて、メインの道がわからなくなり、ふと恐怖に襲われたことは？　衛星からの信号が途絶えて突然方向がわからなくなったことは？

私がはじめてナビゲーションに興味を抱いたのは、発達性地誌的見当識障害（ＤＴＤ）の女性に出会ったときだった。生まれてからずっと道順がわからないまま生きてきた彼女は、自宅のキッチンから風呂場へ行くのもままならない状態だった。大半の人は、これほど道がわからなくなることはないと思うが、私がこの症状を調査して学んだ知識は、現在、人生でもっとも役に立っていることのひとつだ。

まず、「どうやって迷子になるのか」ということを考えてみたい。手はじめに、舞台をカナダの山中に移し替えてみよう。大半の人にとって馴染みのない環境かもしれないが、これから述べる話はきっと役に立つので、少し我慢して読んでほしい。

30年ほど前、エドモントンのアルバータ大学の心理学者エド・コーネルのもとに電話がかかってきた。電話の相手は警察で、9歳の男の子を捜しているという。少年はキャンプ場で行方がわからなくなり、その足跡から数キロ離れた沼地へ向かったと考えられていた。警察が知りたかったのは、9歳の少年がどの程度移動できるかということだった。コーネルに連絡したのは、彼とその同僚が経路探索行動（wayfinding behavior）を研究していたからだ。しかしその問いについてひとしきり考えたあと、コーネルは迷子の少年についてほとんど何も知らないことに気がついた。結局コーネルらは、警察に助言らしい助言はできなかった。そして「大丈夫です、博士。今日は超能力者を呼んでいるので」という警察の言葉に心が沈んだ。

その後コーネルたちは、人は迷子になると不合理な行動を取る一方で、探索の助けになるかもしれない習慣を共有していることを発見した。まず、私たちは道に迷うと、歩き回って状況を悪化させる傾向がある。ノバスコシア州で行われた800件以上の捜索救助の事例を調べ直すと、じっとしていたのはふたり――リンゴ狩りに出かけた80歳の女性と、学校でサバイバル講習を受けたことのある11歳の少年だけだった。迷子になると、アドレナリンが放出され、あらゆる恐怖に襲われるが、この極度のストレスは、合理的に考える、目印を確認する、移動経路を把握するといった行為をとても難しくする。模擬捕虜収容所に入れられたパイロットやその乗組員たちのメンタルパフォーマンスをテストしたところ、地図を読む能力や空間認識力、その他ナビゲーションに必要なワーキングメモリや視空間処理が非常に貧弱で、その能力は10歳以下の子どもと同等だった。

こうしたストレスがかかると、人々は似たような行動を起こすことが多い。畑の端、森の周縁、鉄塔の列など、境界に引き寄せられるのだ。捜索救助活動で生存者が見つかる可能性が高いのは、建物のなかか、こうした境界に沿った場所である。しかし人の傾向は、年齢や性別によって異なる場合がある。大人より子どものほうが動き回らないし、認知症の人は直進しやすい。そして男性ひとりのハイカーは、ほかの人と比べてはるかに遠くまで移動する。

子どもは放置されると、（とくに親の）想像よりずっと遠くまで移動する。場合によっては、予想の3〜4倍遠くまで行くこともある。たとえよく見知った場所に向かうよう言われても、目的地にまっすぐ向かうことは少ない。他事に気を取られたり、長い時間かけて遠回りをしてしまったりするのだ。

では、**そもそも迷子にならないためにはどうしたらいいのか？　森で迷ったときのことを考えてみよう。大事なのは、道が違うなと思ったら立ち止まることだ。**歩き回って道を見つけようとすると、多くの悲劇を引き起こしてしまう。近くに助けてくれる人がいなければ、つぎにやるべきは、来た道を引き返すことだ。これには辛抱強さが求められるが、恐怖を感じていると難しい。また、安全から遠ざかっているように感じるため、心理的にも困難だ。専門家のなかには、大きな木や目立つ岩を車輪のハブに見立てるよう勧める人もいる。目印となるハブを見ながら、スポークに沿って、見覚えのある景色に出合うまで引き返していく。もうひとつの方法は、丘や木に登って、遠くの目印を見つけることだ。最後に、もし森や山に出かけるなら、必ず相棒を連れていってほしい。ふたりなら恐怖は軽減されるし、合理的に動くことができるだろう。

これで、自然のなかで行動する方法は学んだ。では、パリの中心や素朴な田舎道を歩いているときはどうだろう？　多くの人は、新しい都市を訪れたり、週末に長い時間をかけて散歩したりすると道に迷う。これを好む人もいれば、そうでもない人もいる。もしあなたが後者なら、脳がどのようにメンタルマップを作成しているかがわかると理解しやすいかもしれない。

まず、私たちの経路探索能力と、知能テストの点数には、どうやら相関関係はないらしい。方向感覚に差が生じる理由のひとつは、経路探索のためのアプローチが異なるからだ。たとえば、バス停で左に曲がって、黄色のゲートで右に曲がるなど、何かを目印にしてルートを記憶する人がいる一方（これは、知っている町やよく行く場所なら役立つが、はじめての場所や、回り道をしなければいけない場合には労力が大きすぎる）、「メンタルマップ」に頼る人もいる。

メンタルマップを形成するには、脳内で多数のコミュニケーションが必要になる（たとえば脳内には、恒久的な目印を特定する領域がある）。この領域に病変または病気がある人をパリの中心に連れていき、無事に戻るための目印を尋ねると、普通ならエッフェル塔と答えそうなところを、駐車場と答える可能性がある。また、境界線を識別するための脳領域や、どの方向へどのくらい移動したかを監視する細胞もある。あなたの頭がどちらへ向かっているかを伝える脳領域もあるし、自分のいる場所に関する記憶を保存し取り出す領域、これらすべてを統合してメンタルマップをつくりあげる領域もあるが、このメンタルマップは、書き留められた新たな情報によって常に更新されている。ナビゲーションが得意な人というのは、記憶力がいいわけでも、羅針方位を理解しているわけでもない。前述した脳領域のコミュニケーションに優れ、また彼らは状況に見合った最適なナビゲーション戦略ももっているのだ。

人によって違うといえば、女性より男性のほうが道を覚えるのが得意という、根深い説にも決着をつけるべきかもしれない。この説の正誤を問うため、何百という調査が行われたが、まだはっきりとした結論には至っていない。男女ともにいい結果を出すこともある。ただし、男性が女性の成績を上回るテストを見るかぎり、男性がメンタルマップの使用を好むことが、その理由ではないかと考えられなくもない（女性はルートベースのナビゲーションを好む）。

また、いくつかの研究で、女性は男性より近道を探さないことがわかっている。昔から、そしていまでも、道に迷った女性は男性よりも危うく、予期せぬ脅威に出合うリスクが高いため、近道から得られる恩恵が少ない。だが近年、研究者たちは、ボリビアのツィマネやナミビアのツェなど、西洋文化圏以外の小規模な社会でのナビゲーション能力の性差に注目しはじめている。ツェとツィマネの少年少女は、ナビゲーション能力を測る古典的なふたつのテスト——離れた場所を正確に指し示す、自分がある場所にいるのを想像してそこから別の場所を指し示す——で、いずれも好成績を収めた。思春期ごろになると、いずれの民族の少女も、道に迷うことを含め、身体的な危険への不安が高まる。

ただし、ツェでは大人になるとナビゲーション能力に違いが生じるが、ツィマネでは違いは生じない。ツィマネは危険な密林で狩りや漁を行い、あまり遠くへ移動しない一方、ツェは開けたサバンナに住んでいる。ツィマネと異なり、ツェの男性は女性よりはるかに活動範囲が広く、パートナーのもとを訪れるために長い距離を移動する（ツェの社会は一夫多妻制）。その結果、彼らはナビゲーションに関する大きな課題に直面しながら経験を積むことになり、これが成人になって違いが生じる理由とも考えられる。これはすべて、ナビゲーション能力は性別に関係なく、環境要因や個人の経験に関連していることを示唆している。欧米では、男性は女性より運転する機会が多いので、これがナビゲーションの経験になっているのかもしれない。また、多くの研究で仮想現実（ＶＲ）環境が使われているが、普段からビデオゲームをしている人（男性が多い）のほうが、うまく使いこなしている。

性別を問わず、日常的にナビゲーション能力を向上させる方法がある。まず周囲に、なかでもひときわ目を引く恒久的な目印に注意を払い、それがあなたの曲がる回数や方向にどう関連しているかを認識する。それから、その関連をできるだけ面白く、記憶に残りやすいものにしてほしい。たとえば数年前、私はスペインのマヨルカ島のパルマ市を訪れた。複雑に入り組んだ迷路のような路地裏を歩きながら、自分のホテルはアダルトショップみたいな（ペニスのような赤いネオンサインが窓のところで明滅していたため）店が角にある道路沿いにあったことを頭のなかで確認した。最近になってパルマ市を訪れると、そのサインがすぐに目に飛び込んできた。おかげで、何年も前のことなのに、以前泊まったホテルを簡単に見つけられたのだった。

また、定期的に背後を確認することも必要だ。このテクニックを使って効率的に移動する動物もいる。自分のいる場所がどんなようすか反対側から眺めてみると、脳が、その道を戻る際のメンタルマップを作成するのに役立つ。あとは、太陽が出ている時間帯にも、容易に自分の向かっている方向を確認できる。影の状態を見れば、自分の進むべき方向がだいたいわかるだろう。

もちろん、携帯電話のGPSが使えれば私たちはそれを使う。が、あまりそれに頼りすぎてはいけない。長期的に見て、私たちの経路探索能力が損なわれるかどうかは定かではないものの、短期的には、周囲の環境に関する認知地図を形成する能力は確実に損なわれる。そうなると、携帯電話の充電が切れたり、携帯電話が壊れたりした場合に迷子のリスクが高くなってしまう。

迷子にならない秘訣は、とにかく訓練あるのみだ。方向感覚に優れている人は、既知のルートに頼らず、いろいろな場所を探索することが知られており、それが認知地図の構築や、経路探索能力のさらなる改善に役立っている。そのため、パートナーや子どものナビゲーション能力をGPSなしで高めたければ、訓練を積ませることだ。ただし、あなたの予想より遠くまで行くかもしれないので、その点だけ注意してほしい。

人生で成功するためのヒント

- 面接の最初は感じよく、ポジティブな姿勢で臨むこと。人はわずか 10 分の 1 秒で相手の魅力、好感度、信頼度、能力、感じのよさを判断する。
- だいたい 1 時間ごとに 10 分ほどの休憩を取ると、職場での集中力を最大限に高め、健康を維持できる。長時間集中的に仕事をする人は、心身のウェルビーイングのスコアが低いうえに、昇進もしにくく、仕事への満足感や安心感も低い。
- 説得力をもたせるために、自分の主張をフレーミングする。ポジティブなメッセージよりネガティブな情報のほうがたいてい強い印象を残す。
- 集中力がつづかないときは、耳に入ってくる話に関連した落書きをすると、あとで思い出しやすくなる。
- はじめての都市に行ったら、目印を決め、目印同士の関連性を心に留めておくこと。ときどき後ろを振り返ると、迷子にならないためのメンタルマップを脳内で作成するのに役立つ。

第12章 完璧を求めすぎないようにするためには

ワイヤーやパソコン機器、山積みの書類、マーカーペン、おもちゃの山が散乱した自宅のオフィス兼プレイルームを見渡すと、ときどき気持ちが沈むことがある。新型コロナウイルスによるロックダウン中に本書を執筆するという状況についてはすでに何度も言及したし、第1章の冒頭で、仕事、家族、妊娠、そして本書の執筆という、どれも大事なものから受けたストレスについても触れた。

いまはこの数カ月間目指してきたゴールに、少しでも届いていることを願う。本書を読み終わるころ、みなさんが、より健康で、幸せに、賢く、リラックスした生活を送ることができているなら幸いだ。

「リラックス」というのは、いつも一筋縄ではいかない。なぜならこうした自己啓発には、いい人間になろうとするあまり、流れに身を任せているときより、余分なストレスを感じて状況を悪化させるという危険がつきものだからだ。これは私がこの数カ月間ずっと格闘してきたことであり、自分に科学の知識があって本当によかったと思う部分でもある。そこでこの最終章では、あなたの努力に――そして自分の助言にさえ――あえて水を差し、少し抑制を加えたいと思う。**何事も行きすぎてしまうのはよくない。ときには手放し、不完全さを受け入れ、自分にできることをするのが最善という場合がある。自己啓発にかぎらず、どんなことも「ほどほど」が大切だ。**

完璧を目指さない

おそらく誰もが「私は完璧主義者だ」という言葉を耳にしたり、自分で口にしたりしたことがあるのではないだろうか。この世でもっとも退屈な面接の質問――「あなたのいちばん悪い癖は？」――にこう答えたことがあるかもしれない。もしくは、知識をひけらかすような言動や、純粋に何かを完璧に仕上げたいときの言い訳に使う場合もあるだろう。本書を購入したのも、自分のなかにもっと上を求める気持ちがあったからかもしれない。もちろん、本書の内容があなたに成功、健康、幸福をもたらすことを願っている。しかし、勤勉さややる気は、人を完璧主義者へと変える可能性があり、これは危険な結果を招きかねない特性だ。

完璧主義は——少なくとも欧米では——過去30年で劇的に広がったことが最近の研究で明らかになっている。(1) とくに若者は、自分にも他人にも求めるものが多くなっている。食うか食われるかの世界、私たちの身体《からだ》、キャリア、家庭は完璧だという空想に溢《あふ》れた世界は、非の打ちどころのない人生を求めて、心身を危険にさらす人々を増加させているように見える。こう書くと警戒するかもしれないが、解決策はある。「ほどほどで十分」などきを知ることだ。

完璧主義を定義するのは少々難しい。心理学研究ではたいてい「何事にも最善を尽くす」「こちらが頼んだことは完璧に仕上げてほしい」など、45個の項目からなる標準尺度を使用する。そして各項目にどの程度同意できるかを評価して、その数が多ければ、完璧主義の傾向があるということになる。

また、心理学者は完璧主義を3種類に分けている。「自己志向型」完璧主義者は、仕事や人間関係に対して高い目標を設定する。彼らは、ライバルに負けるのではないか、試験に失敗するのではないか、仕事でボーナスが出ないのではないかと、不安に駆られることが多い。「他者志向型」完璧主義者は、周囲の人々に極めて高い基準を求める。他人に対して非常に批判的かつ一方的で、社会的に拒絶されたり人間関係でトラブルを起こしたりする危険がある。3つ目の「社会規定型」完璧主義者は、他者から完璧に見られなければという大きなプレッシャーを抱えつつ、同時に他者からの称賛も求めている。このタイプの人々は、自分に対してありえないほど高い基準を設定するため、人に細かいところまで見られている、拒絶されたと感じることが多い。その結果、日常的に自尊心が傷つき、ネガティブな感情ばかりを抱くことになる。

ところで、**完璧主義者であることと、ただ高い目標を設定することとの境界はどこにあるのだろう？　多くの場合、この境界は、その人が成功や失敗をどう受け止めるかで決まる。**勤勉で真面目なだけなら、成功に感謝し、失敗したら目標を修正する人が大半だ。彼らは戦略的利益のために、それに見合った努力をすることができる。一方、完璧主義者は、いい結果が出てもあまり喜びを感じない。目立った成功を収め、目標を達成しても、このレベルを維持しなければ、ゴールポストをもっと遠くに置かなければ、というプレッシャーを感じてしまうのだ。

たしかに完璧主義には遺伝的要素があるものの（両親にその傾向があると、子どももそうなる確率が高くなる）、完璧主義へと向かわせる環境要因がここ数十年で増加している、と話すのは、イギリスのバース大学のトーマス・カランだ。彼によると、一世代前のイギリスのような国では、政府が責任をもって教育し、「達成」に対するプレッシャーも少なかった。現在では、若者たちが成功のリスクも失敗のリスクも自分で負っている。自分たちで大学の学費を払い、小さいときから標準化されたテストを受け、いい学校に入るために競争し、そのうえ、非現実的な目標を設定してくるソーシャルメディアにまで対処しなければならない。

完璧主義はそれほど悪いものではないように思うかもしれない。たしかに、完璧主義者が学術分野や自分のキャリアで成功を収める可能性が高いと考えるのは正しいだろう。が、そこには決定的な負の側面がある。完璧主義自体は何かの症候群とは考えられていないものの、精神疾患の症状と強い関連がある。(2) 摂食障害、強迫性障害（ＯＣＤ）、うつ病のある人は、こうした病気の症状がない人に比べて、完璧主義のレベルが高い。また、完璧主義は、ストレスや循環器疾患のリスクを増加させることにも関連している。(3) この特性をもつ人は、しばしば高レベルの怒りや不安を覚え、みずから命を絶つ可能性も高い。

完璧主義は年齢を重ねるにつれ、厄介さを増していく。(4) 直感に反するかもしれないが、良心や、勤勉さや、生産性が低下し、神経質になり、燃え尽き症候群に陥る可能性が高まってしまうのだ。考えてみればそのとおりで、完璧を求めるほど失敗の回数は増加し、成功の頻度は下がっていく。そのうち仕事から遠ざかり、心が苦しくなる。そして失敗を受け入れるよりも、心を閉ざし、端《はな》から挑戦しなくなる。完璧主義が行きすぎて神経衰弱に陥ってしまった友人は、朝、職場に着ていく服が選べなくなったことが、最後の引き金になった。外見を完璧に磨き上げてきたにもかかわらず、どうしても自分の納得できるレベルには届かなかったのだ。友人は身動きが取れなくなり、最終的には専門家に助けを求めることとなった。

では、完璧主義に抗《あらが》うにはどうしたらいいだろう？　なによりもまず、それを認めることだ。ただしその性質上、完璧主義者が自身の問題点を認めるのは非常に難しい。話し合い療法や認知行動療法（CBT）は、自分の行動の理由を知り、ネガティブなパターンから抜け出すためのツールであり、完璧主義と戦うための最善の手段である。

こうした治療が受けられない場合、自分の居心地のいいゾーンから無理にでも出て行くといいだろう。セラピストたちの言によると、自分のコンディションが完璧でない状態で何かをする――体調が100％でないときに運動をしたり、プロジェクトが完璧でなくとも期限を決めてストップしたりする――のは、いずれ大きな変化をもたらすいいスタートになるという。

完璧主義を研究する専門家と話して得た、最後にして大事な助言は、「完璧」というものは存在しないが、みずから学んで向上していく姿勢は、生涯の目標としてふさわしい、ということだ。生涯にわたって学んでいく姿勢を子どものころに身につけ、それを人生の信条にすることができれば、歳《とし》を重ねてからも心身を守ってくれる、大切な認知予備力が向上するだけでなく、テストが終わっても、レースで勝っても負けても、ひとつの困難を乗り越えても、物事は終わらないという感覚を維持することができるだろう。ありきたりな言い回しかもしれないが、人生を修復するには、目的地よりも、その道のりで何をするかが大切なのだ。

おわりに

真面目な、エビデンスに基づいた研究を用いることが、あなたの人生を修復するにあたって、けっして容易ではないことはわかっている。友人に効果的な方法を尋ねたり、昔ながらの知恵に耳を傾けたり、自分の母親がやっていたことをそのままやってみたりするほうがよほど簡単だろう。しかし楽なほうを選ぶ場合、完全に徒労に終わる可能性も覚悟しておかなければならない。

科学は、この世界で有効なものとそうでないものを理解するには最良の方法だ。実証されなければ、本書にちりばめられている個人の物語同様、ただの逸話に過ぎない。だからといって母親や友人、昔の知恵がいつも間違っているということではない。そうしたアドバイスは役に立つかもしれないし、そうでないかもしれない。しかし、かぎられた時間のなかで、健康寿命が延びる可能性のある変化を起こすなら、どちらに賭けるべきかは明白だ。

とはいえ、四六時中、科学研究を指針にして生きていけるとは思わないでほしい。単純に不可能だし、楽しくない。私だったら絶対に無理だ。私がテーブルの上に足を乗せないのは、そして屋内で傘を開かないのは、昔母に縁起が悪いと言われたからだ。明日、私は「陣痛クッキー(labour cookies)」を焼くが、それは友人ふたりに「これを食べたら絶対陣痛がくる」と言われたからだ。それに、幸運の下着までもっている。

何が言いたいかというと、友人や直感や好きな有名人に従うことがあっても、まったく構わないということだ。なかにはあなたにぴったりの方法があるかもしれないし、新しいことを試すだけでも楽しいかもしれない。場合によっては、それらが人生を一変させる可能性もあるし、何百万人に効果があったものがあなたには効かないこともある。例外は必ず存在するのだ。人生は短い。だからどんな道を進むにしろ、きちんとした知識をもって進んでいってほしい。

本書の各章の終わりには、5つのポイントがまとめられている。これは、私からすれば科学的とは言えないし、科学で承認されたものでも、人生を変えるための特別な力をもったものでもない。だが、エビデンスに基づいたヒントを(とくに時間のない人のために)手短かに提供できるのではないかと思う。とはいえ、やはり時間を見つけて、自分にとってもっとも重要だと感じる章を通読し、悪いアドバイスを避ける方法を理解し、無意識のバイアスを認識し、誇大広告に対して適切な疑問をもち、自分の行動にじっくり対処しながら、将来に大いに役立ててほしいと考えている。

そして最後に、くれぐれもここで終わらないことだ。**科学は現在進行形で、最終的な答えではない。優れた自己啓発は常に形を変える必要があるし、定期的に分析を行い、リフレッシュすることで、真にベストな提案となる。**だから、幸運のパンツを見つけるにしても、本書の忠告に従うにしても、常に最善のアドバイスを求めることを忘れないでほしい。何があなたの人生を変える助言になるかは、わからないのだから。

謝辞

本書は、私ひとりの作品ではない。すべての情報、データ、研究、引用、知識、統計は、何千人もの献身的な科学者たちの頭脳が、何十年もかけてもたらしたものだ。また、本書の内容はほとんど『ニュー・サイエンティスト』のスタッフおよび、ライターとエディターのチームが最初に思いつき、修正を加え、完成させたものである。

本書は、私自身のリサーチ、ストーリー、知識を『ニュー・サイエンティスト』のアーカイブにある特集やニュースと組み合わせてつくりあげていったが、本書で使わせてもらった記事を書かれた素晴らしいジャーナリストのみなさんひとりひとりに感謝を伝えたい。もしこのリストから漏れている方がいたら心からお詫《わ》び申し上げる。ウィリアム・リー・アダムズ、サリー・アディー、プラギャ・アガーウォール、アニル・アナンサスワーミー、アラン・アンダーソン、アビゲイル・ビール、ジェシカ・ボンド、マイケル・ボンド、キャサリン・ブラヒック、ティール・バレル、マイケル・カー、エレノア・ケース、キャサリン・デ・ラング、ケイト・ダグラス、ロビン・ダンバー、マデリン・フィンレイ、リンダ・ゲディーズ、アリソン・ジョージ、ジェシカ・ハムゼロウ、マーティ・ハゼルトン、ダグラス・ヘブン、ローワン・フーパー、ジョシュア・ハウジゴー、クリスチャン・ジャレット、ダン・ジョーンズ、クロエ・ランバート、グレアム・ロートン、ジョー・マーチャント、アリソン・モトルク、ティファニー・オカラハン、ヘザー・プリングル、デイビット・ラウベンハイマー、ティモシー・レベル、デイビット・ロブソン、モヤ・サーナー、ミーガン・ステデラリ、クリス・シムズ、スティーブン・シンプソン、クリス・ストーケル・ウォーカー、カイト・スケル、アメリア・テイト、ソニア・ヴァン・ギルダー・クック、スーザン・ワッツ、ジョン・ホワイト、キャロライン・ウィリアムズ、サム・ウォン、エマ・ヤング、ありがとう。

出産が差し迫り、最後の仕上げで作業が止まってしまった私を助けてくれたリチャード・ウェッブに多大なる感謝を贈る。また、ジョン・マレー出版のジョージナ・レイコックとアビゲイル・スクラビーの素晴らしい編集スキルとアイディア、そして本書の売り込みに一貫して素晴らしい手腕を発揮してくれたヤシン・ベルカセミにも心から感謝を贈りたい。

最後に、アレックス、ジェス、サム、世界でいちばん素敵な家族でいてくれてありがとう。

訳者あとがき

本書は、イギリスの科学雑誌『ニュー・サイエンティスト』のライター、ヘレン・トムスンが、同誌の最新の科学研究と、科学ジャーナリストとして培ってきた経験や知識を総動員して書き上げた、賢く、幸せに、ストレスの少ない人生を送るためのガイドブックである。

神経科学の学位をもち、長年、生命科学、健康などを中心にさまざまな媒体に寄稿してきた著者には、大きな不満があった。巷《ちまた》にこれだけ自己啓発書が溢《あふ》れているのに、自分に合うものがひとつもなかったのだ。科学ジャーナリストとして、人々にとって有益な、エビデンスに基づいた情報が実際に存在することを知っていた彼女は、とりわけこの事実に納得がいかなかったという。

そんなある日（本書の「はじめに」でも紹介されているが）『ニュー・サイエンティスト』の同僚、グレアム・ロートンが執筆した、栄養、減量、運動、加齢など大きな健康問題を扱った『This Book Could Save Your Life』の姉妹版を書かないかという話が持ち上がる。同書が触れていない領域（幸福、悪習慣、友情、愛、自信、つらい記憶など）に関する実用的なアドバイスをまとめて、「本当に使える自己啓発書」を出そうというのだ。こうして完成したのが、本書である。

本書の特徴は、なんと言ってもその手軽さにある。各章にはテーマに対するいくつかの解決法と科学的エビデンスが記されているが、そのどれもがすぐに試せるものばかりなのだ。

たとえば、唇に触れないよう鉛筆を歯で挟んで笑顔をつくるというもの（第2章参照）。心と身体《からだ》のつながりとは不思議なもので、笑顔をつくるとたしかにそれに見合った気持ちになるし、少なくともその顔で怒るのは難しい。

第6章で登場する運動の話も面白かった。指一本動かすことなく、想像上の運動で筋力が改善されるという、嘘《うそ》みたいな本当の話が登場する。

写真や映像の自然に触れるだけで健康を増進する効果があるというのも手軽でいい（第2章参照）。

もうひとつ興味深かったのは、第8章で紹介された過食の話だ。簡単に言うと、身体が炭水化物とタンパク質のどちらかを選ばなければならなくなったらタンパク質が勝つ、という話なのだが、これはものすごく腑《ふ》に落ちた。たしかにお腹《なか》がいっぱいなのにまだ食べてしまうときと、それほど食べていないのに満たされるときがある。これまではあまり気にしていなかったが、言われてみれば、食事全体のカロリーよりもタンパク質の量に合わせて食べているとしか思えない食べ方をすることがある。この情報を知って以来、食事全体のタンパク質量を（漠然とだが）必ず意識するようになった。

そのほかにも睡眠、禁煙、禁酒、スマホ依存など、気になるテーマが盛りだくさんだ。訳者としては（おそらく著者も）全部読んでいただけるとありがたいが、各自の気になる箇所だけを読んでもらってもまったく差し支えのない構成になっている。とにかく情報に触れて、試してみようと思うこと。それこそが、本書で著者が目指したことだろう。効果がなくても損をすることはないし、軽い気持ちで試した何かが、人生を変えるほどの大きな影響をもたらす可能性もある。

2021年にイギリスで出版された本書は、コロナ禍の真っ只中《ただなか》で書かれた。はじめて経験する不測の事態に、誰もが不安を覚えたのではないかと思う。加えて著者は、執筆時は妊娠8カ月だったそうで、その不安や心細さは想像を絶する。

そんな中、人々の生活の質を少しでも改善する助けになればと書かれた本書には、著者の科学の専門家としての矜持《きょうじ》と、真摯な姿勢が垣間見《かいまみ》える。著者はけっして科学を押しつけてはいない。科学を深く信頼しながらも、あくまでひとつの選択肢として提供する。効果があるかもしれないし、ないかもしれない。それでも、効果があったらうれしいと願って書いている。商業目的の自己啓発こそ批判しているものの、昔ながらの知恵や逸話などについては、それはそれとして受け止めつつ、科学の可能性を提示していく。

ひょっとすると先の見えない混沌とした毎日を送っていたからこそ、何が正解で何が不正解かを断言することの難しさを痛感していたのかもしれない。

いまの時代は情報が溢れている。どれが本当に正しい情報なのか、もっと言えば「正しい」とは何なのかさえわからなくなっている。

そんな時代において、エビデンスを拠《よ》り所とし、それを「正しさ」の定義として情報を提供しようと試みる著者の姿勢は、科学の専門家としてあるべき姿なのだろうと思う。これからますます自分たちで「正しい」情報を取捨選択する機会は増えていくだろう。そして科学は間違いなく、考慮すべき指針のひとつになる。

本書は、科学への入り口としても最適な書籍のひとつだと思う。本書を読んで、科学は役に立つ、いや、役に立つまでいかなくても科学は面白いと思っていただけたら幸いだ。そのうえあなたの生活の質を向上する一助になったなら、訳者としてこれほどうれしいことはない。

2023年

片桐恵理子

第12章
完璧を求めすぎないようにするためには

1. Curran, T. and Hill, A. P. (2019), 'Perfectionism is Increasing Over Time: A Meta-Analysis of Birth Cohort Differences From 1989 to 2016', *Psychological Bulletin* 145, 4, 410–29.
2. Limburg, K. et al. (2017), 'The Relationship Between Perfectionism and Psychopathology: A Meta-Analysis', *Journal of Clinical Psychology* 73, 10, 1301–26.
3. Corson, A. T. et al. (2018), 'Perfectionism in Relation to Stress and Cardiovascular Disease Among Gifted Individuals and the Need for Affective Interventions', *Roeper Review* 40, 1, 46–55.
4. Smith, M. M. et al. (2019), 'Perfectionism and the Five-Factor Model of Personality: A Meta-Analytic Review', *Personality and Social Psychology Review* 23, 4, 367–90.

12. Bellezza, S. et al. (2017), 'Conspicuous Consumption of Time: When Busyness and Lack of Leisure Time Become a Status Symbol', *Journal of Consumer Research* 44, 1, 118–38.
13. Dunstan, D. W. et al. (2012), 'Too Much Sitting – A Health Hazard', *Diabetes Research and Clinical Practice* 97, 3, 368–76.
14. Golder, S. A. and Macy, M. W. (2011), 'Diurnal and Seasonal Mood Vary With Work, Sleep, and Daylength Across Diverse Cultures', *Science* 333, 6051, 1878–81.
15. Kühnel, J. et al. (2017), 'Take a Break! Benefits of Sleep and Short Breaks for Daily Work Engagement', *European Journal of Work and Organizational Psychology* 26, 4, 481–91.
16. Lamote de Grignon Pérez, J. et al. (2019), 'Sleep Differences in the UK Between 1974 and 2015: Insights From Detailed Time Diaries', *Journal of Sleep Research* 28, 1, e12753.
17. Seli, P. et al. (2016), 'Mind-Wandering With and Without Intention', *Trends in Cognitive Sciences* 20, 8, 605–17.
18. Seli, P. et al. (2015), 'Not All Mind Wandering Is Created Equal: Dissociating Deliberate From Spontaneous Mind Wandering', *Psychological Research* 79, 5, 750–8.
19. Seli, P. et al. (2015), 'On the Relation of Mind Wandering and ADHD Symptomatology', *Psychonomic Bulletin & Review* 22, 3, 629–36.
20. Smallwood, J. and Andrews-Hanna, J. (2013), 'Not All Minds That Wander Are Lost: The Importance of a Balanced Perspective on the Mind-Wandering State', *Frontiers in Psychology* 4, 441.
21. 同上。
22. Seli, P. et al. (2016), 'Mind-Wandering With and Without Intention', *Trends in Cognitive Sciences* 20, 8, 605–17.
23. Cousins, J. N. et al. (2019), 'The Long-Term Memory Benefits of a Daytime Nap Compared With Cramming', *Sleep* 42, 1.
24. Jarosz, A. F. et al. (2012), 'Uncorking the Muse: Alcohol Intoxication Facilitates Creative Problem Solving', *Consciousness and Cognition* 21, 1, 487–93.

8. Drwecki, B. B. et al. (2011), 'Reducing Racial Disparities in Pain Treatment: The Role of Empathy and Perspective-Taking', *Pain* 152, 5, 1001–6.

第11章
人生で成功するためには

1. Ruffle, B. J. and Shtudiner, Z. (2015), 'Are Good-Looking People More Employable?', *Management Science* 61, 8, 1760–76.
2. Howlett, N. et al. (2015), 'Unbuttoned: The Interaction Between Provocativeness of Female Work Attire and Occupational Status', *Sex Roles: A Journal of Research* 72, 3–4, 105–16.
3. Danziger, S. et al. (2011), 'Extraneous Factors in Judicial Decisions', *PNAS* 108, 17, 6889–92.
4. Tormala, Z. L. and Petty, R. E. (2002), 'What Doesn't Kill Me Makes Me Stronger: The Effects of Resisting Persuasion on Attitude Certainty', *Journal of Personality and Social Psychology* 83, 6, 1298–313.
5. Zimmerman, D. H. and West, C. (1975), 'Sex Roles, Interruptions and Silences in Conversation', *Language and Sex: Difference and Dominance*, 105–29. Massachusetts: Newbury House Publishers.
6. Jacobi, T. and Schweers, D. (2017), 'Justice, Interrupted: The Effect of Gender, Ideology, and Seniority at Supreme Court Oral Arguments', *Virginia Law Review* 103, 7, 1379–496.
7. Stivers, T. et al. (2009), 'Universals and Cultural Variation in Turn-Taking in Conversation', *PNAS* 106, 26, 10587–92.
8. Han, Z. L. (2001), 'Cooperative and Intrusive Interruptions in Inter- and Intracultural Dyadic Discourse', *Journal of Language and Social Psychology* 20, 3, 259–84.
9. Kennedy, C. W. and Camden, C. (1983), 'Interruptions and Nonverbal Gender Differences', *Journal of Nonverbal Behavior* 8, 2, 91–108.
10. Tuckman, B. W. (2005), 'Relations of Academic Procrastination, Rationalizations, and Performance in a Web Course With Deadlines', *Psychological Reports* 96, 3, 1015–21.
11. Sirois, F. M. (2007). '"I'll Look After My Health, Later": A Replication and Extension of the Procrastination-Health Model With Community-Dwelling Adults', *Personality and Individual Differences* 43, 1, 15–26.

Frontiers in Psychology 10, 38.
14. Sparrow, B. et al. (2011), 'Google Effects on Memory: Cognitive Consequences of Having Information at Our Fingertips', *Science* 333, 6043, 776–8.
15. Storm, B. C. and Stone, S. M. (2015), 'Saving-Enhanced Memory: The Benefits of Saving on the Learning and Remembering of New Information', *Psychological Science* 26, 2, 182–8.
16. Karpicke, J. D. and Roediger, H. L. (2008), 'The Critical Importance of Retrieval for Learning', *Science* 319, 5865, 966–8.
17. Pashler, H. et al. (2007), 'Enhancing Learning and Retarding Forgetting: Choices and Consequences', *Psychonomic Bulletin & Review* 14, 2, 187–93.
18. Sommerlad, A. et al. (2018), 'Marriage and Risk of Dementia: Systematic Review and Meta-Analysis of Observational Studies', *Journal of Neurology, Neurosurgery & Psychiatry* 89, 3, 231–8.

第10章
賢くなるためには

1. Grossmann, I. et al. (2013), 'A Route to Well-Being: Intelligence Versus Wise Reasoning', *Journal of Experimental Psychology: General* 142, 3, 944–53.
2. Hafenbrack, A. C. et al. (2014), 'Debiasing the Mind Through Meditation: Mindfulness and the Sunk-Cost Bias', *Psychological Science* 25, 2, 369–76.
3. Vazire, S. and Carlson, E. N. (2011), 'Others Sometimes Know Us Better Than We Know Ourselves', *Current Directions in Psychological Science* 20, 2, 104–8.
4. Anderson, C. et al. (2012), 'A Status-Enhancement Account of Overconfidence', *Journal of Personality and Social Psychology* 103, 4, 718–35.
5. Zschirnt, E. and Ruedin, D. (2016), 'Ethnic Discrimination in Hiring Decisions: A Meta-Analysis of Correspondence Tests 1990–2015', *Journal of Ethnic and Migration Studies* 42, 7, 1115–34.
6. Goldin, C. and Rouse, C. (2000), 'Orchestrating Impartiality: The Impact of "Blind" Auditions on Female Musicians', *American Economic Review* 90, 4, 715–41.
7. Rinne, U. (2018), 'Anonymous Job Applications and Hiring Discrimination', *I Z A World of Labor*. https://doi.org/10.15185/izawol.48.v2

Evolution 2, 4, 713–20.

第９章
知能を高めるためには

1. Deary, I. J. et al. (2007), 'Intelligence and Educational Achievement', *Intelligence* 35, 1, 13–21.
2. Forrest, L. F. et al. (2011), 'The Influence of Childhood IQ and Education on Social Mobility in the Newcastle Thousand Families Birth Cohort', *BMC Public Health* 11, 895.
3. Flynn, J. R. (2007), *What Is Intelligence? Beyond the Flynn Effect*. Cambridge: Cambridge University Press.
4. Ritchie, S. J. and Tucker-Drob, E. M. (2018), 'How Much Does Education Improve Intelligence? A Meta-Analysis', *Psychological Science* 29, 8, 1358–69.
5. Smart, E. L. et al. (2014), 'Occupational Complexity and Lifetime Cognitive Abilities', *Neurology* 83, 24, 2285–91.
6. Rauscher, F. H. et al. (1993), 'Music and Spatial Task Performance', *Nature* 365, 6447, 611.
7. Hampshire, A. et al. (2019), 'A Large-Scale, Cross-Sectional Investigation Into the Efficacy of Brain Training', *Frontiers in Human Neuroscience* 13, 221.
8. Greely, H. et al. (2008), 'Towards Responsible Use of Cognitive-Enhancing Drugs by the Healthy', *Nature* 456, 7223, 702–5.
9. Cowan, N. (2010), 'The Magical Mystery Four: How Is Working Memory Capacity Limited, and Why?', *Current Directions in Psychological Science* 19, 1, 51–7.
10. Wang, Q. (2013), 'Gender and Emotion in Everyday Event Memory', *Memory* 21, 4, 503–11.
11. Persson, J. et al. (2013), 'Remembering Our Origin: Gender Differences in Spatial Memory Are Reflected in Gender Differences in Hippocampal Lateralization', *Behavioural Brain Research* 256, 219–28.
12. Dresler, M. et al. (2017), 'Mnemonic Training Reshapes Brain Networks to Support Superior Memory', *Neuron* 93, 5, 1227–35.
13. Mangen, A. et al. (2019), 'Comparing Comprehension of a Long Text Read in Print Book and on Kindle: Where in the Text and When in the Story?',

2. Arzi, A. et al. (2014), 'Olfactory Aversive Conditioning During Sleep Reduces Cigarette-Smoking Behavior', *Journal of Neuroscience* 34, 46, 15382–93.

第8章
習慣をつくり、悪習を断ち切るためには

1. Neal, D. T. et al. (2011), 'The Pull of the Past: When Do Habits Persist Despite Conflict With Motives?', *Personality and Social Psychology Bulletin* 37, 11, 1428–37.
2. Lally, P. et al. (2010), 'How Are Habits Formed: Modelling Habit Formation in the Real World', *European Journal of Social Psychology* 40, 6, 998–1009.
3. Caspi, A. et al. (2017), 'Childhood Forecasting of a Small Segment of the Population With Large Economic Burden', *Nature Human Behaviour* 1, 0005.
4. Job, V. et al. (2010), 'Ego Depletion – Is It All in Your Head?: Implicit Theories About Willpower Affect Self-Regulation', *Psychological Science* 21, 11, 1686–93.
5. Miller, E. M. et al. (2012), 'Theories of Willpower Affect Sustained Learning', *PLoS ONE* 7, 6, e38680.
6. Bernecker, K. et al. (2017), 'Implicit Theories About Willpower Predict Subjective Well-Being', *Journal of Personality* 85, 2, 136–50.
7. Lindson, N. et al. (2019), 'Smoking Reduction Interventions for Smoking Cessation', *Cochrane Database of Systematic Reviews* 9, 1–189.
8. George, J. et al. (2019), 'Cardiovascular Effects of Switching From Tobacco Cigarettes to Electronic Cigarettes', *Journal of the American College of Cardiology* 74, 25, 3112–20.
9. Hajek, P. et al. (2019), 'A Randomized Trial of E-Cigarettes Versus Nicotine-Replacement Therapy', *New England Journal of Medicine* 380, 7, 629–37.
10. Frings, D. et al. (2020), 'Comparison of Allen Carr's Easyway Programme With a Specialist Behavioural and Pharmacological Smoking Cessation Support Service: A Randomized Controlled Trial', *Addiction* 115, 5, 977–85.
11. Ma, Y. et al. (2015), 'The Significant Association of Taq1A Genotypes in DRD2/ANKK1 With Smoking Cessation in a Large-Scale Meta-Analysis of Caucasian Populations', *Translational Psychiatry* 5, 12, e686.
12. Johnson, K. E. and Voight, B. F. (2018), 'Patterns of Shared Signatures of Recent Positive Selection Across Human Populations', *Nature Ecology &*

第5章
愛を見つけるためには

1. Acevedo, B. P. et al. (2012), 'Neural Correlates of Long-Term Intense Romantic Love', *Social Cognitive and Affective Neuroscience* 7, 2, 145–59.
2. Bruch, E. E. and Newman, M. E. J. (2018), 'Aspirational Pursuit of Mates in Online Dating Markets', *Science Advances* 4, 8.
3. Vallejo, A. G. et al. (2019), 'Propofol-Induced Deep Sedation Reduces Emotional Episodic Memory Reconsolidation in Humans', *Science Advances* 5, 3.
4. DeWall, C. N. et al. (2010), 'Acetaminophen Reduces Social Pain: Behavioral and Neural Evidence', *Psychological Science* 21, 7, 931–7.
5. https://yougov.co.uk/topics/lifestyle/articles-reports/2015/05/27/one-five-british-adults-admit-affair

第6章
健康に長生きするためには

1. Tang, D. W. et al. (2014), 'Behavioral and Neural Valuation of Foods Is Driven by Implicit Knowledge of Caloric Content', *Psychological Science* 25, 12, 2168–76.
2. Buman, M. P. et al. (2008), 'Hitting the Wall in the Marathon: Phenomenological Characteristics and Associations With Expectancy, Gender, and Running History', *Psychology of Sport and Exercise* 9, 2, 177–90.
3. Stevinson, C. D. and Biddle, S. J. (1998), 'Cognitive Orientations in Marathon Running and "Hitting the Wall"', *British Journal of Sports Medicine* 32, 3, 229–35.

第7章
いい睡眠をとるためには

1. Simon, C. W. and Emmons, W. H. (1956), 'Responses to Material Presented During Various Levels of Sleep', *Journal of Experimental Psychology* 51, 2, 89–97.

5. Lammers, J. et al. (2013), 'Power Gets the Job: Priming Power Improves Interview Outcomes', *Journal of Experimental Social Psychology* 49, 4, 776–9.
6. Carney, D. R. et al. (2010), 'Power Posing: Brief Nonverbal Displays Affect Neuroendocrine Levels and Risk Tolerance', *Psychological Science* 21, 10, 1363–8.
7. Simmons, J. P. and Simonsohn, U. (2017), 'Power Posing: *P*-Curving the Evidence', *Psychological Science* 28, 5, 687–93.
8. Cuddy, A. J. C. et al. (2018), '*P*-Curving a More Comprehensive Body of Research on Postural Feedback Reveals Clear Evidential Value for Power-Posing Effects: Reply to Simmons and Simonsohn (2017)', *Psychological Science* 29, 4, 656–66.
9. Havas, D. A. et al. (2010), 'Cosmetic Use of Botulinum Toxin-A Affects Processing of Emotional Language', *Psychological Science* 21, 7, 895–900.
10. Ehrlinger, J. and Dunning, D. (2003), 'How Chronic Self-Views Influence (and Potentially Mislead) Estimates of Performance', *Journal of Personality and Social Psychology* 84, 1, 5–17.
11. Latu, I. M. et al. (2013), 'Successful Female Leaders Empower Women's Behavior in Leadership Tasks', *Journal of Experimental Social Psychology* 49, 3, 444–8.
12. Nettle, D. (2005), 'An Evolutionary Approach to the Extraversion Continuum', *Evolution and Human Behavior* 26, 4, 363–73.
13. Wald, I. et al. (2013), 'Attention to Threats and Combat-Related Posttraumatic Stress Symptoms: Prospective Associations and Moderation by the Serotonin Transporter Gene', *JAMA Psychiatry* 70, 4, 401–8.

第4章
友人をつくるためには

1. Meshi, D. et al. (2013), 'Nucleus Accumbens Response to Gains in Reputation for the Self Relative to Gains for Others Predicts Social Media Use', *Frontiers in Human Neuroscience* 7, 439.
2. Fowler, J. H. et al. (2009), 'Model of Genetic Variation in Human Social Networks', *PNAS* 106, 6, 1720–4.
3. Christakis, N. A. and Fowler, J. H. (2014), 'Friendship and Natural Selection', *PNAS* 111, 3, 10796–801.

Affective Forecasting of Changeable Outcomes', *Journal of Personality and Social Psychology* 82, 4, 503–14.
2. Tang, Y-Y. et al. (2015), 'The Neuroscience of Mindfulness Meditation', *Nature Reviews Neuroscience* 16, 4, 213–25.
3. Fredrickson, B. L. et al. (2008), 'Open Hearts Build Lives: Positive Emotions, Induced Through Loving-Kindness Meditation, Build Consequential Personal Resources', *Journal of Personality and Social Psychology* 95, 5, 1045–62.
4. Wing, J. F. et al. (2006), 'The Effect of Positive Writing on Emotional Intelligence and Life Satisfaction', *Journal of Clinical Psychology* 62, 10, 1291–302.
5. Mitchell, R. and Popham, F. (2008), 'Effect of Exposure to Natural Environment on Health Inequalities: An Observational Population Study', *Lancet* 372, 9650, 1655–60.
6. Aerts, R. et al. (2018), 'Biodiversity and Human Health: Mechanisms and Evidence of the Positive Health Effects of Diversity in Nature and Green Spaces', *British Medical Bulletin* 127, 1, 5–22.
7. Saxbe, D. E. and Repetti, R. (2010), 'No Place Like Home: Home Tours Correlate With Daily Patterns of Mood and Cortisol', *Personality and Social Psychology Bulletin* 36, 1, 71–81.
8. Bharwani, A. et al. (2017), 'Oral Treatment With *Lactobacillus rhamnosus* Attenuates Behavioural Deficits and Immune Changes in Chronic Social Stress', *BMC Medicine* 15, 1, 7.
9. Strandwitz, P. et al. (2019), 'GABA-Modulating Bacteria of the Human Gut Microbiota', *Nature Microbiology* 4, 3, 396–403.

第3章
自信をもつためには

1. Ott, T. et al. (2018), 'The Neurobiology of Confidence: From Beliefs to Neurons', *Cold Spring Harbor Symposia on Quantitative Biology* 83, 9–16.
2. 同上。
3. Go Johnny 5!
4. Van Dyck, E. (2019), 'Musical Intensity Applied in the Sports and Exercise Domain: An Effective Strategy to Boost Performance?', *Frontiers in Psychology* 10, 1145.

注記

第１章
心配しないためには

1. Morgan, C. A. et al. (2002), 'Neuropeptide-Y, Cortisol, and Subjective Distress in Humans Exposed to Acute Stress: Replication and Extension of Previous Report', *Biological Psychiatry* 52, 2, 136–42.
2. Chao, L. L. et al. (2015), 'Preliminary Evidence of Increased Hippocampal Myelin Content in Veterans With Posttraumatic Stress Disorder', *Frontiers in Behavioral Neuroscience* 9, 333.
3. Johnson, D. C. et al. (2014), 'Modifying Resilience Mechanisms in At-Risk Individuals: A Controlled Study of Mindfulness Training in Marines Preparing for Deployment', *American Journal of Psychiatry* 171, 8, 844–53.
4. De Witte, M. et al. (2020), 'Effects of Music Interventions on Stress-Related Outcomes: A Systematic Review and Two Meta-Analyses', *Health Psychology Review* 14, 2, 294–324.
5. Mujcic, R. and Oswald, A. J. (2016), 'Evolution of Well-Being and Happiness After Increases in Consumption of Fruit and Vegetables', *American Journal of Public Health* 106, 8, 1504–10.
6. Everitt, H. et al. (2019), 'Therapist Telephone-Delivered CBT and Web-Based CBT Compared With Treatment As Usual in Refractory Irritable Bowel Syndrome: The ACTIB Three-Arm RCT', *Health Technology Assessment* 23, 17, 1–154.
7. Stonerock, G. L. et al. (2015), 'Exercise as Treatment for Anxiety: Systematic Review and Analysis', *Annals of Behavioral Medicine* 49, 4, 542–56.
8. Schmidt, K. et al. (2015), 'Prebiotic Intake Reduces the Waking Cortisol Response and Alters Emotional Bias in Healthy Volunteers', *Psychopharmacology* 232, 10, 1793–801.

第２章
幸せになるためには

1. Gilbert, D. T. and Ebert, J. E. J. (2002), 'Decisions and Revisions: The

✣ 著者 ✣

ニュー・サイエンティスト（New Scientist）

1956年の創刊以来、『ニュー・サイエンティスト』は、科学技術に関する最新の進捗と発見、それが将来意味するところを追求し、明らかにすることで、世界的に高い評価を得てきた。『ニュー・サイエンティスト』は、雑誌、オンライン、ソーシャルメディアなど、毎週さまざまな媒体を通じて世界各地の500万人の熱心な読者に届けられている。

ヘレン・トムスン（Helen Thomson）

フリーランスライター。『ニュー・サイエンティスト』のコンサルタント。『ガーディアン』『ニューヨーク・タイムズ』『ネイチャー』「BBC」などにも寄稿、ジャーナリストとしてさまざまな賞を受賞している。著書『9つの脳の不思議な物語』（文藝春秋）で、2018年に『タイムズ』のブック・オブ・ザ・イヤーを受賞。神経科学の学士号、サイエンスコミュニケーションの修士号をもつ。ロンドン在住。

✣ 訳者 ✣

片桐恵理子（かたぎり・えりこ）

英語翻訳者。主な訳書に『How to Decide　誰もが学べる決断の技法』（サンマーク出版）、『敏感すぎる私の活かし方　高感度から才能を引き出す発想術』『小児期トラウマと闘うツール　進化・浸透するACE対策』（以上、パンローリング）、『ビスケットとクッキーの歴史物語』（原書房）、『GONE』シリーズ（ハーパーコリンズ・ジャパン）などがある。

人生修復大全

2023年5月25日　初版印刷
2023年6月 5 日　初版発行

著　者　ニュー・サイエンティスト／ヘレン・トムスン
訳　者　片桐恵理子
発行人　黒川精一
発行所　株式会社 サンマーク出版
東京都新宿区北新宿 2-21-1
(電)03-5348-7800
印　刷　中央精版印刷株式会社
製　本　株式会社村上製本所

定価はカバー、帯に表示してあります。落丁、乱丁本はお取り替えいたします。

ISBN978-4-7631-4053-1　C0030
ホームページ　https://www.sunmark.co.jp